英検® 過去問題集

2024年度

Gakken

準**2**級

別 冊 試 験 問 題

本冊と軽くのりづけされていますので，ゆっくりと取り外して使いましょう。

2023年度・第1回　準2級　解答用紙

解答欄

問題番号	1	2	3	4
1 (1)	①	②	③	④
(2)	①	②	③	④
(3)	①	②	③	④
(4)	①	②	③	④
(5)	①	②	③	④
(6)	①	②	③	④
(7)	①	②	③	④
(8)	①	②	③	④
(9)	①	②	③	④
(10)	①	②	③	④
(11)	①	②	③	④
(12)	①	②	③	④
(13)	①	②	③	④
(14)	①	②	③	④
(15)	①	②	③	④
(16)	①	②	③	④
(17)	①	②	③	④
(18)	①	②	③	④
(19)	①	②	③	④
(20)	①	②	③	④

解答欄

問題番号	1	2	3	4
2 (21)	①	②	③	④
(22)	①	②	③	④
(23)	①	②	③	④
(24)	①	②	③	④
(25)	①	②	③	④

解答欄

問題番号	1	2	3	4
3 (26)	①	②	③	④
(27)	①	②	③	④
(28)	①	②	③	④
(29)	①	②	③	④
(30)	①	②	③	④

解答欄

問題番号	1	2	3	4
4 (31)	①	②	③	④
(32)	①	②	③	④
(33)	①	②	③	④
(34)	①	②	③	④
(35)	①	②	③	④
(36)	①	②	③	④
(37)	①	②	③	④

※ 大問5の解答欄はこの裏にあります。

リスニング解答欄

問題番号	1	2	3	4
第1部 No.1	①	②	③	
No.2	①	②	③	
No.3	①	②	③	
No.4	①	②	③	
No.5	①	②	③	
No.6	①	②	③	
No.7	①	②	③	
No.8	①	②	③	
No.9	①	②	③	
No.10	①	②	③	
第2部 No.11	①	②	③	④
No.12	①	②	③	④
No.13	①	②	③	④
No.14	①	②	③	④
No.15	①	②	③	④
No.16	①	②	③	④
No.17	①	②	③	④
No.18	①	②	③	④
No.19	①	②	③	④
No.20	①	②	③	④
第3部 No.21	①	②	③	④
No.22	①	②	③	④
No.23	①	②	③	④
No.24	①	②	③	④
No.25	①	②	③	④
No.26	①	②	③	④
No.27	①	②	③	④
No.28	①	②	③	④
No.29	①	②	③	④
No.30	①	②	③	④

5　ライティング解答欄

5

10

15

2023年度・第2回　　準 2 級　解答用紙

解 答 欄

問題番号	1	2	3	4
1 (1)	①	②	③	④
(2)	①	②	③	④
(3)	①	②	③	④
(4)	①	②	③	④
(5)	①	②	③	④
(6)	①	②	③	④
(7)	①	②	③	④
(8)	①	②	③	④
(9)	①	②	③	④
(10)	①	②	③	④
(11)	①	②	③	④
(12)	①	②	③	④
(13)	①	②	③	④
(14)	①	②	③	④
(15)	①	②	③	④
(16)	①	②	③	④
(17)	①	②	③	④
(18)	①	②	③	④
(19)	①	②	③	④
(20)	①	②	③	④

解 答 欄

問題番号	1	2	3	4
2 (21)	①	②	③	④
(22)	①	②	③	④
(23)	①	②	③	④
(24)	①	②	③	④
(25)	①	②	③	④

解 答 欄

問題番号	1	2	3	4
3 (26)	①	②	③	④
(27)	①	②	③	④
(28)	①	②	③	④
(29)	①	②	③	④
(30)	①	②	③	④

解 答 欄

問題番号	1	2	3	4
4 (31)	①	②	③	④
(32)	①	②	③	④
(33)	①	②	③	④
(34)	①	②	③	④
(35)	①	②	③	④
(36)	①	②	③	④
(37)	①	②	③	④

※ 大問5の解答欄はこの裏にあります。

リスニング解答欄

問題番号	1	2	3	4
第1部 No.1	①	②	③	
No.2	①	②	③	
No.3	①	②	③	
No.4	①	②	③	
No.5	①	②	③	
No.6	①	②	③	
No.7	①	②	③	
No.8	①	②	③	
No.9	①	②	③	
No.10	①	②	③	
第2部 No.11	①	②	③	④
No.12	①	②	③	④
No.13	①	②	③	④
No.14	①	②	③	④
No.15	①	②	③	④
No.16	①	②	③	④
No.17	①	②	③	④
No.18	①	②	③	④
No.19	①	②	③	④
No.20	①	②	③	④
第3部 No.21	①	②	③	④
No.22	①	②	③	④
No.23	①	②	③	④
No.24	①	②	③	④
No.25	①	②	③	④
No.26	①	②	③	④
No.27	①	②	③	④
No.28	①	②	③	④
No.29	①	②	③	④
No.30	①	②	③	④

5 ライティング解答欄

5

10

15

解答欄

問題番号	1 2 3 4
1	(1) ① ② ③ ④
	(2) ① ② ③ ④
	(3) ① ② ③ ④
	(4) ① ② ③ ④
	(5) ① ② ③ ④
	(6) ① ② ③ ④
	(7) ① ② ③ ④
	(8) ① ② ③ ④
	(9) ① ② ③ ④
	(10) ① ② ③ ④
	(11) ① ② ③ ④
	(12) ① ② ③ ④
	(13) ① ② ③ ④
	(14) ① ② ③ ④
	(15) ① ② ③ ④
	(16) ① ② ③ ④
	(17) ① ② ③ ④
	(18) ① ② ③ ④
	(19) ① ② ③ ④
	(20) ① ② ③ ④

解答欄

問題番号	1 2 3 4
2	(21) ① ② ③ ④
	(22) ① ② ③ ④
	(23) ① ② ③ ④
	(24) ① ② ③ ④
	(25) ① ② ③ ④

解答欄

問題番号	1 2 3 4
3	(26) ① ② ③ ④
	(27) ① ② ③ ④
	(28) ① ② ③ ④
	(29) ① ② ③ ④
	(30) ① ② ③ ④

解答欄

問題番号	1 2 3 4
4	(31) ① ② ③ ④
	(32) ① ② ③ ④
	(33) ① ② ③ ④
	(34) ① ② ③ ④
	(35) ① ② ③ ④
	(36) ① ② ③ ④
	(37) ① ② ③ ④

※ 大問5の解答欄は
　この裏にあります。

リスニング解答欄

	問題番号	1 2 3 4
第1部	No.1	① ② ③
	No.2	① ② ③
	No.3	① ② ③
	No.4	① ② ③
	No.5	① ② ③
	No.6	① ② ③
	No.7	① ② ③
	No.8	① ② ③
	No.9	① ② ③
	No.10	① ② ③
第2部	No.11	① ② ③ ④
	No.12	① ② ③ ④
	No.13	① ② ③ ④
	No.14	① ② ③ ④
	No.15	① ② ③ ④
	No.16	① ② ③ ④
	No.17	① ② ③ ④
	No.18	① ② ③ ④
	No.19	① ② ③ ④
	No.20	① ② ③ ④
第3部	No.21	① ② ③ ④
	No.22	① ② ③ ④
	No.23	① ② ③ ④
	No.24	① ② ③ ④
	No.25	① ② ③ ④
	No.26	① ② ③ ④
	No.27	① ② ③ ④
	No.28	① ② ③ ④
	No.29	① ② ③ ④
	No.30	① ② ③ ④

● 記入上の注意（記述形式）

・指示事項を守り，文字ははっきりとわかりやすく書いてください。

・太枠に囲まれた部分のみが採点の対象です。

5 ライティング解答欄

5

10

15

解答欄

問題番号	1 2 3 4
1	(1) ① ② ③ ④
	(2) ① ② ③ ④
	(3) ① ② ③ ④
	(4) ① ② ③ ④
	(5) ① ② ③ ④
	(6) ① ② ③ ④
	(7) ① ② ③ ④
	(8) ① ② ③ ④
	(9) ① ② ③ ④
	(10) ① ② ③ ④
	(11) ① ② ③ ④
	(12) ① ② ③ ④
	(13) ① ② ③ ④
	(14) ① ② ③ ④
	(15) ① ② ③ ④
	(16) ① ② ③ ④
	(17) ① ② ③ ④
	(18) ① ② ③ ④
	(19) ① ② ③ ④
	(20) ① ② ③ ④

解答欄

問題番号	1 2 3 4
2	(21) ① ② ③ ④
	(22) ① ② ③ ④
	(23) ① ② ③ ④
	(24) ① ② ③ ④
	(25) ① ② ③ ④

解答欄

問題番号	1 2 3 4
3	(26) ① ② ③ ④
	(27) ① ② ③ ④
	(28) ① ② ③ ④
	(29) ① ② ③ ④
	(30) ① ② ③ ④

解答欄

問題番号	1 2 3 4
4	(31) ① ② ③ ④
	(32) ① ② ③ ④
	(33) ① ② ③ ④
	(34) ① ② ③ ④
	(35) ① ② ③ ④
	(36) ① ② ③ ④
	(37) ① ② ③ ④

※ 大問5の解答欄はこの裏にあります。

リスニング解答欄

問題番号	1 2 3 4
第1部	No.1 ① ② ③
	No.2 ① ② ③
	No.3 ① ② ③
	No.4 ① ② ③
	No.5 ① ② ③
	No.6 ① ② ③
	No.7 ① ② ③
	No.8 ① ② ③
	No.9 ① ② ③
	No.10 ① ② ③
第2部	No.11 ① ② ③ ④
	No.12 ① ② ③ ④
	No.13 ① ② ③ ④
	No.14 ① ② ③ ④
	No.15 ① ② ③ ④
	No.16 ① ② ③ ④
	No.17 ① ② ③ ④
	No.18 ① ② ③ ④
	No.19 ① ② ③ ④
	No.20 ① ② ③ ④
第3部	No.21 ① ② ③ ④
	No.22 ① ② ③ ④
	No.23 ① ② ③ ④
	No.24 ① ② ③ ④
	No.25 ① ② ③ ④
	No.26 ① ② ③ ④
	No.27 ① ② ③ ④
	No.28 ① ② ③ ④
	No.29 ① ② ③ ④
	No.30 ① ② ③ ④

5 ライティング解答欄

5

10

15

2022年度・第3回　準2級　解答用紙

解 答 欄

問題番号		1	2	3	4
1	(1)	①	②	③	④
	(2)	①	②	③	④
	(3)	①	②	③	④
	(4)	①	②	③	④
	(5)	①	②	③	④
	(6)	①	②	③	④
	(7)	①	②	③	④
	(8)	①	②	③	④
	(9)	①	②	③	④
	(10)	①	②	③	④
	(11)	①	②	③	④
	(12)	①	②	③	④
	(13)	①	②	③	④
	(14)	①	②	③	④
	(15)	①	②	③	④
	(16)	①	②	③	④
	(17)	①	②	③	④
	(18)	①	②	③	④
	(19)	①	②	③	④
	(20)	①	②	③	④

解 答 欄

問題番号		1	2	3	4
2	(21)	①	②	③	④
	(22)	①	②	③	④
	(23)	①	②	③	④
	(24)	①	②	③	④
	(25)	①	②	③	④

解 答 欄

問題番号		1	2	3	4
3	(26)	①	②	③	④
	(27)	①	②	③	④
	(28)	①	②	③	④
	(29)	①	②	③	④
	(30)	①	②	③	④

解 答 欄

問題番号		1	2	3	4
4	(31)	①	②	③	④
	(32)	①	②	③	④
	(33)	①	②	③	④
	(34)	①	②	③	④
	(35)	①	②	③	④
	(36)	①	②	③	④
	(37)	①	②	③	④

※ 大問5の解答欄は
　 この裏にあります。

リスニング解答欄

問題番号		1	2	3	4
第1部	No.1	①	②	③	
	No.2	①	②	③	
	No.3	①	②	③	
	No.4	①	②	③	
	No.5	①	②	③	
	No.6	①	②	③	
	No.7	①	②	③	
	No.8	①	②	③	
	No.9	①	②	③	
	No.10	①	②	③	
第2部	No.11	①	②	③	④
	No.12	①	②	③	④
	No.13	①	②	③	④
	No.14	①	②	③	④
	No.15	①	②	③	④
	No.16	①	②	③	④
	No.17	①	②	③	④
	No.18	①	②	③	④
	No.19	①	②	③	④
	No.20	①	②	③	④
第3部	No.21	①	②	③	④
	No.22	①	②	③	④
	No.23	①	②	③	④
	No.24	①	②	③	④
	No.25	①	②	③	④
	No.26	①	②	③	④
	No.27	①	②	③	④
	No.28	①	②	③	④
	No.29	①	②	③	④
	No.30	①	②	③	④

5 ライティング解答欄

5

10

15

合格力チェックテスト　準2級　解答用紙

解答欄

問題番号		1 2 3 4
1	(1)	① ② ③ ④
	(2)	① ② ③ ④
	(3)	① ② ③ ④
	(4)	① ② ③ ④
	(5)	① ② ③ ④
	(6)	① ② ③ ④
	(7)	① ② ③ ④
	(8)	① ② ③ ④
	(9)	① ② ③ ④
	(10)	① ② ③ ④
	(11)	① ② ③ ④
	(12)	① ② ③ ④
	(13)	① ② ③ ④
	(14)	① ② ③ ④
	(15)	① ② ③ ④

解答欄

問題番号		1 2 3 4
2	(16)	① ② ③ ④
	(17)	① ② ③ ④
	(18)	① ② ③ ④
	(19)	① ② ③ ④
	(20)	① ② ③ ④

解答欄

問題番号		1 2 3 4
3	(21)	① ② ③ ④
	(22)	① ② ③ ④

解答欄

問題番号		1 2 3 4
4	(23)	① ② ③ ④
	(24)	① ② ③ ④
	(25)	① ② ③ ④
	(26)	① ② ③ ④
	(27)	① ② ③ ④
	(28)	① ② ③ ④
	(29)	① ② ③ ④

※ 大問5の解答欄は
この裏にあります。

リスニング解答欄

問題番号		1 2 3 4
第1部	No.1	① ② ③
	No.2	① ② ③
	No.3	① ② ③
	No.4	① ② ③
	No.5	① ② ③
	No.6	① ② ③
	No.7	① ② ③
	No.8	① ② ③
	No.9	① ② ③
	No.10	① ② ③
第2部	No.11	① ② ③ ④
	No.12	① ② ③ ④
	No.13	① ② ③ ④
	No.14	① ② ③ ④
	No.15	① ② ③ ④
	No.16	① ② ③ ④
	No.17	① ② ③ ④
	No.18	① ② ③ ④
	No.19	① ② ③ ④
	No.20	① ② ③ ④
第3部	No.21	① ② ③ ④
	No.22	① ② ③ ④
	No.23	① ② ③ ④
	No.24	① ② ③ ④
	No.25	① ② ③ ④
	No.26	① ② ③ ④
	No.27	① ② ③ ④
	No.28	① ② ③ ④
	No.29	① ② ③ ④
	No.30	① ② ③ ④

5 ライティング解答欄

[A]

[B]

※ 裏の問題の正答数を記入し，本冊 P. 196 の合格力診断チャートに書き入れてみましょう。

Reading			Listening		
大問 1	大問 2, 3	大問 4	第 1 部	第 2 部	第 3 部
/ 15	/ 7	/ 7	/ 10	/ 10	/ 10

英検® 過去問題集 2024年度
別冊

準2級

Gakken

この本の特長と使い方

この本は、「英検®(実用英語技能検定)」の過去問と、自分の弱点をチェックできる「合格力チェックテスト」を集めた参考書です。Reading(読む)、Writing(書く)、Listening(聞く)、Speaking(話す)の4技能が問われる英検。この本をどう使えば英検合格に近づけるかを紹介します!

英検攻略ガイド&過去問対策&合格力チェックテストで弱点をなくせ!

解く前に知っておきたい!
英検攻略ガイド

問題別の攻略方法を学ぶことができます。過去問を解く前に、各問題の特徴、解き方のポイントを理解しましょう!
※特に記載のないものは、オリジナル問題を使用しています。

実際に出題された問題を問いて実力アップ!
過去問題5回分

過去5回分の試験問題を解いてみましょう。実戦練習を積むことで合格にぐんと近づきます!

弱点を知って実力アップ!
合格力チェックテスト1回分

過去問を分析して作成した、オリジナルの「合格力チェックテスト」付き!合格力診断チャートを使って自分の苦手分野を知り、本番に備えましょう!

合格力診断チャートはこう使う!

過去問をただ解くだけでは，自分がどれくらいできたかわかりにくい…。そこで！この本では，最後の合格力チェックテストを解くことで，自分の実力と弱点がわかるようになっています。

1 合格力チェック
テストを解く
▶ **2** 答え合わせを
する
▶ **3** 合格力診断チャート
に書きこむ

● 合格力診断チャートで実力をチェック!

マークシートに記入した正答数を本冊 P.196 の合格力診断チャートに記入し線で結びます。合格ラインに到達できなかった分野については，「分野別弱点克服の方法」を見ましょう！

[例]

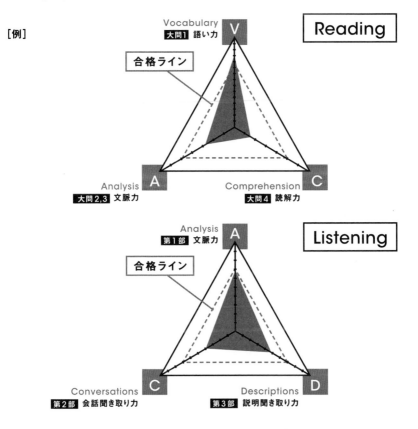

Vocabulary
大問1 語い力
V

合格ライン

Reading

Analysis
大問2,3 文脈力
A

Comprehension
大問4 読解力
C

Analysis
第1部 文脈力
A

Listening

合格ライン

Conversations
第2部 会話聞き取り力
C

Descriptions
第3部 説明聞き取り力
D

リスニング音声の利用方法

本書では，リスニング問題用の音声を2つの方法で聞くことができます。

スマートフォン用　リスニングアプリ

スマホやタブレット端末から音声再生アプリ「my-oto-mo（マイオトモ）」をダウンロードすると，テスト1回分のリスニング音声をまとめて聞いたり，1つの問題を繰り返し聞いたりして学習できます。

① 右の二次元コードをスマホなどで読み取るか，下記のURLにアクセスしてアプリをダウンロードしてください。

https://gakken-ep.jp/extra/myotomo/

② アプリを立ち上げて『2024年度 英検準2級過去問題集』を選択します。
③ パスワードが要求されます。下記のパスワードを入力すると，端末に音声がダウンロードされます。

パスワード：uoi8jTPq

　※ iPhoneからのご利用にはApple ID，Androidからのご利用にはGoogleアカウントが必要です。
　※ アプリケーションは無料ですが，通信料は別途発生します。
　※ その他の注意事項はダウンロードサイトをご参照ください。

パソコン用　MP3ダウンロード

パソコンから下記のURLにアクセスし，ユーザー名とパスワードを入力すると，MP3形式の音声ファイルをダウンロードすることができます。

https://gakken-ep.jp/extra/eikenkako/2024/

ユーザー名：eikenkako2024／パスワード：uoi8jTPq

　※ ダウンロードできるのは，圧縮されたMP3形式の音声ファイルです。再生するには，ファイルを解凍するソフトと，iTunesやWindows Media Playerなどの再生ソフトが必要です。

アプリとMP3のダウンロード期限は，2025年7月末日を予定しております。お客様のネット環境および携帯端末によりアプリを利用できない場合や，お客様のパソコン環境により音声をダウンロード・再生できない場合，当社は責任を負いかねます。ご理解，ご了承いただきますよう，お願いいたします。

もくじ

これだけはおさえておきたい！

受験パーフェクトガイド

英検は文部科学省後援の検定試験で，入試や就職でも評価の対象となることがあります。ここでは，従来型の英検準2級を受験する人のために，申し込み方法や試験の流れなどをくわしく紹介します。

準2級の試験はこう行われる！

● 一次試験は筆記とリスニング

準2級の試験は筆記試験80分（2024年度から。2023年度までは75分），リスニングテスト約25分の合計約105分です。筆記試験が終わると，2分ほどの準備時間のあと，すぐにリスニングテストが行われます。リスニングテストの解答時間は，1問につき約10秒与えられます。
筆記試験の大問1，2，3，4とリスニングテストは，すべてマークシート方式（詳細はP.008）です。筆記試験の大問5（英作文問題）は記述式で行われます。

● 自宅の近くの会場で受けられる

英検は，全国の多くの都市で実施されています。申し込み方法にもよりますが，だいたいは自宅の近くの会場で受けられます。

● 一次試験は年3回行われる

準2級の一次試験は，6月（第1回）・10月（第2回）・1月（第3回）の年3回行われます。申し込み受付の締め切りは，試験日のおよそ1か月前です。
二次試験（面接試験）は一次試験の約1か月後に実施され，一次試験に合格した人だけが受験できます。
コンピューターで受験する英検S-CBTの詳細は，英検ウェブサイトをご覧ください。

◉ 団体受験と個人受験がある

英検の申し込み方法は，学校や塾の先生を通じてまとめて申し込んでもらう
団体受験と，自分で書店などに行って手続きする個人受験の２通りがあります。中学生・高校生の場合は，団体申し込みをして，公開会場で受験することが多いです。

◉ まず先生に聞いてみよう

中学生・高校生の場合は，自分の通っている教室や学校を通じて団体申し込みをする場合が多いので，まずは英検担当の先生に聞いてみましょう。
団体本会場（公開会場）申し込みの場合は，先生から願書（申し込み用紙）を入手します。必要事項を記入した願書と検定料は，先生を通じて送ってもらいます。試験日程や試験会場なども英検担当の先生の指示に従いましょう。
※ 自分の通う教室や学校などで受験する2〜5級の「団体準会場受験」の場合，申し込みの際の願書は不要です。

◉ 個人で申し込む場合はネット・コンビニ・書店で

個人で受験する場合は，次のいずれかの方法で申し込みます。

▶ インターネット
英検のウェブサイト（https://www.eiken.or.jp/eiken/）から申し込む。

▶ コンビニエンスストア
ローソン，ミニストップ，セブン-イレブン，ファミリーマートの店内の情報端末機から直接申し込む（くわしくは英検のウェブサイトをご覧ください）。

▶ 書店
英検特約店（受付期間中に英検のポスターを掲示しています）に検定料を払い込み，「書店払込証書」と「願書」を英検協会へ郵送する。

申し込みなどに関するお問い合わせは，英検を実施している
公益財団法人 日本英語検定協会まで。
● 英検ウェブサイト　　　　https://www.eiken.or.jp/eiken/
● 英検サービスセンター　　☎03-3266-8311

※英検ウェブサイトでは，試験に関する情報・入試活用校などを公開しています。

筆記試験の大問1，2，3，4とリスニングテストはマークシート方式です。4つあるいは3つある選択肢から1つを選び，解答用マークシートの該当番号の部分をぬりつぶします。

・ HBの黒鉛筆またはシャープペンシル以外は使わないようにしましょう。

・ 機械で読み取れるように，はっきりとぬりつぶしましょう。

・ まちがえてマークしてしまったときは，消しゴムできれいに消しましょう。

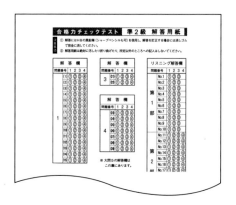

筆記試験の大問5（英作文問題）は記述式です。解答用紙の指定された枠内に解答を記します。

・ はっきりとわかりやすい字を書くようにしましょう。

・ 解答欄の枠外に書かれたものは採点の対象になりませんので気をつけましょう。

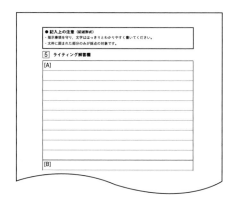

● 英検CSEスコアのしくみ

英検の成績は「英検CSEスコア」で示されます。これにより国際規格CEFRに対応したユニバーサルなスコア尺度で，英語力を測定することができます。一次試験では，Reading（読む），Writing（書く），Listening（聞く）の3技能ごとにスコアが算出され，総合得点が合格基準スコアを上回れば合格です。また，二次試験ではSpeaking（話す）のスコアが算出されます。

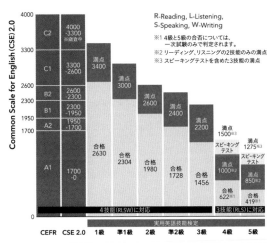

出典：「公益財団法人 日本英語検定協会ウェブサイト」より

● 「英検バンド」って何？

「英検バンド」とは，合格ラインから自分がどのくらいの位置にいるかを示す指標のこと。英検CSEスコアと合否をもとに判定するもので，各級の合格スコアを起点としてスコアを25点ごとに区切り，「＋1」や「−1」といった数値で表されます。これにより，合格ラインまでの距離がわかります。

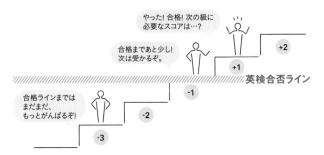

出典：「公益財団法人 日本英語検定協会ウェブサイト」より

当日の準備と流れを確認しよう！

初めて英検を受けるという人の中には，試験がどんなふうに行われるのか不安に思っている人もいるかと思います。このページでは，試験当日の流れを順番に紹介します。

● 当日の流れ

1 教室へ移動
　自分の受験する教室を確認し，着席します。
　受験番号によって教室がちがうので，よく確認すること。
　席に着いたら，受験票を机の上に出しておきましょう。
　また，携帯電話の電源は切っておくこと。

2 受付
　教室で一次受験票兼本人確認票と身分証明書（個人受験の場合）を見せます。

3 冊子の配布
　問題冊子と解答用紙が配られます。
　受験者心得の放送に従って，解答用紙に**必要事項**を記入しましょう。

4 試験開始
　試験監督の合図で筆記試験開始！

一次試験　持ち物チェックリスト

　試験当日に重要な受験書類を忘れてしまっては，せっかくの努力が水の泡です。そんな事態を避けるためにも，下の持ち物をチェックし，試験本番に備えましょう！

☐ 受験票兼本人確認票　　☐ 身分証明書
☐ HB の黒鉛筆やシャープペンシル　　☐ 消しゴム　　☐ 上履き

※筆記用具は念のため，何本か用意しておくと安心です。

英検®
過去問題集 準**2**級
2024年度

解く前に知っておきたい！

問題別

英検®

攻略ガイド

短文の語句空所補充問題

概要

短文や会話文を読み，空所に入る適切な語（句）を4つの選択肢から選ぶ問題。問題数は15問（2023年度までは20問）。名詞や動詞などの単語を問う問題が10問前後で，熟語を問う問題が5問前後出題されると予想される。

短文は基本的に1～2文の構成。**一方の文または節に空所があり，もう一方の文または節の内容を手がかりに空所に入る適切な語（句）を選ぶ。**会話文の場合は，話者AまたはBのどちらかの発言に空所があるので，もう一方の発言を手がかりに適切な語（句）を選ぶ。

単語を問う問題は，空所の前後に注意して読み，文脈に合う選択肢を選ぶ。選択肢に知らない単語があるときは，単語の頭の文字（接頭辞）や末尾（接尾辞）から単語の意味を推測するといった方法もある。**選択肢は動詞と名詞が8割程度**と多く出題される傾向にあり，そのほかに副詞や形容詞も出題される。

熟語を問う問題には，熟語の一部の前置詞や動詞が問われるものや，熟語全体が選択肢になっているものがある。傾向としては，**〈動詞＋前置詞/副詞〉の組み合わせで1つの動詞の意味を成す句動詞**の出題が多い。よく出題される熟語があるので覚えておくとよい。

例題

(1) As the school (   ), Eva chooses new books and DVDs.   She also plans programs such as book readings for young children.

   1 mayor   2 engineer   3 librarian   4 nurse

1 文脈を正しく理解する

　大問1は, **文脈を正確に理解する**ことが重要である。**空所の前後の語句からすぐに解答できる場合もあるが, 空所のないもう一方の文 [節／発言] に答えのヒントがあることも多い**ので, 空所以外の部分もしっかり読もう。

例題に注目!　空所を含む文は,「学校の（　　　）として, エヴァは新しい本やDVDを選ぶ」という内容。第2文には,「彼女はまた幼い子どもたちのための読み聞かせ会などのプログラムを計画する」とある。本に関連する単語が空所に入ると推測できる。

2 選択肢を検討する

　次に, 選択肢を検討する。**単語を問う問題では, 空所の前後の語句とのつながりから判断する。**例えば, 選択肢がすべて動詞であれば, 空所のあとにある目的語に着目し, その目的語に合う動詞を選ぶ。空所の前後だけでは選択肢を絞り切れないときは, 空所のないもう一方の文や節から文脈的に判断する。

　熟語を問う問題には, **選択肢や選択肢を含む前後のまとまりが句動詞になっている問題が多く, あとに続く目的語から適切な選択肢を判断する。**よく出る熟語については下記のまとめを参照。

● よく出る熟語

▶ keep on ～ing	「～し続ける」
▶ pay attention to ～	「～に注意を払う」
▶ run out of ～	「（品物など）を切らす, 使い果たす」
▶ take place	「行われる」
▶ suffer from ～	「～をわずらう, ～で苦しむ」
▶ put out ～	「（明かり・火）を消す」
▶ in common	「共通して」
▶ be in trouble	「困っている」
▶ based on ～	「～に基づいて」
▶ close to ～	「～に接近して」

選択肢の意味は, mayor「市長」, engineer「技師」, librarian「図書館司書」, nurse「看護師」。これらのうち「本」と関連するのはlibrarianのみ。空所に当てはめると, the school librarian「学校の図書館司書」となり, 文意が通る。したがって, 正解は3。librarianという単語を知らなくても, ほかの3つが明らかに文脈に合わないとわかれば消去法で解答することができる。また, ほかのやり方としては, librarianという単語を分解してみるのも手だ。library「図書館」は知っているだろうから, 語末のyがianになっていることに着目しよう。語尾が-an, -ian, -eanになっている単語は, musician(ミュージシャン, 音楽家)のように「〜の人, 〜する人」という意味を持つ。それに気づけば, library+anで「図書館の人」という推測が可能である。

例題の訳

(1) 学校の図書館司書として, エヴァは新しい本やDVDを選ぶ。彼女はまた幼い子どもたちのための読み聞かせ会などのプログラムを計画する。

  1 市長　　　　　　　　　　　2 技師

  3 図書館司書　　　　　　　　4 看護師

会話文の空所補充問題

概要

　会話文を読み,空所に入る適切な文や語句を4つの選択肢から選ぶ問題。問題数は5問。AとBの2人による会話で, 2往復の会話が3つ, 4往復の会話が1つ出題されるのが通例である。なお, 4往復の会話には空所が2つ含まれている。

　AとBの関係は, **友人同士**, **同僚**が最も多く出題される傾向にある。**店員と客**, **家族同士**の会話もよく出題される。あまり多くはないが, **知らない者同士**の会話も見られる。その場合は, ある場所への道順や交通手段をたずねるといった内容が定番である。

　大問2では, 空所が長めの文の中の一部である場合と, 丸々一文の場合がある。空所の前後を読んで答えられるものもあるが, 空所の前後だけでは判断がつかず, 最後まで読んでやっと解答の手がかりとなる語句が現れるというケースもある。大問2では, そのような意外な展開がある会話が登場することも覚えておこう。

例題

(16)

A: Did you watch TV last night?

B: Yes, I watched the ice skating. Why?

1 — A: Oh, you (16). It was so exciting.

B: Really? But I don't like ball games. I like something more artistic.

2 —
1　watched the ice skating
2　don't like ball games
3　should have watched the softball game
4　missed the best program

攻略ポイント

1▷ 文脈を正確に理解する

　大問1と同様, 会話文においても**文脈を正確に理解する**ことが重要である。**空所の後に続く一文や, 相手の返事に特に注意して読む**と, 会話の流れから空所に

入る語句や文を推測できる。また, 流れを正確にとらえるためには**代名詞**が指しているものを見抜こう。大問2では**that,this,these（指示代名詞）**や**it（人称代名詞）,one（不定代名詞）**がよく出る。

例題に注目! 会話はAの「昨夜テレビを見た?」から始まり, そのあともテレビで見たものが話題になっている。空所はAの2回目の発言にある。その前のBの発言を見ると, Yes, I watched the ice skating. Why?「うん, アイススケートを見たよ。どうして?」とあり, 空所を含む文にはそのWhy?に対する答えがくると考えられる。このWhy?は「なぜテレビを見たかたずねるの?」という意味。AはBと同じくアイススケートのことを話したかったのか, または別の番組のことを話したかったのか, Aの質問の意図を考える。空所のあとでAはIt was so exciting.「それはとてもワクワクする試合だった」と言っており, Itは空所に含まれる語句を指していると考えられる。そしてBがReally? But I don't like ball games.「本当? でも私は球技が好きじゃない」と返しているので, 空所には球技に関する語句[内容]が入るのではないかと推測できる。

2 選択肢を検討する

次に, 選択肢を検討する。**選択肢を1つずつ空所に当てはめて**, 空所を含む文の前文から後の文まで読んでみて文脈に最も合うものを選ぼう。空所が疑問文の一部である場合は, 特に後の返答に着目しよう。その際, 単純にYesやNoなどから始まるものばかりではないので, 必ず**文脈的に適切か**という観点から解答を選ぶようにしよう。

例題に注目! 選択肢のうち, 1の watched the ice skating「アイススケートを見た」と, 4の missed the best program「最高の番組を見逃した」は, Bの返答 Really? But I don't like ball games.「本当? でも, 私は球技が好きじゃない」に文脈的につながらない。2のdon't like ball gamesは, 空所を含む文の前のBの発言に対する応答として不自然である。3の should have watched the softball game「ソフトボールの試合を見るべきだった」であれば, the softball gameが空所のあとのItが指すものとして適切であり, 空所を含む文の前と後の文に自然につながる。よって, 正解は3。

例題の訳

(16)

A: 昨日の夜はテレビを見た?

B: うん, アイススケートを見たよ。どうして?

A: ああ, ソフトボールの試合を見るべきだったのに。とてもワクワクする試合だったよ。

B: 本当? でも, 私は球技が好きじゃないの。何かもっと芸術的なものが好きなのよ。

(16)

1 アイススケートを見た

2 球技が好きではない

3 ソフトボールの試合を見るべきだった

4 最高の番組を見逃した

大問 3 長文の語句空所補充問題

概要

長文を読んで，長文中の空所に入る適切な語句を4つの選択肢から選ぶ問題。
長文の語句空所補充問題はこれまではA, Bの2題出題されていたが，2024年度からはBがなくなり，1題のみの出題となる。英文は2段落（150語程度）の構成で，空所は2つある。

英文のジャンルは**物語文**で，テーマはある人物の日常で起きた出来事についてである。

例題

💡 接続表現や時の経過を示す副詞句に注意

1

A Day Never to Be Forgotten

2

Kai's family moved to England when he was four years old because of his father's job. Three years later, his father was told he could return to Japan. Kai was excited and at the same time sad about moving back. He thought about his teacher Mrs. Jones and his classmates. He would (26).

3 (21) 1 miss them very much 2 move to a new town
3 graduate from school 4 be upset with them

攻略ポイント

1 英文のタイトルにさっと目を通す

大問3は英文にタイトルが付いている。まずはそのタイトルにさっと目を通し，「こんな内容が述べられるのかな」と大まかに文章の内容をイメージするとよい。

例題に注目! 例題のタイトルは"A Day Never to Be Forgotten"となっている。Never to Be ForgottenがA Dayを修飾しているので，「忘れられない日」という意味。ある人物にとって忘れられないある日の出来事について述べられるということが，このタイトルからわかる。

2 ▷ 接続表現に注意しながら段落を読む

　空所は各段落に1つずつあるので, 1つの段落を読んだら1問解答するというやり方で進めるとよい。段落を読む際, 空所を含む文については, 前後とのつながりから「こういう内容がくるのではないか」と推測しながら読む。また, 接続詞や副詞(句)の**接続表現を押さえる**。接続表現ではなくても, 例えば**時間の経過や場面の変化を示す副詞句**も, 話の流れを把握するのに重要な要素である。

例題に注目! 　まず第1文にKai(カイ)という人物とその家族が, 彼が4歳のときにイングランドに引っ越したと述べられている。第2文はThree years later「3年後」で始まっており, カイは日本に戻るということが述べられている。第3文にはat the same time「同時に」という接続表現があり, カイは日本に戻ることにワクワクしていたが同時に悲しんでもいたということが述べられている。第4文にはカイは先生とクラスメートのことを思ったとある。続く最終文は空所を含む文で,「彼は(　　　)だろう」とあるので, 先生やクラスメートに対するカイの気持ちあるいは行動などが空所に入るのではないかと推測できる。

● よく出る接続表現

〈具体例を提示する〉
▶ for example／for instance／such as 「例えば」
〈情報を加える〉
▶ in addition 　　　　　「加えて」
▶ also 　　　　　　　　「さらに」
▶ moreover 　　　　　　「さらに」
〈前に述べられたことと反対の内容を伝える〉
▶ but 　　　　　　　　「しかし, だが」
▶ however 　　　　　　「しかしながら」
▶ on the other hand 　「一方で」
▶ in contrast 　　　　「それとは対照的に」
〈結果を伝える〉
▶ so 　　　　　　　　「それで, だから」
▶ therefore 　　　　　「したがって」
▶ as a result 　　　　「その結果」

---

3 ▷ 空所の前後に着目して選択肢を検討する

　1つの段落を読んだら, 対応する問題の選択肢を検討する。選択肢を1つずつ空所に入れて**空所の前後と適切につながるもの**を選ぶ。空所の前後あるいは選

択肢にthisやit, them, thereなどの指示語があるときは, それが解答のヒントになっていることも多いので, 指示語が何を指すのかを必ず確認する。

例題に注目!

空所を含む文はHe would (　　　). 「彼は (　　　) だろう」で, 第1段落の最終文である。直前の文を読むと, He thought about his teacher Mrs. Jones and his classmates. とあり, さらにその前は, カイは日本に戻ることになり, ワクワクしているが同時に悲しくも感じているという話の流れである。選択肢1のmiss them very much を空所に当てはめると, themは直前の文のMrs. Jones and his classmatesを指すとわかり, 文脈的に適切なので1が正解。ほかの選択肢を空所に入れてみると, どれも前からの流れとは合わない文になってしまうとわかる。

例題の訳

忘れられない日

　カイの家族は彼が4歳のときに父親の仕事のためにイングランドに引っ越した。3年後, 彼の父親は日本に戻ってよいと告げられた。カイは日本に戻ることについてとてもワクワクし, 同時に悲しくなった。彼は, ジョーンズ先生と彼のクラスメートたちのことを考えた。彼らと会えなくてとても寂しく思うだろう。

(21) 1　彼らと会えなくてとても寂しく思う
　　　2　新しい町に引っ越す
　　　3　学校を卒業する
　　　4　彼らに腹を立てている

大問 4 ▶ 長文の内容一致選択問題

A ▶ Eメールの内容一致選択問題

概要

Eメール文を読んで、**その内容に関する質問の答えとして適切なもの**、または**内容に一致する文を完成させるのに最も適切なもの**を、4つの選択肢から選ぶ問題。

Eメール文の語数は200語程度で、3段落で構成されている。英文の話題は、**友人への誘い、近況報告、お願い、お礼、旅行やホームステイでの出来事など、比較的身近な事柄**が多い。また、**ビジネス関連の内容(あるサービスを提供した会社の担当者から顧客へのメールなど)**も出題されることがある。

設問は3問あり、質問文は「**○○は先週[先月]何を〜したか**」、「**○○は△△に対して何をたずねているか**」、「**○○は××に何をする予定か**」など、**What**で始まるものが多い。文を完成させる問題は、**メールの受信者がしたこと**などが問われることが多い。

例題

1
From: Joe Maddison <j.madds@flymail.com>
To: Melissa Fox <m-fox@itamail.it>
Date: January 15
Subject: Small Request

Hi Melissa,

3

Thanks for your Christmas card. How's life in Rome? You've been living there for almost four years, haven't you? Your Italian must be perfect by now! I went for dinner with some of our old friends from university last weekend. We were talking about you and wondering when you will come back to the US. Do you have any plans to move back soon? We all miss you.

2 (23) What is true about Melissa?

1 She visited Joe last Christmas.
2 She is good at making Italian dishes.
3 She lives in Rome now.
4 She worked with Joe in the US.

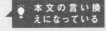
本文の言い換えになっている

1 ▷ メールのヘッダーと本文の冒頭をチェック

　誰から誰に宛てたメールなのか, **両者の関係**を頭に入れてから読むと, メール
の内容が把握しやすい。まずはメールのヘッダーにある**From「差出人」,To「宛
先」**を見て頭に入れる。**Date「日付」,Subject「件名」**が内容理解の手がかりに
なることもある。また, Hi, 〜「こんにちは, 〜さん」に続く本文の冒頭を読んで**両者
の関係や過去の出来事**を頭に入れておくと, その後の流れがつかみやすくなる。

● メール冒頭の頻出表現

▸ Thank you for 〜ing	「〜してくれてありがとう」
▸ Thanks for your 〜	「〜をありがとう／〜してくれてありがとう」
▸ This is 〜, ...	「私は…（社名, 役割など）の〜と申します」
▸ I enjoyed ... ○○.	「○○での…は楽しかったです」

例題に注目! 　まずはメールのヘッダーから, Joe MaddisonからMelissa Fox宛て
のメールであることをチェック。メールの第1, 2文Thanks for your Christmas card.
How's life in Rome?から, メリッサがジョーにクリスマスカードを送ったことがわかる。つ
まり, 送信者と受信者の関係は, 友人など親しいあいだがらだと推測できる。

2 ▷ 設問を確認してから対応する段落を読む

　設問は各段落に対応しており, 1つの段落につき1問ずつ出題されることが多
い。まずは, **第1段落に対応する1問目の設問を見て, 何が問われているのかを頭
に入れる。それから第1段落を読む**と, 解答の根拠となる部分を効率よく探すこと
ができる。

例題に注目! 　「メリッサについて正しいものはどれか?」という質問の答えを選ぶ問
題。ジョーがメリッサに聞いていることや, メリッサに関する記述に注目して第1段落を読む。

3 ▷ 言い換えに注意して正しい選択肢を選ぶ

　正解の選択肢では, **本文の表現が言い換えられている**ことが多い。本文から正
解の根拠と思われる文を見つけたら, そこで使われている語句がどのように言い

換えられているかを見抜いて正解を選ぼう。

例題の訳

差出人：ジョー・マディソン<j.madds@flymail.com>
宛先：メリッサ・フォックス<m-fox@itamail.it>
日付：1月15日
件名：ちょっとしたお願い

こんにちは, メリッサ,
　クリスマスカードをありがとう。ローマでの生活はどう？ もうローマに住んでほぼ4年になるよね。君のイタリア語は今では完ぺきに違いないね！ 先週末, 大学のときの古い友人何人かと夕食に出かけたんだ。君の話が出て, アメリカにはいつ帰ってくるんだろうって気にしていたよ。近いうちに戻ってくる予定はある？ みんな君に会いたがっているよ。

(23) メリッサについて正しいのはどれか？
　　1　彼女はこの前のクリスマスにジョーを訪ねた。
　　2　彼女はイタリア料理を作るのが得意だ。
　　3　彼女は今, ローマに住んでいる。
　　4　彼女はアメリカでジョーと一緒に働いていた。

B ▶ 説明文の長文内容一致選択問題

概要

　説明文を読んで, **その内容に関する質問の答えとして適切なもの**, または**内容に一致する文を完成させるのに最も適切なもの**を, 4つの選択肢から選ぶ問題。

　説明文の語数は300語程度で, 4段落で構成されている。設問は4問出題される。英文のテーマは, **社会, 歴史, 文化, 環境問題**など多岐にわたる。

　文を完成させる問題では, **起こった出来事や, ある人物がしたこと, その目的, 理由**などが問われる。質問の答えを選ぶ問題には大きく分けて3つの設問パターンがある。1つ目は, What is 〜?「〜は何か」など**具体的な事象の説明**を問うもの, 2つ目はWhat is one reason that ...?「…の理由の1つは何か」／Why did ○○ 〜?「なぜ○○は〜したか」など**理由**を問うもの, 3つ目はHow did ○○ 〜?「○○はどのようにして〜したか」／What did ○○ 〜?「○○は何を〜したか」など**ある事象の背景や方法**を問うものである。

例題

1

The Woman Saving Orangutans

3

The orangutan is an ape that lives in forests in Indonesia and Malaysia. Orangutans, unlike gorillas and chimpanzees, usually live alone and travel far looking for food. Therefore, until the 1970s, very little was known about orangutans because nobody had observed them closely. However, in 1971, a woman named Birute Galdikas arrived in Indonesia to study the behavior and social structure of wild orangutans. Thanks to her work, we know so much more about these mysterious animals.

2

(26) Why was so little known about the behavior of wild orangutans until the 1970s?

1 Traveling to Indonesia and Malaysia was difficult for researchers.

2 It was dangerous for researchers to study them.

3 Researchers believed observing other apes was much more important.

4 They are not easy to observe because they move long distances and live alone.

1 > タイトルと段落の第1文からトピックをつかむ

タイトルは**文章全体のトピック**を知るヒントになるのでさっと目を通す。また, 各段落内は, 主題を示す英文(トピック・センテンス)→主題を詳しく説明したり補足したりする英文(サポーティング・センテンス)→この段落内での結論となる英文(コンクルーディング・センテンス)の順で構成されていることが多い。つまり, **各段落の第1文はその段落の主題を示した文になっていることが多い**ので, 注意して読む。

> **例題に注目!** まず, タイトルがThe Woman Saving Orangutansであることをチェック。ある女性とオランウータンについて書かれた文章だとわかる。第1段落の第1文はThe orangutan is an ape that lives in forests in Indonesia and Malaysia.とあるので, この段落ではorangutans「オランウータン」にまつわる話が述べられるのではないかと予想できる。

2 > 設問と選択肢を確認してから対応する段落を読む

【A】のメール文と同様に, 【B】も設問は**各段落に対応して1問ずつ出題されることが多い**。設問と選択肢を確認して, 何が問われているのかを頭に入れてから対応する段落を読むと, 解答の根拠となる部分を効率よく探すことができる。

> **例題に注目!** (26)は「1970年代まで, 野生のオランウータンの習性についてそれほど知られていなかったのはなぜか」という問題。設問文にuntil the 1970sがあることに注目しよう。具体的な数字は解答の根拠となる箇所を本文から探すキーワードになることが多いので, 頭に入れる。選択肢にも目を通したら, 第1段落を読む。

3 > 言い換えに注意して正解を選ぶ

設問文から得たキーワードに注意しながら段落を読み, 解答の根拠となる文を

> **例題に注目!** until the 1970sを手がかりに第1段落を読むと, 第3文に全く同じuntil the 1970sがあることに気づく。第3文Therefore, until the 1970s, very little was known about orangutans because nobody had observed them closely.の後半にあるthemは, becauseの前のorangutansを指している。整理すると, 「オランウータンを詳細に観察した人は誰もいなかった」ということが「1970年代までオランウータンについ

てあまり知られていなかった」理由だとわかる。文頭にThereforeがあるので第3文は前文の〈結果〉を示した文。前文の第2文を読むと、Orangutans, unlike gorillas and chimpanzees, usually live alone and travel far looking for food.とあり、「オランウータンは単独で行動し、食料を求めて遠くまで移動する」とわかる。この第2、3文を言い換えた選択肢4They are not easy to observe because they move long distances and live alone.が正解。本文のlive aloneは選択肢でもそのまま用いられているが、travel farが選択肢ではmove long distancesに言い換えられている。

例題の訳

オランウータンを助ける女性

　オランウータンはインドネシアやマレーシアの森林にすむ類人猿である。ゴリラやチンパンジーと違い、オランウータンはたいてい単独で生活し、食べ物を求めて遠くまで移動する。そのため1970年代まで、誰も彼らを詳細に観察したことがなかったので、オランウータンについてはほとんど知られていなかった。しかし、1971年にビルーテ・ガルディカスという女性が野生のオランウータンの習性と社会構造を研究するためにインドネシアにやって来た。彼女の仕事のおかげで、私たちはこの神秘的な動物についてはるかに多くのことがわかっている。

(26) 1970年代まで、野生のオランウータンの習性についてそれほど知られていなかったのはなぜか？
　1　研究者にとってインドネシアやマレーシアに行くのは難しかった。
　2　研究者が彼らを研究するのは危険だった。
　3　研究者は他の類人猿を観察するほうがずっと大切だと考えていた。
　4　彼らは長距離を移動し、単独で生活しているので、観察するのが簡単ではない。

大問 5 ▶ 英作文問題

A ▶ 意見論述問題

概要

　ライティング問題【A】は, **与えられたQUESTIONに対する自分の考えを英語で書く問題**。

　外国人の知り合いからQUESTIONをされたという設定で, そのQUESTIONに対して自分の意見と2つの理由を50〜60語で解答する。

　QUESTIONのテーマは, 日常生活に関わるものが多い。公共施設, 移動手段, インターネットやスマートフォンなどに関することが過去に出題された。また, 中高生や大学生を対象としたテーマも頻出する。これまで, 学習環境, 部活動, 宿題, 学校の設備などについて出題された。

　QUESTIONは次のような形式で問われることが多い。

・Do you think A should ...? 「あなたはAが…すべきだと思いますか?」
・Do you think it is 〜 for A to ...? 「あなたはAにとって…することは〜だと思いますか?」
・Which do you think is better for A ... or ...? 「Aにとって…と…ではどちらがよいと思いますか?」

　なお, 内容・文法・語い・構成の4つの観点で採点される。

※本書の情報は2023年7月時点のものです。

例題

出典:「公益財団法人 日本英語検定協会 2016年10月14日付プレスリリース『実用英語技能検定「準2級」、「3級」に来年度からライティングテストを導入、4技能化へ』」より

- あなたは, 外国人の知り合いから以下の QUESTION をされました。
- QUESTION について, あなたの意見とその理由を2つ英文で書きなさい。
- 語数の目安は50語〜60語です。
- 解答は, 解答用紙のB面にあるライティング解答欄に書きなさい。なお, 解答欄の外に書かれたものは採点されません。
- 解答が QUESTION に対応していないと判断された場合は, 0点と採点されることがあります。QUESTION をよく読んでから答えてください。

QUESTION

Do you think students should take part in club activities at school?

I think students should join club activities at school. I have two reasons. First, students can make friends. They will meet people with the same interests in club activities. Second, they can be fit. If they belong to an athletic club, they will have chances to exercise every day. So, I think it's good for students to join club activities.

攻略ポイント

1 書くべき内容を整理しよう

例題に，「QUESTIONについて自分の意見とその理由を2つ書くこと」とあるので，まずは**自分の立場を決め，その理由を2つ考える**。

書く内容を整理するときは，メモを取って頭の中を整理するとよい。

1. QUESTIONに対して賛成と反対の理由を日本語で思いつくままに書き出す。
2. 賛成か反対か，書きやすい立場を選び，説得力があり客観的な理由を2つ選ぶ。

賛成	反対
● 友だちを作れる	● 勉強をする時間が削られる
● 忍耐力がつく	● お金がかかる
● 健康的でいられる	

3. 選んだ2つの理由について，さらに詳しい説明や具体例，根拠を書き出す。

● 友だちを作れる →部活動では，同じ興味を持つ人たちに出会う［根拠］

● 健康的でいられる →もし運動系の部活動に入ったら，毎日運動する機会がある［具体例］

2 構成を整え，わかりやすく論理的な文章にしよう

解答は次に示す3段階（①「意見」，②「理由と補足説明」，③「結論」）で書くとよい。

①	**自分の意見**	Questionの内容に賛成か反対かを示す。

▼

	理由1	1つ目の理由を述べる。

例）友だちを作れる

	理由1の補足	理由の根拠となることや, 具体例などを示す。

▼

例）同じ興味を持つ人と出会う

②	**理由2**	2つ目の理由を述べる。

例）健康的でいられる

	理由2の補足	理由の根拠となることや, 具体例などを示す。

▼

例）運動系のクラブなら, 毎日運動する機会がある

③	**結論**	冒頭で述べた自分の意見を繰り返す。語数が60語を超えてしまう場合は省略してもよい。

① QUESTIONに対する自分の意見

解答の第1文目ではQUESTIONに対して自分の立場を明示する。

● 賛成, 反対の意見に使える表現

▶ I think [do not think] (that) ....　　「私は…と思います［思いません］」
▶ I agree [disagree] with....　　「私は…に賛成［反対］です」
▶ In my opinion, ...　　「私の意見では…」

例題に注目!　解答例では, QUESTIONに対して賛成の立場を取り, I think students should join club activities at school.と述べている。QUESTIONがDo you think...?とたずねている文なので, I think ....で答えている。語数が厳しい場合は, Yes, I do.（反対ならNo, I don't.）と短く述べてもよい。

NG例）【QUESTIONに対応していない】

I think students should study a lot. First, studying is ...
⇒ QUESTIONは「生徒は部活動に参加すべきだと思うか」なので,「学生はたくさん勉強すべきだ」は答えとしてQUESTIONに対応していない。

NG例）【意見があいまいである】

I think students should join club activities, but some students can't do so. ...

⇒「生徒は部活動に参加すべきだと思う」と述べていながらも, カンマ以降で「でもそうできない生徒もいる」とも述べており, 意見があいまいである。

② 2つの理由と補足説明

①で書いた自分の意見について, なぜそう思うのか, 理由を2つ書く。ポイントはそれぞれの理由に説得力を持たせること。そのために, それぞれの理由に対して具体例や根拠を必ず書くようにする。

ただ理由と補足説明を並べるのではなく, 文と文をつないで論理的な文章にするための接続詞や副詞を用いる。

● 理由と補足説明に使える表現

理由2つ:
- First(ly)「第一に」　▶ Second(ly)「第二に」　▶ First of all「まず第一に」
- Moreover「さらに」　▶ In addition「加えて」
- One reason is that ....「1つの理由は…です」
- Another reason is that ....「またもう1つの理由は…です」

補足説明:
- For example「例えば」　▶ This is because ....「これは…だからです」
- If ..., you [they] can ....「もし…なら, あなたは [彼らは] …することができます」

例題に注目! 2つの理由にそれぞれ補足説明が書かれている。1つ目の理由にはFirst, 2つ目の理由にはSecondを使い, 理由を明確にしている。また, 主語はすべてstudentsなので, 1つ目の理由の補足説明以降はtheyに置き換えて繰り返しを避けている。

理由1つ目　:First, students can make friends.
　→補足説明:They will meet people with the same interests in club activities.
理由2つ目　:Second, they can be fit.
　→補足説明:If they belong to an athletic club, they will have chances to exercise every day.

NG例)【補足説明がない】

Firstly, students can make friends. Also, they can be fit if they belong to athletic clubs. In conclusion, ...

⇒2つの理由が書かれているが, それぞれの理由の具体例や根拠などの補足説明がないため, 理由に説得力がない。

NG例)【文をつなぐ接続詞や副詞を使っていない】

Students can make friends. They meet other students who have similar interests. They belong to sports club. They can be fit.

⇒接続詞などの展開を示す表現がないため, 理由がどれで, いくつあるのかがわかりにくい。

③ 結論

結論は①と同じ内容になる。そのため, 結論を入れると制限語数に収まらない場合は省略してもよい。結論を書く場合, 内容は①と同じであるが, 表現を変えて繰り返しを避ける。

● 結論部分で使える表現

▶ Therefore「ゆえに」　　▶ For these reasons ...「これらの理由から…」

▶ So「だから」　　　　　▶ That is why ....「そういうわけで…です」

例題に注目!　第1文では「生徒たちは学校でクラブ活動に参加すべきだと思う」と述べて, 賛成の立場を取っている。最終文(結論)では, 第1文を言い換えて「だから, 私はクラブ活動に参加することは生徒にとっていいと思う」と述べている。具体的には, that節の中の主語を変え, 形式主語の文を用いている。

第1文：I think (that) students should join club activities at school.

⇩

最終文：So, I think (that) it's good for students to join club activities.

3 書いた文章を見直そう

文章が書けたら必ず見直す。以下のチェックポイントを参考に見直すとよい。

【語い】

□ つづりが正しく書けている

□ 正しい意味を理解して語句を用いている

□ 語数を守っている

□ 英語以外の言葉を使う場合, その言語を知らない人でも理解できるように説明を添えている

　　書き方：「英語以外の言葉」「, (カンマ)」「『英語以外の言葉』の説明」の順番で書く。

　　例) Kendo, one of the traditional Japanese martial arts

【文法】

□ 同じような形の文を繰り返さず, 多様な文の形を用いている

□ 各文が完全な文になっている

NG例） I think students should join club activities at school.
Because it is fun.

⇒Because it is fun.は不完全な文。

【内容】

□ QUESTIONに答えている

□ 理由を2つ書き, それぞれに補足説明をしている

□ 理由には客観性があり, 補足説明で説得力を持たせている

例題の訳

生徒たちは学校でクラブ活動に参加すべきだと思いますか?

［解答例］

　私は, 生徒たちは学校でクラブ活動に参加するべきだと思います。理由は2つあります。第一に, 生徒たちは友だちを作れます。彼らはクラブ活動で同じ興味を持つ人たちに出会うでしょう。第二に, 彼らは健康的でいられます。もし運動系のクラブに入ったら, 彼らは毎日運動する機会があるでしょう。だから, 私はクラブ活動に参加することは生徒にとっていいと思います。

B ► Eメールの返信を書く問題

概要

ライティング問題【B】は，2024年度から新たに設けられた問題。

外国人の知り合いからEメールを受け取ったという設定で，そのEメールに対する**返信文を書く。**返信文では，次の2点を含めて40〜50語で解答する。

1. 下線が引かれた語句の特徴を問う具体的な質問2つ
2. Eメールの中で質問されていることに対する自分の考え

なお，内容・文法・語いの3つの観点で採点される。

※本書の情報は2023年7月時点のものです。

例題

出典：「公益財団法人 日本英語検定協会 2023年7月6日付プレスリリース『2024年度（予定）より実用英語技能検定（英検）の問題形式 一部リニューアルのお知らせ』」より

- あなたは，外国人の知り合い（Alex）から，Eメールで質問を受け取りました。この質問にわかりやすく答える返信メールを，□□□ に英文で書きなさい。
- あなたが書く返信メールの中で，Alex のEメール文中の下線部について，あなたがより理解を深めるために，下線部の特徴を問う具体的な質問を2つしなさい。
- あなたが書く返信メールの中で□□□に書く英文の語数の目安は40語〜50語です。
- 解答欄の外に書かれたものは採点されません。
- 解答が Alex のEメールに対応していないと判断された場合は，0点と採点されることがあります。AlexのEメールの内容をよく読んでから答えてください。
- □□□の下の Best wishes, の後にあなたの名前を書く必要はありません。

Hi!

Guess what! My father bought me a robot pet last week online. I wanted to get a real dog, but my parents told me it's too difficult to take care of dogs. They suggested that we get a robot dog instead. I'm sending a picture of my robot with this e-mail. My robot is cute, but there's a problem. The battery doesn't last long. Do you think that robot pets will improve in the future?

Your friend,
Alex

Hi, Alex!
Thank you for your e-mail.

解答欄に記入しなさい。

Best wishes,

It is nice that you have your robot pet. Can your robot dog talk? And how much does it weigh? About your question, I think robot pets will improve. It is because the demand for robot pets is increasing. Robot pets with artificial intelligence will be popular.

攻略ポイント

1 書くべき内容を整理しよう

まず指示を読む。「Eメール文中の下線部について, あなたがより理解を深めるために, 下線部の特徴を問う具体的な質問を2つしなさい」とあるので, その**2つの質問(A)を確実に解答に入れる**。

次に, Eメールの内容をしっかり読む。**本文の最後に質問があるので, その内容を読み取り, 返答(B)を必ず解答に入れる**ようにする。

(A) 下線部の特徴を問う2つの質問

下線が引かれている語句に関する質問を2つ考える。質問は特徴を問う具体的なものでなければならないので, 質問された側が迷わずに答えられる質問かどうかを意識する。質問を考えるときは, 下記の手順で頭の中を整理するとよい。

1. 下線部の特徴に関する質問を日本語で書き出す。
2. 書き出した質問のうち, 書きやすいものを2つ選ぶ。ただし, 具体的な質問でなければならない。また, Eメールにすでに書かれている特徴を質問するのは不適切なので, 質問できるものとできないものを整理する。

> ・そのロボットは話すことができるのか。→○
>
> ・どのくらいの重さがあるのか。→○
>
> ・どんな色をしているのか。→×　pictureを添付したとある

(B) 最後の質問への返答

最後の質問に対して自分の考えを書く。以下の4つの手順で返答を考えるとよい。

1. まず, 何を問われているかを正確にとらえる。そのためには話の流れを理解することが大切。

   ※例題では, 質問の内容は「あなたはロボットペットが将来改善されると思いますか」である。質問の前文に, 「私のロボットはかわいいが, バッテリーが長くもたない」と書かれていることから, 質問にある「改善」とは, ロボットペットの機能の改善であることがわかる。

2.質問文に対する返答を考え, 質問文がDo you think ...?なら, I think (that) ....のように, 質問文に呼応する形で自分の考えを書くようにする。
3.自分がなぜそう思うのか, 理由を考える。
4.語数制限があるため長くなりすぎないように, 1〜2文程度で表す文を考える。

2 構成を整え, 流れを意識した文章を書こう

返信文は以下の構成で書くとよい。

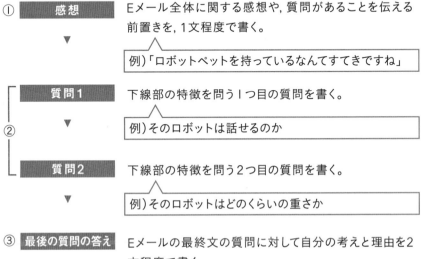

① 感想　Eメール全体に関する感想や, 質問があることを伝える前置きを, 1文程度で書く。

例)「ロボットペットを持っているなんてすてきですね」

質問1　下線部の特徴を問う1つ目の質問を書く。

例)そのロボットは話せるのか

② 質問2　下線部の特徴を問う2つ目の質問を書く。

例)そのロボットはどのくらいの重さか

③ 最後の質問の答え　Eメールの最終文の質問に対して自分の考えと理由を2文程度で書く。

例)ロボットペットは将来改善されると思う。ロボットペットの需要が高まっているから。

① 感想

解答の第1文目ではEメール全体に対する感想などを述べるとよい。

Thank you for your e-mail.のあと, すぐに2つの質問をすると唐突なので, 以下のような文をはさみ, 文の流れを自然にする。

● 感想の例

▶ It is nice that you have your robot pet. 「ロボットペットを持っているとはすてきですね」
▶ I want to know more about your robot. 「私はあなたのロボットについてもっと知りたいです」
▶ You must be excited to play with your robot. 「あなたはきっとロボットと遊ぶことにワクワクしていることでしょう」

---

② 下線部の特徴を問う2つの質問

①を書いたら, 下線部の特徴を問う具体的な質問を2つ続けて書く。

> **例題に注目!** 解答例の質問1つ目は「あなたのロボット犬は話せますか」, 質問2つ目は「それはどのくらいの重さですか」で, どちらも下記のような答えが想定され, 具体的な質問になっている。また, いずれも主語がyour robot dogであることから, 主語の繰り返しを避けるために質問2つ目では it に言い換えている。
>
> 質問1: Can your robot dog talk?⇒想定される答え: Yes, it can./No, it can't.
> 質問2: How much does it weigh?⇒想定される答え: It weighs 3 kilograms.

NG例)【下線部の特徴を問う質問になっていない】

What do you think of your robot pet's color?

⇒「あなたのロボットペットの色についてどう思いますか」は, 相手がどう思うかという点に重きが置かれていて, 下線部の特徴に関する質問になっていない。

NG例)【Eメールからわかることを質問している】

What color is your robot dog? And how big is it?

⇒EメールにI'm sending you a picture of my robot with this e-mail.「このメールに私のロボットの写真を添付します」とあり, その写真を見ればロボットの色や大きさはわかると考えられる。Eメールにすでに書かれていることは質問しないようにする。

③ 最後の質問の答え

②を書いたら, Eメールの最後で聞かれている質問への返答を書く。

書き方は, **「自分の考え」→「そう考える理由」**の順番で書く。理由は具体例や根拠を示すようにする。また, 文と文をつなげる表現を用いて流れを整える。

> **例題に注目!** 「自分の考え」は, About your question, I think robot pets will improve.と1文で端的に書かれており, About your question「あなたの質問について」を文の書き出しに入れて文の流れをなめらかにしている。「そう考える理由」は, It is because the demand for robot pets is increasing. Robot pets with artificial intelligence will be popular.と2文で具体的に書かれている。

NG例)【質問の意図からはずれた返答になっている】

If the battery does not improve, people should get a real pet.

⇒Eメールの質問は「あなたは将来, ロボットペットが改善されると思いますか」であり, 「充電が改善されないならば, 本物のペットを手に入れるべきです」では質問の意図に合う答えになっていない。

3 書いた文章を見直そう

　文章が書けたら必ず見直す。以下のチェックポイントを参考に見直すとよい。

【語い】
☐ つづりが正しく書けている
☐ 正しい意味を理解して語句を用いている
☐ 語数を守っている
☐ 英語以外の言葉を使う場合，その言語を知らない人でも理解できるように説明を添えている

　　書き方：「英語以外の言葉」，「(カンマ)」『英語以外の言葉』の説明」の順番で書く。

　　例) Aibo, one of the popular robot pets

【文法】
☐ 同じような形の文を繰り返さず，多様な文の形を用いている
☐ 各文が完全な文になっている

【内容】
☐ 下線部の特徴を問う質問を2つ書いている
☐ 最後の質問に答えている

例題の訳

ねえ聞いて！　先週，僕のお父さんがインターネットで僕にロボットペットを買ってくれましたね。僕は本物の犬が欲しかったけど，両親が僕に犬を世話するのは難しすぎると言いました。彼らは代わりにロボット犬を買うことを提案しました。このメールと一緒に僕のロボットの写真を送ります。僕のロボットはかわいいけど，問題があります。バッテリーが長くもたないのです。将来，ロボットペットは改善すると思いますか？
あなたの友達，
アレックス

[解答例]
ロボットペットを持っているとはすてきですね。あなたのロボット犬は話すことができますか？　それから，重さはどのくらいですか？　あなたの質問については，私は将来，ロボットペットは改善されると思います。なぜならロボットペットの需要は高まっているからです。人工知能を搭載したロボットペットが人気になるでしょう。

会話の応答文選択問題

概要

　男女の**短い会話（A→B→A）**を聞いて，**最後のAの発話に対して最も適切な応答**を3つの選択肢から選ぶ問題。問題数は全部で10問。会話と選択肢は一度だけ読まれる。第1部は**選択肢が問題用紙に印刷されていない**。1問あたりの解答時間は10秒である。

　会話は，**友人や家族同士，店員と客，道案内などの会話**が出題される。また，**電話での会話**も出題され，その場合は電話のベル音が会話の前に流れる。

　最後の発話は，平叙文（肯定文と否定文）の場合と疑問文の場合がある。

例題

（読まれる音声の例）

No.1

> 💡 **会話のシチュエーションをとらえる**

[1] M: Can I help you, ma'am?
　　W: Yes, I'm looking for a dress to wear to a wedding party.

[2] M: How about this yellow one?

> 💡 **最後の発話は特に集中して聞く**

[3]
1 How nice! That's just what I was looking for.
2 Wow! You look great in a yellow dress.
3 I'd love to. I've never been to a wedding party.

攻略ポイント

1 ▷ 会話のシチュエーションをとらえる

　まず，**会話の初めの発話から，AとBの関係を推測する**。例えば，Hi. で始まって入れば親しい関係，Excuse me. で始まっていれば知らない人同士の会話，というふうに初めの一言で話者の関係性について予想がつく。次の発言（Aに対するBの返答）で親しい関係の中でも親子なのか，友達なのか，同僚なのかといった詳細がわかる。電話の会話においては，最初に店名や名前を名乗ることが多い。

　2人が置かれている状況も会話の初めの発話とその応答から把握できる。例えば，Why don't you 〜? や Do you want to 〜? で始まっていれば相手を何かに誘っている状況だとわかり，その応答次第で話の展開が予想できる。

● 人間関係や場面・状況の手がかりとなる頻出表現

〈呼びかけの表現〉
- ▶ Mom「お母さん」　　▶ Dad「お父さん」
- ▶ honey「あなた」　※夫婦や恋人同士で使う
- ▶ Excuse me.「すみません」　※初対面の人などに話しかけるときに使う

〈店やレストランなどで使われる表現〉
- ▶ Welcome to 〜. (How) can [may] I help you?「〜へようこそ。ご用は何ですか」
- ▶ Are you ready to order?「注文はお決まりですか」
- ▶ Can I have 〜?「〜をいただけますか」

〈電話で使われる表現〉
- ▶ This is 〜 speaking.「こちら（名前）です」
- ▶ Thank you for calling 〜.「〜（店名や社名）にお電話ありがとうございます」
- ▶ May I speak to 〜?「〜とお話したいのですが」

---

2 最後の発話を確実に聞き取る

話者の関係と置かれている状況がつかめたら、最後の発話を確実に聞き取る。ここが聞き取れないと、それまでの会話の流れがつかめても解答できないので、特に集中して聞こう。**最後の発話が疑問文の場合は、文頭の語句や5W1H（Who, When, Where, What, Why, How）が重要**なので、メモを取るのもよい。

---

3 選択肢を聞き取り、適切な応答を選ぶ

選択肢も集中を切らさずにしっかり聞き取ろう。**最後の発話に対する返答として自然であるか**という観点から選ぶ。

最後の発話がHow about this yellow one? なので, これに対する応答として最も自然なものを選ぶ。選択肢1はHow nice! That's just what I was looking for.「まあすてき！ それは私が探していたとおりのものです」で, 最後の発話に対する応答として自然なので正解。選択肢2はWow! は自然な反応であるが, You look great in a yellow dress.は, 客が店員に向かって「黄色いドレスが似合いますね」と言っていることになるので不自然。選択肢3はI'd love to. I've never been to a wedding party.で, 客が提案しているyellow one (= dress)に関する発言がくるべきところをwedding partyについて述べており, 応答として不自然である。

例題の訳

M：奥さま, 何かお探しでしょうか？

W：ええ, 結婚式に着るドレスを探しているんです。

M：この黄色いドレスはいかがですか？

1　まあすてき！　私が探していたとおりのものだわ。

2　まあ！　黄色いドレスがとてもよくお似合いです。

3　ぜひそうしたいわ。結婚式には行ったことがないの。

会話の内容一致選択問題

概要

　　男女の**2往復程度の会話**と, その内容についての**質問**を聞き, 正しい答えを選ぶ問題。設問数は10問。会話と質問は一度だけ読まれる。**選択肢のみ印刷**されている。1問あたりの解答時間は10秒。

　　会話は, **友人や家族との会話, 先生と生徒の会話, 店員と客の会話**などが多い。また, **電話での会話**も出題され, その場合は電話のベル音が会話の前に流れる。

　　質問はWhatで始まる疑問文が最も多く, 例えば「○○の問題は何か」「○○は次に何をするか」「○○についてわかることは何か」などが頻出する。「○○はどのようにして〜するか」などHowを使ったものや, 「○○はなぜ〜しようとしているのか」「なぜ○○は心配しているのか」などWhyを使ったものも多く出題される。また, 数は少ないが, When, Whereなどで始まる疑問文もある。

例題

（印刷された選択肢の例）

No.11　1　Go shopping for camping equipment.
　　　　2　Look up camping sites.
　　　　3　Go camping himself first.
　　　　4　Do a search for camping equipment online.

1

（読まれる音声の例）

No.11

W: Dad, can we go camping this summer?

2　M: Well, there are a lot of things we would have to buy. Why don't we do some research online first?

W: OK, I'll look up camping equipment.

M: Then I'll do a search for camping sites.

3　Question: What will the father probably do?

1 放送前に必ず選択肢をチェックして会話の内容を予測する

　放送が始まる前に選択肢に目を通しておくと, 選択肢に含まれている単語が聞き取りやすくなり, 会話の内容や質問が予測できることがある。特に名詞を中心に選択肢を読むようにすると, 会話のテーマやシチュエーションを予想しやすい。また, 質問が予測できる例として, 選択肢がすべて動詞で始まっていれば, 例えば What will the woman probably do next?「女性は次におそらく何をするか」といった行動に関する質問, 選択肢がBy 〜ingで始まっていれば, How〜?の質問がくると予想できる。そのほか, 選択肢がすべて場所ならWhere〜?, 時間や期間ならWhen〜?の質問がくる可能性が高い。

> **例題に注目!** camping equipmentやcamping site, campingなどキャンプに関する単語がどの選択肢にも含まれているので, キャンプにまつわる話題であると予想できる。また, どの選択肢も異なる動詞で始まっているので, 質問はWhat〜?である可能性が高く, 動詞に注意して会話を聞けばよいとわかる。

2 会話冒頭や場面特有の表現から, 場所や状況をつかむ

　会話の最初のやり取りから**2人の関係**や, **会話の行われている場所・状況**がつかめることが多い。MomやDadと言っていれば親子の会話, 下の名前で呼び合っていれば友人や同僚同士, Welcome to 〜. Can I help you? と言っていれば店や施設での会話, というように把握することで, 会話の内容がつかみやすくなる。電話での会話は, 最初にベル音があり, 店名や名前を名乗ることが多い。

> **例題に注目!** 会話の初めに女性がDad, can we go camping this summer?「お父さん, この夏にキャンプに行かない?」と言っているので, 会話をしているのは親子だとわかる。続いて男性がWell, there are a lot of things we would have to buy. Why don't we do some research online first?「そうだな, (キャンプに行くとなると)買わないといけないものがたくさんある。まずインターネットで調査してみよう」と言っていることから, 親子で夏休みにキャンプに行く計画を立てようとしていて, 必要なものを準備している状況だということがわかる。

3 質問の冒頭に注意して，何が問われているかをつかむ

　質問はすべて疑問詞で始まる疑問文なので，**冒頭の疑問詞**を特に注意して聞く。頻出の質問のパターンをおさえておこう。

例題に注目！　ここではWhat will the father probably do?という質問で，父親がこれからとるであろう行動がたずねられている。娘がI'll look up camping equipment.「私はキャンプの道具を調べてみる」と言うのに対して父親はThen I'll do a search for camping sites.「じゃあ父さんはキャンプ場を調べてみる」と言っているので，質問の答えとして適切なのは，選択肢2のLook up camping sites.「キャンプ場を調べる」。look up ～「～を調べる」が父親の発言にある do a search for ～の言い換えになっている。選択肢4は父親ではなく娘がすると言っていることなので，間違えて選ばないように注意。

● 質問の頻出パターン

〈What～?〉

▶ What did ○○ do last weekend?　　　「○○は先週何をしたか」

▶ What does ○○ want to do?　　　　　「○○は何をしたがっているのか」

▶ What will ○○ probably do next?　　「○○はおそらく次に何をするか」

▶ What will ○○ do tomorrow?　　　　「○○は明日何をするつもりか」

▶ What do we learn about ○○?　　　　「○○についてわかることは何か」

▶ What is one thing we learn about ○○?　「○○についてわかることの1つは何か」

〈Why～?／How～?〉

▶ Why did ○○ ～?　　　　　「なぜ○○は～したのか」

▶ Why is ○○ worried?　　　「○○はなぜ心配しているのか」

▶ How does ○○ ～?　　　　「○○はどのようにして～するか」

例題の訳

W: お父さん，この夏，キャンプに行かない？

M: そうだな，（キャンプに行くとなると）買わないといけないものがたくさんあるよ。まずインターネットで調査してみよう。

W: わかった，私はキャンプの道具を調べてみる。

M: じゃあ父さんはキャンプ場を調べてみるよ。

質問：父親はおそらく何をするか？

1　キャンプ道具を買いに行く。　　　　2　キャンプ場を調べる。

3　まず自分でキャンプに行く。　　　　4　インターネットでキャンプ道具を調べる。

文の内容一致選択問題

概要

　40〜60語程度の英文と，その内容についての**質問**を聞き，正しい答えを選ぶ問題。設問数は10問。英文と質問は一度だけ読まれる。**選択肢のみ印刷**されている。1問あたりの解答時間は10秒。

　内容は大きく分けて3種類あり，**「ある人物の日常について述べた文章」**が半数程度，**「動植物の生態や外国の歴史・文化などに関する説明」**が2問程度，**「スーパーや電車内など公共の場でのアナウンス」**が2問程度出題される。

　質問は，WhatやWhy, Howで始まるものが多い。

例題

（印刷された選択肢の例）

1	No.21	1	They are going to fly in an airplane.

No.21　1　They are going to fly in an airplane.
　　　　2　They are going to ride bicycles.
　　　　3　They are going to rent motorbikes.
　　　　4　They are going to drive a car.

（読まれる音声の例）

No.21　　　　　　　2

3　Kosuke is planning a trip with his friends. They want to go to Okinawa for five days. They are planning to fly there and stay at a guest house or a youth hostel. Then, they are going to rent motorcycles to visit places around the island. Kosuke can drive a car, but they prefer feeling the breeze in their faces.

4　Question: How are Kosuke and his friends going to get around in Okinawa?

1 選択肢から英文と質問の内容を予測する

放送が始まる前に選択肢に目を通しておくと, 英文の内容や質問がある程度予測できる。例えば, SheやHe, Theyなどの代名詞で始まっていれば**人物に関する話**だと予想できる。また, 選択肢にBy 〜ingの形が並んでいればHow 〜?「どのようにして〜?」の質問がくると予想できるので, 聞き取るポイントが絞りやすくなる。

2 会話の冒頭から英文の種類をつかむ

会話の冒頭から, 英文の種類がわかることが多い。例えば, Dave などの人物名で始まっていれば**「ある人物の話」**, Attention, please.などの呼びかけで始まっていれば**「アナウンス」**だと判断でき, 内容を押さえやすくなることがある。冒頭から, 動植物の名前や歴史的な建物の名前などの聞いたことのない固有名詞が登場することもあるが, その場合にも○○ is an animal ...などとそれが何なのかについての説明が続くことが多いので, 焦らずに, まずは話題が何であるかを押さえ, 続く英文を落ち着いて聞くようにしよう。

● 第3部でよく出る冒頭の表現

〈社会的・文化的話題の冒頭の例〉
▶ A is an animal [plant / food] that ... 「Aは…動物 [植物/食べ物] です」
▶ In 〜, there is ○○ called A 「〜には, Aと呼ばれる○○があります [います]」

〈アナウンスの冒頭の例〉

▶ Attention, passengers. 「乗客の皆さまに申し上げます」
▶ Welcome to ~. 「～（店名など）へようこそ」
▶ Thank you for coming to ~. 「～にお越しいただきありがとうございます」
▶ OK, everyone. 「（生徒や来場者に向かって）さあ，皆さん」
▶ You're listening to ~. 「お聞きになっているのは～（番組名など）です」

3 5W1Hを意識して聞く

5W1Hとは，**Who**「誰が」，**When**「いつ」，**Where**「どこで」，**What**「何を」，**Why**「なぜ」，**How**「どうやって」のこと。これらの観点を意識して聞くと，話の流れを追いやすくなる。

例題に注目！ 例えば第2文は，They want to go to Okinawa for five days. で，Theyは第1文からKosukeとhis friendsを指しているとわかる。Where「どこ」についてはOkinawa, How (long)「どのくらい（長く）」についてはfor five daysというように，1文だけからでも5W1Hのいくつかは聞き取れる。続く第3, 4文They are planning to fly there and stay at a guest house or a youth hostel. Then, they are going to rent motorcycles to visit places around the island. では，How「どうやって」，旅先でのWhere「どこ」が述べられている。

4 質問の冒頭に注意して，何が問われているかをつかむ

第2部と同様に，**質問の冒頭の疑問詞**を特に注意して聞く。パッセージの種類ごとに，どのような質問が出るのかおさえておこう。

例題に注目！ How are Kosuke and his friends going to get around in Okinawa?「コウスケと友人たちはどうやって沖縄で移動しようとしているか」という質問。How「どうやって」，get around「あちこち移動する」のかと手段をたずねている。第4文でthey are going to rent motorcycles to visit places around the islandと言っているので，選択肢3のThey are going to rent motorbikes. が正解。パッセージのmotorcycles を選択肢ではmotorbikesと言い換えている。

● 英文の話題ごとの質問の頻出パターン

〈ある人物の話の質問例〉
- ▶ What does ○○ 〜?　　「○○は何を〜するか」
- ▶ Why did ○○ 〜?　　「○○はなぜ〜したのか」
- ▶ How did ○○ 〜?　　「○○はどのようにして〜したか」

〈社会的・文化的話題における質問例〉
- ▶ What is one thing we learn about 〜?　「〜についてわかることの1つは何か」
- ▶ Why did ○○ 〜?　　　　　　　　「○○はなぜ〜したのか」

〈アナウンスにおける例〉
- ▶ Why is this announcement being made?「このアナウンスはなぜ行われているか」
- ▶ How can customers get 〜?「客はどのようにして〜を手に入れられるか」
- ▶ Where is this announcement most likely taking place?「このアナウンスがされている可能性が最も高い場所はどこか」

例題の訳

コウスケは友だちと旅行の計画を立てている。彼らは5日間沖縄へ行きたいと思っている。彼らは飛行機でそこまで行ってゲストハウスかユースホステルに泊まる計画をしている。そして, 島中を訪ねるためにオートバイをレンタルするつもりだ。コウスケは車の運転ができるが, 彼らは顔にそよ風を感じるほうがよいと思っている。

質問：コウスケと友人たちはどうやって沖縄で移動しようとしているか？

1　飛行機で飛ぶつもりだ。
2　自転車に乗るつもりだ。
3　オートバイをレンタルするつもりだ。
4　車を運転するつもりだ。

スピーキング

　二次試験は、**面接委員との一対一の個人面接方式**で、まず、**英文の黙読を行い、次に音読をする。その後、面接官による5つの質問に答える**という流れである。黙読と音読、質問3つ目までは面接官から渡される問題カードをもとに進められる。問題カードの英文のテーマは、最近話題になっていることや新しいもの・技術の紹介、教育・文化・健康にまつわる話題であることが多い。

[二次試験の流れ]

1	入室・あいさつ ▼	入室したら面接委員に Hello. や Good morning. などのあいさつをする。
2	着席・受験級確認 ▼	着席のあと、氏名と受験級を確認され、簡単なあいさつ（How are you? など）が行われる。
3	問題カードの黙読 ▼	面接委員から、英文とイラストが印刷された「問題カード」を渡される。問題カードは複数あり、いずれかが配られる。そのまま20秒間の黙読時間が与えられる。
4	問題カードの音読 ▼	面接委員から指示を受けたら、問題カードの英文を音読する。
5	質疑応答(No. 1～ No. 5) ▼	音読が終了すると、面接委員から5つの質問をされる。第3問目まではカードを見ながら答えることができる。第4, 5問目はカードを見ずに答える。
6	退室	質疑応答が終了したら、問題カードを返却して退出する。

Libraries and Technology

Libraries are using more technology today. In the past, book records were kept in cabinets with cards that had various information on the books. Now people search for information on computers, and by doing so they can easily find the books they want. Also, some libraries lend e-books that can be read on tablets.

A

B

[質問と回答例]

No. 1 According to the passage, how can people easily find the books they want?

By searching for information on computers.

No. 2 Now, please look at the people in Picture A. They are doing different things. Tell me as much as you can about what they are doing.

A man is reading a book (on a bench). / A woman is looking at some books (on a shelf). / A man is using a computer (to search for books). / A girl is studying (at a table). / A woman is copying something.

No. 3 Now, look at the boy in Picture B. Please describe the situation.

He can't reach a book because the shelf is too high.

No. 4 Do you think libraries with paper books will disappear in the future? Yes. →Why? / No. →Why not?

· Yes. Paper books will be replaced by e-books. Instead of going to the library, people will get their books from the Internet.

· No. Some people like the feel of paper books. They like to turn the pages with their fingers.

No. 5 Many people travel overseas for vacation. Have you ever been overseas on vacation?

　Yes. →Please tell me more. ／No. →Why not?
- Yes. I went overseas for the first time this spring. I spent one week in Hawaii.
- No. Traveling overseas is expensive. I prefer to spend my vacations at home.

1 　評価のポイントを押さえておこう

　二次試験の評価の観点は,「音読」「質疑応答」「アティチュード」の３項目に分けられる。

　「**音読**」では, 文は意味のまとまりで区切るようにし, 単語の発音とアクセントに注意して読む。また, 早口になりすぎないよう気をつけよう。

　「**質疑応答**」では, 必ずしも完全な文で答えられなくてもよいが, できる限り正しい文法を使って回答する。また, 質問を受けてから回答するまでに間が空きすぎないように注意しよう。質問が聞き取れないときは, I beg your pardon?と言ってもう一度言ってもらおう。

　「**アティチュード**」については, 面接官とのコミュニケーションを積極的にとることが求められるので, 話すときは面接官の目をきちんと見て話すように意識する。声は面接官が聞き取りやすい音量で, はっきりと話す。うまく伝えられない場合も焦らずに, ジェスチャーなどを使ってできる限り伝えるようにする。

2 　黙読中は質問No.1で出題されそうなポイントを推測する

　黙読では20秒間で英文を読む。そのとき, 質問のNo.1でどの部分が出題されそうかを推測できるとよい。No.1の質問はパターンがあり, **Why ～?**か**How ～?**がほとんどである。したがって, **因果関係あるいは方法を示す表現**を見つければよい。

例題に注目! 英文の3文目の後半にby doing soとある。by doing soは「そうすることによって」という意味なので, 前半部分でその方法が述べられている。前半部分は, Now people search for information on computersであるので, ここが問われるのではないかと推測する。

3 音読は意味の区切りを意識して読む

音読は，緊張したり，無理に流暢に読もうとしたりすると早口になり，面接官に伝わらない。そこで，意味の区切りごとに一瞬間を空けるようにして読むと早口にならず，単語をはっきりと発音することができる。

例題に注目！

※スラッシュ(/)が意味の区切り
Libraries are using more technology today. / In the past, / book records were kept in cabinets / with cards /that had various information / on the books. / Now / people search for information / on computers/, and by doing so / they can easily find the books/ they want. / Also, / some libraries lend e-books / that can be read / on tablets.

4 質問No.1の答え方をマスターしよう

質問No.1は音読した文章について出題され，Why ～? かHow ～? の質問がほとんどである。**Why ～? で聞かれたらBecauseで始め，主語をtheyなどの代名詞に置き換えて答える。How ～? で聞かれたらBy ～ing ...で答える。**

例題に注目！ 質問はAccording to the passage, how can people easily find the books they want?とhow～?で方法を聞かれている質問なので, By ～ing ...を使ってBy searching for information on computers.と回答する。

5 質問No.2, 3は1文で端的に述べる

質問No.2はイラストAの人物描写で，いずれも1文で端的に述べるようにする。**イラストに描かれた5人の人物について，それぞれ「誰が」「～している」という人物と動作を明確に述べる**ことが大切。No.2のイラストに描かれる人物の動作にはよく出るものがあるので，以下を参考にするとよい。

●No.2でよく出る動作表現

- ▶ shake hands　　「(2人の人物が) 握手する」
- ▶ get out of ～　　「(乗り物) から降りる」
- ▶ get into ～　　「(乗り物) に乗る」
- ▶ push a cart　　「台車を押す」
- ▶ carry a desk　　「机を運ぶ」

▶ throw garbage into a trash can	「ごみ箱にごみを捨てる」
▶ talk on the phone	「電話で話す」
▶ try on 〜	「(服や帽子など)を試着する」
▶ pour tea	「お茶を注ぐ」
▶ close [open] a window	「窓を閉める[開ける]」
▶ water flowers	「花に水をやる」
▶ wave	「手を振る」

　No.3では, イラストBに描かれている状況について説明することが求められる。ある人物が何かをしようと考えていたり, ある事で困っていたりする状況を説明することが多い。**butなどの接続詞を用いて, イラストの吹き出しの内容からわかることを含めて答える。**

● No.3で使える接続詞と文の形

[but]
▶ She [He] wants to 〜, but she [he] can't ... 「彼女[彼]は〜したいが, …できない」
▶ She [He] is 〜ing, but she [he] ... 「彼女[彼]は〜しているが, 彼女[彼]は…」
[because]
▶ She [He] can't 〜 because ... 「…なので彼女[彼]は〜できない」
▶ She [He] is doing 〜 because she [he] wants to ... 「彼女[彼]は…したいので〜している」

例題に注目! 　No.2では, 例えばイラストA上部で本を読んでいる男性に注目して, A man is reading a book (on a bench). と回答する。人物はa man, 動作はis reading a bookである。No.3では, 本の位置が高すぎて男の子は本を取れないという状況。吹き出しを見ると男の子が本棚から本を取っている様子に×印がついている。回答例ではまず, 男の子の状況をHe can't reach a bookと表し, その理由をbecauseを用いた節because the shelf is too highで付け加えている。

---

6 ▶ 質問No.4, 5は理由を2文程度で答える

　No.4ではカードの英文のトピックに関連する内容について, No.5では受験者の日常生活の身近なことについて質問される。どちらもまずはYes.またはNo.で答えて自分の意見を明示する。**そのあと, 面接官にWhy?やPlease tell me more.や Why not?と追加で聞かれるので, それに対して2文程度で答えるようにする。**

● 2文の構成パターン

1. 理由1つ目＋理由2つ目
2つの理由を並べる形。「〜だからだ。また，…だからである」という2文になる。理由2つ目を述べるときは，Also,「また，」を使うとよい。

2. 理由＋補足情報
理由を1つ述べ，そのあとに理由の根拠や結果，具体例を述べる形。「〜だからだ。それというのは〜」「〜だからだ。そうすることで〜」「〜だからだ。例えば○○などは〜だ」などの文になる。

例題に注目！ No.4はDo you think libraries with paper books will disappear in the future?という質問。回答例の Yes.の答えはPaper books will be replaced by e-books. Instead of going to the library, people will get their books from the Internet.で，まず理由を1つ述べ，2文目で理由の根拠を説明している。

No.5はMany people travel overseas for vacation. Have you ever been overseas on vacation?という質問。受験者自身の経験を聞いているので，経験があればその出来事を話せばよいが，ない場合は経験がない理由を述べる必要がある。回答例のNo. の答えはTraveling overseas is expensive. I prefer to spend my vacations at home.で，「海外へ旅行するのはお金がかかる」，「家で休暇を過ごすほうが好きだ」という2つの理由を述べている。

図書館とテクノロジー

今日, 図書館は多くのテクノロジーを使っています。過去には, 本の記録は本に関するさまざまな情報が書かれたカードと一緒にキャビネットに保管されていました。現在, 人々はコンピューターで情報を検索して, そうすることによって欲しい本を簡単に見つけることができます。また, 図書館の中にはタブレットコンピューターで読むことができる電子書籍を貸し出しているところもあります。

No. 1　文章によると, 人々はどのように欲しい本を簡単に見つけることができますか?

解答例　コンピューターで情報を検索することによって。

No. 2　では, Aの絵の人々を見てください。彼らはいろいろなことをしています。彼らがしていることについて, できるだけたくさん説明してください。

解答例　男性が(ベンチで)本を読んでいます。／女性が(棚にある)いくつかの本を見ています。／男性が(本を探すために)コンピューターを使っています。／女の子が(テーブルで)勉強しています。／女性が何かをコピーしています。

No. 3　では, B の絵の少年を見てください。状況を説明してください。

解答例　棚が高すぎるので, 彼は本に手が届きません。

No. 4　あなたは紙の書籍を持つ図書館は将来なくなると思いますか?

　　　　(Yes なら)どうしてそう思うのですか?

　　　　(Noなら)どうしてそう思わないのですか?

解答例:・はい。紙の本は電子書籍に取って代わられるでしょう。図書館に行く代わりに, 人々は本をインターネットで手に入れるでしょう。

　　　　・いいえ。紙の本の手触りが好きな人々もいます。彼らは自分の指でページをめくるのが好きなのです。

No. 5　多くの人々が休暇で海外旅行に行きます。あなたは休暇で海外に行ったことがありますか?

　　　　(Yes なら)もっと詳しく話してください。

　　　　(Noなら)どうして行ったことがないのですか?

解答例　・はい。私はこの春に初めて海外に行きました。私はハワイで1週間を過ごしました。

　　　　・いいえ。海外旅行は値段が高いです。私は家で休暇を過ごすほうが好きです。

英検準**2**級

一次試験問題

解答と解説 ▶ 本冊 P.003〜

試験時間

筆記試験（75分）
リスニングテスト（約25分）

1

次の (1) から (20) までの (　　　) に入れるのに最も適切なものを 1, 2, 3, 4 の中から一つ選び, その番号を解答用紙の所定欄にマークしなさい。

(1) The teacher (　　　) his notes from the blackboard before Ruth was able to finish copying them into her notebook. She had to ask another student for help.

　　1 erased　　**2** excused　　**3** escaped　　**4** extended

(2) **A** : Why did you cancel the picnic? I was looking forward to it.
　　B : So was I, but it's going to rain. We have no (　　　) over the weather.

　　1 issue　　**2** grade　　**3** fever　　**4** control

(3) **A** : It's really cold this winter, isn't it?
　　B : I know! I have four (　　　) on my bed, and I am still cold at night.

　　1 locks　　**2** blankets　　**3** moments　　**4** husbands

(4) The new TV show *Amazing Plants* is very (　　　). Children who watch it can learn about lots of strange plants.

　　1 modern　　**2** lonely　　**3** violent　　**4** educational

(5) Mr. Suzuki's vacation in Hawaii was like a wonderful dream. However, he knew that he would have to go back to the (　　　) of his job in Tokyo.

　　1 origin　　**2** suggestion　**3** reality　　**4** coast

(6) Wesley offered to buy Sarah's guitar from her, but she (   ). She did not want to sell it because it was a gift from her father.

  1 employed   **2** existed   **3** retired   **4** refused

(7) Andrew looks forward to visiting his grandparents on the weekend because he always has interesting (   ) with them. They always talk about history.

  1 consumers   **2** approaches
  3 muscles   **4** discussions

(8) Simon's homework is to write about someone who he (   ). Simon has decided to write about his favorite baseball player because he is Simon's hero.

  1 respects   **2** locates   **3** assists   **4** combines

(9) When Dennis arrived at his aunt's house, she (   ) him at the door with a hug.

  1 greeted   **2** promised   **3** required   **4** interviewed

(10) *A* : I think you're sitting in the seat that I reserved.
   B : Oh! I'm (   ) sorry. I'll find somewhere else to sit.

  1 equally   **2** terribly   **3** calmly   **4** safely

(11) Casey and his sister (   ) washing the dishes. He washes them after breakfast and she washes them after dinner.

  1 take turns   **2** give applause
  3 pass around   **4** have faith

(12) Alan went to Hawaii last week, but he could not enjoy any of the beaches because he was there (   ).

  1 at least   **2** by heart   **3** for good   **4** on business

(13) After work on Friday night, Jason did not want to cook at home. He (   ) having dinner with his friends, so he invited three of them to a restaurant.

    1 looked like   **2** felt like

    3 passed by   **4** ran by

(14) **A** : Gina, could I go to one of your photography club meetings and see what it's like?

    B : Sure. Our meetings (   ) on the first Saturday of each month.

    1 take place   **2** grow up   **3** come true   **4** put off

(15) After Suzanne graduated from college, she did not plan to (   ) her parents. She got a job so she could live by herself.

    1 lay out   **2** rely on   **3** turn in   **4** get over

(16) **A** : What are you going to wear at the Christmas party?

    B : I'm going to (   ) as a snowman. My mom is helping me to make my costume.

    1 turn off   **2** hold back   **3** dress up   **4** break out

(17) Dan gave a presentation in his science class today. He (   ) his main ideas with data from research.

    1 pulled away   **2** called out

    3 wished for   **4** backed up

(18) Mike cried when he broke the toy truck that his mother (   ) him for his birthday.

    1 has given   **2** was giving

    3 was given   **4** had given

(19) Bobby wanted to play catch, so he asked his parents, his brother, and his sister if they had time to play with him. However, (   ) did because they were all too busy.

    1 nobody   **2** everybody   **3** anybody   **4** somebody

(20) On Saturdays, Beth volunteers at her local community center. She enjoys ( ) with events for the people in her area.

    1 to help   **2** helps   **3** helping   **4** helped

次の四つの会話文を完成させるために, (21) から (25) に入るものとして最も適切なものを 1, 2, 3, 4 の中から一つ選び, その番号を解答用紙の所定欄にマークしなさい。

(21) **A** : Here is your room key, sir. You're in Room 403 on the fourth floor.

B : Is there anywhere that I can (**21**)?

A : You should find some bottles of water in the fridge in your room, and there's also a vending machine here in the lobby, sir.

B : Thanks!

1 leave my bags for a few hours
2 find out more about the city
3 buy an English newspaper
4 get something to drink

(22) **A** : Are you leaving already?

B : Yes. I want to be home by 7:30 so that I can (**22**).

A : Oh, is that tonight? I forgot about that.

B : It's going to be really exciting. It's between the two best teams in the world.

1 watch the international rugby game
2 make dinner for my wife
3 read a bedtime story to my kids
4 take a bath and go to bed early

(23) **A** : Hi. Do you have (**23**) in the library?

B : Yes. Do you want to see photos of famous ones?

A : No. I want to find out how to grow bigger vegetables.

B : In that case, try looking in section E3 on the second floor.

1　books about movie actors
2　anything about gardens
3　advice about food shopping
4　information about paintings

A : Honey, have you seen my smartphone?　I can't find it anywhere.

B : No, I haven't.　Do you want me to (　**24**　)?

A : Yes, please.　Hopefully, we'll be able to hear where it is.

B : OK.　It's ringing now.

A : I can hear it.　The sound is coming from (　**25**　).

B : How did it get there?

A : I must have left it there by accident when I was putting away the food we bought at the supermarket.

B : Well, I'm glad that we've found it.

(**24**)　　1　buy a new one for you
　　　　　2　set an alarm
　　　　　3　try calling it
　　　　　4　search upstairs

(**25**)　　1　under the bed
　　　　　2　one of the kitchen cabinets
　　　　　3　behind the bookshelves
　　　　　4　the laundry basket

3

次の英文 [A], [B] を読み, その文意にそって (26) から (30) までの (　　　) に入れるのに最も適切なものを 1, 2, 3, 4 の中から一つ選び, その番号を解答用紙の所定欄にマークしなさい。

[A]　　　Sally's Concert

Sally has been taking piano lessons for about a year. She started because she heard her uncle Kevin playing when she visited his house. She thought that his music sounded wonderful. Sally has been practicing hard and learning quickly. Her teacher told her that there would be a concert for the students at the piano school and that Sally should take part. Sally (**26**), though. She thought that performing in public would be scary. However, her teacher said that it would be a good experience.

At the concert, Sally's parents and Uncle Kevin were in the audience. When it was time for Sally to play, she was worrying a lot. Her teacher told her to relax and enjoy the chance to (**27**). Sally did her best. When she finished playing, all the people in the audience were smiling, clapping, and cheering. This made Sally feel very special, and she knew that her teacher had been right.

(26)　1　could not see anything
　　　2　had to ask her parents
　　　3　did not have much money
　　　4　was very nervous

(27)　1　visit foreign countries
　　　2　make other people happy
　　　3　listen to famous pianists
　　　4　help sick children

[B] Up and Away

Cars that can fly have appeared in many science-fiction stories. For over 100 years, people have been trying to build real flying cars. Some have succeeded, but their flying cars have never been produced in large numbers. These cars were usually too expensive for people to buy. However, a company in the European country of Slovakia thinks that its flying cars can be made (**28**). As a result, it might soon be common to see flying cars in the sky.

Stefan Klein, the owner of the company, has spent about 30 years trying to develop a flying car. In June 2021, Klein's car (**29**). It took 35 minutes to travel about 90 kilometers from the airport in Nitra to the one in Bratislava. After it landed, the flying car's wings were folded up in less than three minutes, and Klein drove the car to the city center. The car has now been flown over 200 times, and the government of Slovakia has decided to allow people to use it for air travel.

Klein thinks that his company will be able to sell many flying cars. He still faces several challenges, though. First, his flying car can only take off and land at airports. Also, it uses gasoline, so some people say that it is not good for the environment. (**30**), people need a pilot's license if they want to use the flying car. However, Klein thinks he will be able to solve these problems sometime soon.

(**28**) 1 at lower prices 2 in a shorter time
      3 from recycled paper 4 by a new kind of robot

(**29**) 1 went on sale 2 was hit by a truck
      3 made its first trip 4 won a famous race

(**30**) 1 Even so 2 Therefore
      3 Moreover 4 For example

次の英文 [A], [B] の内容に関して, (31) から (37) までの質問に対して最も適切なもの, または文を完成させるのに最も適切なものを 1, 2, 3, 4 の中から一つ選び, その番号を解答用紙の所定欄にマークしなさい。

[A]

From: Ralph Parker <ralph_parker@epostal.com>
To: Gary Jones <gazjones_101@mymessage.com>
Date: June 4
Subject: My cousins

Hi Gary,

We haven't had a chance to meet since you and your family moved to your new house. Are you enjoying your new school? I know there's a great park near your new place. My mom and dad took me there once after we went to the mall on that side of the city. I really wanted to try the basketball court there, but I didn't have my ball. Have you played on it yet?

By the way, do you remember my cousins from Seattle? We had fun with them when they visited last summer. They're coming to stay with us again at the end of this month. Would you like to come over while they're here? We could have a game of basketball with them. I've also got a new board game, and I think we would have a great time playing it.

My cousins will be staying with us from June 21 to June 29. They will also visit their other relatives in the city, so they'll be quite busy. Can you tell me a couple of dates when you can come? My dad says that if your mom or dad can bring you here, he will take you home in the evening. Please speak to your parents and let me know.

Your friend,

Ralph

(31) What is one thing that Ralph asks Gary?

    1 If Gary has tried the basketball court in his local park.

    2 If Gary bought a new basketball when he went to the mall.

    3 Whether Gary's new school is near his new house.

    4 Whether Gary's parents are planning to move to a new house.

(32) Ralph says that his cousins from Seattle

    1 will play in a basketball tournament in June.

    2 have told him about a great new board game.

    3 want to know if Gary can remember them.

    4 came to stay with his family last year.

(33) What does Ralph's father say that he will do?

    1 Speak to Gary's parents.

    2 Tell Ralph the best dates to come.

    3 Take Gary back to his house.

    4 Visit Ralph's relatives in the city.

[B]　　　　　Video Game Arcades

The first computer games were quite different from the ones that people play today. When computer games appeared in the 1950s, computers were big and expensive. They were only found in universities and large companies. Although computers were invented to solve serious problems, creating games is a good way to learn computer programming. In addition, the process of inventing new games has led to many important discoveries for computer technology.

In the early 1970s, computers were still too expensive for most people to own. However, a number of fun games had been developed by students at universities in the United States. Some of these students wanted to make money from their games. They built computers inside large wooden boxes. Then, they put the boxes in places like bars and cafés. Customers could play the games by putting money into a special hole in the boxes.

These computer games were a big success. More and more of them were created. One of the most popular games was *Space Invaders*. In this game, players tried to shoot space monsters that were attacking them. In the 1970s, "video game arcades" began to appear. These were places with many computer game machines. During the 1970s and 1980s, video game arcades became important places for young people to meet friends and make new ones.

At the same time, companies were developing cheap home computers. People with these machines did not have to go to video game arcades. They did not have to pay each time they wanted to play a game. They did not have to wait for other people to finish playing, either. Video game arcade owners tried to introduce games that used technology that home computers did not have. However, home computer makers were able to find ways to make their games more attractive. Now, many video game arcades have closed.

(34) Computer games can be used to

    1 train new staff members when they join large companies.

    2 help people understand how to make computer software.

    3 solve serious problems all over the world.

    4 find ways for universities to save money.

(35) Why did some students put computers in places like bars and cafés?

    1 To discover how much money people would pay for a computer.

    2 To do research on why computer games had become so popular.

    3 So that they could find out what food and drinks customers bought.

    4 So that they could get some money from the games they had made.

(36) One reason many young people went to "video game arcades" was

    1 that they could get to know new people.

    2 that they thought space monsters might attack.

    3 to show people the games they had created.

    4 to get jobs making computer game machines.

(37) How did owners try to get more people to come to their video game arcades?

    1 By introducing games that people could play without paying.

    2 By giving discounts on home computers to their best customers.

    3 By adding things for people to do while waiting to play games.

    4 By bringing in computer technology that people did not have at home.

ライティング

- あなたは，外国人の知り合いから以下の **QUESTION** をされました。
- **QUESTION** について，あなたの意見とその**理由を 2 つ**英文で書きなさい。
- 語数の目安は 50 語〜60 語です。
- 解答は，解答用紙の B 面にあるライティング解答欄に書きなさい。**なお，解答欄の外に書かれたものは採点されません。**
- 解答が **QUESTION** に対応していないと判断された場合は，**0 点と採点される**ことがあります。QUESTION をよく読んでから答えてください。

QUESTION

Do you think hospitals should be open on weekends?

リスニングテスト

♪ Track 1

[準2級リスニングテストについて]

1 このリスニングテストには，第1部から第3部まであります。
◆英文はすべて一度しか読まれません。

第1部	対話を聞き，その最後の文に対する応答として最も適切なものを，放送される1，2，3の中から一つ選びなさい。
第2部	対話を聞き，その質問に対して最も適切なものを1，2，3，4の中から一つ選びなさい。
第3部	英文を聞き，その質問に対して最も適切なものを1，2，3，4の中から一つ選びなさい。

2 No. 30 のあと，10秒すると試験終了の合図がありますので，筆記用具を置いてください。

第1部 No.1〜No.10
（選択肢はすべて放送されます。）

♪ Track 2〜12

第2部

♪ Track 13〜23

No. 11
1 Read a newspaper.
2 Borrow some books.
3 Copy some magazine articles.
4 Fix the copy machine.

No.12

1 Take a vacation overseas.
2 Go on a business trip.
3 Visit the man's mother.
4 Cancel their barbecue.

No.13

1 The store will be having a sale soon.
2 The store will be closing in a few minutes.
3 The store does not have any wool sweaters.
4 The store does not have a light-blue skirt.

No.14

1 Take a drive.
2 Bake a cake.
3 Go to the supermarket.
4 Look for his car key.

No.15

1 His garage door was broken.
2 His garage door needed to be painted.
3 He wanted to repair her door.
4 He had to cancel an appointment.

No.16

1 She gave him a new guidebook.
2 She bought his plane ticket online.
3 She packed his suitcase for his trip.
4 She reminded him to do something.

No.17

1 See a game on TV with Jiro.
2 Play baseball with Jiro.
3 Go to Jiro's house.
4 Watch Jiro's game.

No.18

1 She went to the store after closing time.
2 She broke her computer keyboard.
3 The store does not have the red keyboard.
4 The store does not sell computers.

No.19

1 Go to a music concert.
2 Have a business meeting.
3 Visit another town.
4 Play music together.

No.20

1 He did not bring his hiking boots.
2 He did not check the weather report.
3 He went to the wrong mountain.
4 He lost his brother's raincoat.

第 **3** 部

Track 24~35

No.21

1 To keep his food away from bears.
2 To buy food at the park's café.
3 To take pictures of the bears.
4 To call him before leaving the park.

No.22

1 Take piano lessons.
2 Take swimming lessons.
3 Take judo lessons.
4 Take computer lessons.

No.23

1 An important player got hurt.
2 The weather was bad.
3 The stadium was being repaired.
4 Only a few tickets could be sold.

No.24

1 He played rugby on his school's team.
2 He played soccer on his father's team.
3 He went to soccer matches with his mother.
4 He went to a school with a famous rugby coach.

No. 25
1 He did not have enough cash.
2 He could not use his smartphone.
3 It was not open yet.
4 It did not have pasta.

No. 26
1 Her friend picked her up there.
2 Her friend worked there.
3 She wanted to buy a dress.
4 She needed new shoes.

No. 27
1 They can be used inside busy cities.
2 They can be driven easily at night.
3 Electric cars are difficult to charge outside of cities.
4 Electric cars are not allowed in some places.

No. 28
1 The parking lot is full.
2 The mall is under construction.
3 The store is closing soon.
4 The sale will end tomorrow.

No. 29
1 There is a problem with the seat belts.
2 There is a lot of snow outside.
3 The airplane needs to be checked.
4 The baggage arrived late.

No. 30
1 They are mainly active at night.
2 They have very large heads.
3 They dry their food in the sun.
4 They dig holes under trees.

1

次の (1) から (20) までの (   ) に入れるのに最も適切なものを 1, 2, 3, 4 の中から一つ選び, その番号を解答用紙の所定欄にマークしなさい。

(1) Ryuji's teammate passed the soccer ball to Ryuji. He (   ) the ball as hard as he could, and it flew past the goalkeeper and into the goal.

    1 mixed   **2** chewed   **3** struck   **4** copied

(2) *A* : Dad, I don't feel well. My head hurts and I think I have a (   ).

    B : I see. Let me check your temperature.

    1 grade   **2** surprise   **3** custom   **4** fever

(3) Most companies use ships to (   ) their products overseas. Airplanes are much faster, but they are usually much more expensive.

    1 transport   **2** design   **3** consult   **4** reject

(4) After the basketball game, Mark's coach said many nice things about his passing and defense. He felt (   ) to hear that he was doing a good job.

    1 frightened   **2** encouraged **3** delivered   **4** followed

(5) *A* : How long have you been working here, Sabrina?

    B : I'm new. I was (   ) two weeks ago.

    1 collected   **2** hired   **3** exchanged **4** carried

(6) Kansai is a (　　　) in western Japan. Its three largest cities are Osaka, Kyoto, and Kobe.

    1 safety   **2** region   **3** theme   **4** laundry

(7) *A* : Could you answer all the questions in our math homework?
B : Nearly. I couldn't (　　　) the last one, though.

    1 solve   **2** repair   **3** miss   **4** invent

(8) Kelly writes two (　　　) every month for her English class. Last month, she wrote about a book that she had recently read and what she did during the summer vacation.

    1 essays   **2** victories   **3** systems   **4** miracles

(9) There is a store by Lucy's house that sells clothes very (　　　). On Saturday, Lucy bought a blouse there for only $10.

    1 powerfully   **2** lately   **3** bravely   **4** cheaply

(10) David became very rich after he created a popular smartphone app. He uses most of his (　　　) to help people who do not have much money.

    1 pain   **2** wealth   **3** nonsense   **4** literature

(11) Lester could not go to school for three days last week because he was (　　　) a bad cold. He feels much better this week.

    1 suffering from   **2** depending on
    3 giving up   **4** majoring in

(12) *A* : I'm sorry I didn't hear your question, Ms. Nakayama.
B : Please (　　　), Asako. You can't learn if you don't listen in class!

    1 shake hands   **2** make sense
    3 take turns   **4** pay attention

(13) A tree had fallen on the train line to Karinville. Passengers traveling there had to take buses (   ) of trains until the problem was fixed.

    1 on behalf   **2** for fear   **3** by way   **4** in place

(14) **A** : Excuse me. I think you have my suitcase.
    B : Oh, sorry! I must have taken it (   ). It looks just like mine.

    1 at present   **2** by mistake
    3 for nothing   **4** with ease

(15) Tetsuya has a Canadian friend called Todd. Tetsuya and Todd write to (   ) at least once a month.

    1 any other   **2** one another
    3 every other   **4** another one

(16) **A** : Do you know whether your baby will be a boy or a girl?
    B : No, not yet. My husband and I are (   ) a girl because our first child is a boy.

    1 hoping for   **2** taking over
    3 putting away   **4** showing off

(17) Tom and Helen both wanted to get a puppy, but they could not (   ) a name for it. Tom wanted to call it Buddy, but Helen wanted to call it Max.

    1 pour out   **2** agree on   **3** run over   **4** hold up

(18) Mr. Smirnov has to have his monthly report done by the time his boss (   ) back to the office.

    1 come   **2** comes   **3** came   **4** will come

(19) The other day, James went to the town (   ) he was born. It had been a few years since his last visit, but the town had not changed much.

    1 when   **2** where   **3** why   **4** which

(20) A beautiful blue bird was flying ( ) the tree in Paul's garden. Paul wanted to take a picture of it, but it quickly flew away.

    1 of   **2** on   **3** above   **4** among

2

次の四つの会話文を完成させるために, (21) から (25) に入るものとして最も適切なものを 1, 2, 3, 4 の中から一つ選び, その番号を解答用紙の所定欄にマークしなさい。

(21) **A** : Is the restaurant still open?

B : Yes, but (**21**).

A : Oh no! I had to work late, and I couldn't get anything to eat.

B : There's a place that sells hamburgers up the street. I think it's open 24 hours.

1 we only have a table for two people

2 the last order was 10 minutes ago

3 it's the chef's first day here today

4 we have run out of ice cream

(22) **A** : Hi, Bob. Is that (**22**)? It's really cool.

B : Yes. I got it at the department store by the station.

A : Was it expensive?

B : Not really. The sports and games department is having a big sale this month.

1 a gold ring

2 a new skateboard

3 your brother's car

4 your new lunch box

(23) **A** : Excuse me. I (**23**).

B : Certainly, ma'am. We have many different kinds. Which would you like?

A : I'm not sure. The one I have now makes my neck hurt.

B : It could be too soft. Try this one and tell me if it's as soft as yours.

1 want a new pillow for my bed

2 would like to get a new necklace

3 need a new carpet for my hall

4 am looking for a new paintbrush

A : Would you like one of these cookies?

B : Yes, please. They're so pretty! Where did you get them?

A : (**24**   ).

B : I didn't know you had visited there.

A : Yes. My family and I went for a week. We got back to London last night.

B : I wish that I could go there someday.

A : You should. There are (**25**   ).

B : I know. I saw a TV program about the museums and palaces there.

(**24**) 1 At a shop in Paris
      2 From an online bakery
      3 I made them myself
      4 My grandma sent them to me

(**25**) 1 only a few seats left
      2 some great places to see
      3 six different flavors
      4 several ways to make them

3

次の英文 [A], [B] を読み, その文意にそって (26) から (30) までの (　　　) に入れるのに最も適切なものを 1, 2, 3, 4 の中から一つ選び, その番号を解答用紙の所定欄にマークしなさい。

[A]　　　Stephen's New School

Stephen's family recently moved to a new city, and Stephen had to change schools. He did not know anyone at his new school, and he felt lonely every day. He (**26**) about his problem. Stephen's mother said that he would make new friends soon, and his father suggested joining one of the clubs at his new school. However, Stephen did not like sports, music, or art, so he did not know what to do.

One day, Stephen saw a poster at school for a games club. The members met three times a week to play board games and card games. Stephen really liked playing games, so he joined the club. The members were very kind, and Stephen quickly made friends. Recently, Stephen decided to (**27**). He has been working hard to make the rules and the other things he will need for the game. Once it is ready, he plans to try it with the other members of the club.

(26)　**1**　read several books　　　　**2**　wrote a long letter
　　　3　saw a doctor　　　　　　　**4**　talked to his parents

(27)　**1**　create his own game　　　　**2**　join another club
　　　3　change schools again　　　　**4**　get more exercise

[B] The Return of Greeting Cards

During the 20th century, people often sent paper greeting cards to friends and family members on birthdays or at other special times. Greeting cards usually have a picture on the front and a message inside. In the 1990s, however, people began communicating online. Sending an electronic message by e-mail or through social media is quicker and easier than sending a paper greeting card. In addition, most greeting cards are thrown away. This creates a lot of trash. As a result, some people prefer online communication because they think it is (**28**).

For several years, sales of greeting cards in the United States went down. Recently, though, young adults have become interested in greeting cards. Many of them think that it is too easy to send a message online. Sending a greeting card to a person (**29**). It shows that you really care about that person. Because of this, Americans still buy around 6.5 billion greeting cards every year.

Although people once thought that the Internet might be bad for sales of greeting cards, it may actually be helping them. This is because people who use social media are often (**30**). For example, they may be sent a message to tell them that one of their friends has a birthday or wedding anniversary soon. As a result, they remember to buy a greeting card and send it to their friend.

(**28**) 1 easier to talk in private   2 better for the environment
        3 creating many jobs   4 new and exciting

(**29**) 1 takes more effort   2 can lead to problems
        3 is not always possible   4 may not change anything

(**30**) 1 invited to play games   2 sent photos of food
        3 reminded about events   4 shown advertisements

次の英文 [A], [B] の内容に関して，(31) から (37) までの質問に対して最も適切なもの，または文を完成させるのに最も適切なものを 1, 2, 3, 4 の中から一つ選び，その番号を解答用紙の所定欄にマークしなさい。

[A]

From: Henry Robbins <h-g-robbins@oldmail.com>
To: Peter Robbins <peter1512@whichmail.com>
Date: October 8
Subject: My visit

Dear Peter,

I'm really excited to see you again next week. I had such a great week the last time that I visited. I can't believe it's been 12 months already. I'm glad I can stay for a whole month this time. I'm planning lots of fun things for us to do together. Please tell your little sister that I'm looking forward to playing with her again, too.

I thought we could go camping by Mirror Lake. We could try fishing in the lake, too. Have you ever been fishing before? I took your dad fishing many times when he was a boy. It's very relaxing, but you have to be ready and move quickly if you want to catch anything! I can teach you lots of tricks to help you become a good fisher.

I also thought that we could go to watch a baseball game together. I haven't been to any big baseball games for a long time because there aren't any professional teams near my house. Your dad told me that you joined a baseball team in your town a few months ago. How is that going? If you want to, we can go to a park to practice throwing, catching, and hitting.

Anyway, I'll see you very soon.

Love,

Grandpa

(31) What is one thing that Grandpa says to Peter?

    1 It is not possible for him to stay for longer than a week.

    2 It has been a year since he last visited Peter.

    3 He cannot wait to meet Peter's sister for the first time.

    4 He will visit Peter's house in about one month.

(32) Grandpa asks Peter

    1 whether he can run quickly.

    2 whether he has ever gone fishing.

    3 if he knows how to do any magic tricks.

    4 if he has gone camping before.

(33) What did Peter start doing recently?

    1 Playing for a local sports team.

    2 Going to professional baseball games.

    3 Taking his sister to play in the park.

    4 Learning about history at school.

Drive-in Movie Theaters

Richard Hollingshead was an American businessman. His mother loved movies, but she did not like the hard seats in movie theaters. Hollingshead thought that she might be more comfortable if she could watch movies while sitting on the soft seats of her own car. He put a screen and some speakers in his yard and invited his family and neighbors to try his new business idea: a drive-in movie theater.

Hollingshead opened a bigger drive-in movie theater in 1933, but he did not make much money from it. Other people copied his idea, though, and drive-in movie theaters soon became popular, especially with people with small children. One reason was that the children could run around and shout without bothering other people. Some drive-in movie theaters even had playgrounds, so children could enjoy themselves while they waited for the movies to start.

At first, these theaters had large speakers near the screen. The sound was not good, so some theaters put a speaker by every car. However, there were other problems for drive-in movie theaters. One was that drive-in movie theaters could only show movies in the evening after it became dark. Also, movie companies got more money from indoor theaters, so many of them did not let drive-in movie theaters show their best movies. Drive-in movie theaters often had to show movies that were older or less popular.

In the 1970s, many drive-in movie theaters closed because people could rent videos to watch at home. Also, many drive-in movie theaters were just outside large towns and cities. Companies wanted the theaters so that they could build new homes on the land. They offered the owners a lot of money, and many owners decided to sell their theaters. Although there were over 4,000 drive-in movie theaters in the United States around 1960, today, there are just a few hundred left.

(34) What is one thing that we learn about Richard Hollingshead's mother?

    1 She made a drive-in movie theater in her yard.

    2 She learned how to drive a car by watching movies.

    3 She often held parties for her family and neighbors.

    4 She thought movie theater seats were not comfortable.

(35) One reason that drive-in movie theaters became popular was

    1 they offered special discounts to families with children.

    2 parents did not have to worry if their children were noisy.

    3 most indoor movie theaters did not show movies for children.

    4 many of them were built near parks with children's playgrounds.

(36) Some movies were not shown in drive-in movie theaters because

    1 it was too dark in the evening to see the movies easily.

    2 the sound in the movies was not good enough.

    3 movie companies made more money from indoor theaters.

    4 they had not been popular in indoor theaters.

(37) Why did many drive-in movie theater owners sell their theaters?

    1 Companies offered to pay them a lot of money for their land.

    2 The theaters were too far away from large towns and cities.

    3 They wanted to open stores so that people could rent videos.

    4 People started making drive-in theaters in their own yards.

ライティング

- あなたは，外国人の知り合いから以下の **QUESTION** をされました。
- **QUESTION** について，あなたの意見とその**理由を2つ**英文で書きなさい。
- 語数の目安は 50 語〜60 語です。
- 解答は，解答用紙の B 面にあるライティング解答欄に書きなさい。**なお，解答欄の外に書かれたものは採点されません。**
- 解答が **QUESTION** に対応していないと判断された場合は，**0点と採点される**ことがあります。QUESTION をよく読んでから答えてください。

QUESTION

Do you think it is good for students to make study plans for their summer vacations?

リスニングテスト

[準2級リスニングテストについて]

1 このリスニングテストには，第1部から第3部まであります。
◆**英文はすべて一度しか読まれません。**

> **第1部** 対話を聞き，その最後の文に対する応答として最も適切なものを，放送される1，2，3の中から一つ選びなさい。

> **第2部** 対話を聞き，その質問に対して最も適切なものを1，2，3，4の中から一つ選びなさい。

> **第3部** 英文を聞き，その質問に対して最も適切なものを1，2，3，4の中から一つ選びなさい。

2 No. 30のあと，10秒すると試験終了の合図がありますので，筆記用具を置いてください。

第1部 No.1～No.10
（選択肢はすべて放送されます。）

Track 37～47

第2部

Track 48～58

No.11
1 It has a lot of customers.
2 It closed last night.
3 They do not serve steak.
4 They do not have a website.

No. 12	1 Getting ready to go to the supermarket.
	2 Trying out a Japanese recipe.
	3 Making a dish from her hometown.
	4 Learning how to make beef stew.

No. 13	1 She needs help with schoolwork.
	2 She will not be on time for dinner.
	3 She was not in math class today.
	4 She wants to start learning karate.

No. 14	1 It looks damaged.
	2 It can only use old software.
	3 It has been used by many people.
	4 It is not old enough.

No. 15	1 To return a ring.
	2 To meet the store owner.
	3 To buy some earrings.
	4 To get her watch fixed.

No. 16	1 Invite a friend to dinner.
	2 Eat dinner before he leaves home.
	3 Make pasta for his mother.
	4 Go to the theater to see a movie.

No. 17	1 To tell her about drink prices.
	2 Which drinks use chocolate.
	3 About coffee drinks without milk.
	4 How the drinks are made.

No. 18	1 She did not study for her science test.
	2 She did not sleep well last night.
	3 She does not have time for homework.
	4 She does not do well in science.

No.19	1 He cannot work tonight.
	2 He does not like pizza.
	3 He canceled his order.
	4 He called the wrong number.

No.20	1 He does not like his shirt.
	2 He cannot find his shirt.
	3 His brother made his shirt dirty.
	4 His shirt is too big.

第**3**部

Track 59~70

No.21	1 A math teacher.
	2 A nurse.
	3 A biology teacher.
	4 A doctor.

No.22	1 Paula gave him a soccer ball.
	2 Paula came to his soccer match.
	3 Paula stopped learning ballet.
	4 Paula met a famous ballet dancer.

No.23	1 He helped Jonathan to swim faster.
	2 He taught Jonathan how to dive.
	3 He let Jonathan use his stopwatch.
	4 He gave Jonathan a ride to his race.

No.24	1 Over one million copies of them were stolen.
	2 They were bought by a famous photographer.
	3 A new type of machine was used to print them.
	4 There was a mistake made with the pictures.

No. 25	1	It will take place this Sunday.
	2	Six of Zack's friends planned it.
	3	He cannot go bowling on that day.
	4	Zack's parents cannot go to it.

No. 26	1	She helped him study for an important test.
	2	She agreed to take him to see a doctor.
	3	She fixed his bike after he broke it.
	4	She let him use her phone to make a call.

No. 27	1	By asking one of the Grade 10 students.
	2	By asking someone in Classroom 204.
	3	By checking the list by the main entrance.
	4	By checking their examinee forms.

No. 28	1	The flavor of his onions was too strong.
	2	Somebody put peppers into his food.
	3	His potatoes took too long to grow.
	4	A rabbit ate some of his vegetables.

No. 29	1	It was designed to look like a mountain.
	2	It was built more than 2,000 years ago.
	3	It was named after a famous musician.
	4	It was created after a market closed down.

No. 30	1	She does not need to work part-time anymore.
	2	She does not always have to ride her bike to college.
	3	She has more time to spend on her studies.
	4	She has enough money to buy a new bike.

1

次の (1) から (20) までの (　　　) に入れるのに最も適切なものを 1, 2, 3, 4 の中から一つ選び, その番号を解答用紙の所定欄にマークしなさい。

(1) Lisa read a (　　　) on the side of the road. It said to watch out for falling rocks.

1 warning　　**2** channel　　**3** shade　　**4** variety

(2) Tomoko wants her (　　　) with Yuji to continue even after they go to different junior high schools next year.

1 knowledge　**2** supply　　**3** friendship　**4** license

(3) Andrew was having trouble in Spanish class, so his teacher gave him some (　　　) homework. He learned a lot by spending more time making sentences in Spanish.

1 peaceful　　**2** talented　　**3** additional　**4** negative

(4) Michael's parents (　　　) him to become a teacher, but Michael wanted to be an artist. In the end, he became an art teacher.

1 celebrated　**2** filled　　**3** pushed　　**4** escaped

(5) **A** : We've been driving for a long time, Dad. When will we get to Grandma's house?

B : It's not far now, Beth. We'll (　　　) her house in about 10 minutes.

1 measure　　**2** count　　**3** reach　　　**4** promise

(6) **A** : I can't believe Naomi Jones won the tennis championship this year!

B : Yes, it's a great (   ), especially since she lost her first two matches of the season.

1 achievement   **2** retirement

3 treatment   **4** equipment

(7) When Victoria started typing on the computer for the first time, she was very slow. However, she practiced every day and (   ) became able to type very fast.

1 rarely   **2** heavily   **3** brightly   **4** eventually

(8) At first, Bob felt nervous about performing a guitar solo in the school concert. But he found the (   ) to do it after talking to his guitar teacher.

1 courage   **2** fashion   **3** education   **4** average

(9) Melissa (   ) when she saw a mouse on the kitchen floor. Her husband ran to the kitchen to find out why she had made so much noise.

1 decorated   **2** harvested   **3** graduated   **4** screamed

(10) Clark's little brother likes to dress up in black clothes and (   ) to be a ninja.

1 expect   **2** explode   **3** pretend   **4** protest

(11) Jane trained every day for a marathon in summer. In the end, she (   ) finishing the race in fewer than four hours.

1 complained of   **2** came into

3 stood by   **4** succeeded in

(12) Mike looked when the tour guide pointed and said that there were elephants (　　　). However, he could not see them because they were too far away.

    1 on air   **2** as a rule

    3 in the distance   **4** at most

(13) **A** : Why do you want to go on a date to the mall, Jenny? (　　　) shopping, what else can we do there?

    B : Well, there are some great places to eat in the mall. There's a movie theater, too.

    1 Aside from   **2** Compared with

    3 Based on   **4** Close to

(14) Emma enjoyed sitting on the beach and watching the sun go down and the stars come out. (　　　), it began to get cold, so she decided to go back to her hotel.

    1 After a while   **2** In a word

    3 For the best   **4** By the way

(15) Spencer does not like to (　　　) when he uses his bicycle. He always wears his helmet and rides carefully.

    1 make efforts   **2** make progress

    3 take place   **4** take risks

(16) Bobby saw smoke coming out of his neighbor's kitchen window. He realized that his neighbor's house was (　　　), so he went and told his mother right away.

    1 with luck   **2** on fire   **3** at sea   **4** for sale

(17) **A** : I heard Randy dropped his cell phone in the river.

    B : Yeah. He said it was an accident, but I think he did it (　　　) because he wanted his parents to buy him a new one.

    1 with help   **2** for free   **3** in place   **4** on purpose

(18) Jason's parents were in the drama club together during high
school. That is ( ) they first got to know each other.

    1 how   **2** what   **3** whose   **4** who

(19) Last night, Rick's mom would not let him ( ) TV until
he had finished cleaning his room.

    1 to watch   **2** watch   **3** watching   **4** watched

(20) *A* : Did you enjoy your trip to Bali?
   B : Yes, very much. It's such a beautiful place, and the people
      there are very kind. It was worth ( ).

    1 visit   **2** visiting   **3** to visit   **4** visited

次の四つの会話文を完成させるために，(21) から (25) に入るものとして最も適切なものを 1, 2, 3, 4 の中から一つ選び，その番号を解答用紙の所定欄にマークしなさい。

(21) **A** : Hello.　My name is Peter Mason.　I have（　**21**　）.

B : Please let me check, Mr. Mason.　Yes, I see.　We have a nonsmoking, double room for you.　Is that OK?

A : Yes.　That will be fine.

B : Thank you, sir.　Here's your key.　Your room is number 404, which is on the fourth floor.

    1　a reservation for two nights

    2　an appointment with the doctor

    3　a meeting with Ms. Grant at four

    4　a package to pick up

(22) **A** : Hi, Eric.　Where's Mandy?　I thought she would be with you.

B : She called me earlier to say that（　**22**　）this evening.

A : Oh.　Did she say why?

B : Yes.　Her boss asked her to come to work because one of her co-workers is sick.

    1　there'll be a full moon

    2　it might rain

    3　she can't come

    4　her car won't start

(23) **A** : Welcome to Drawlish Tourist Information Center.　How can I help you?

B :（　**23**　）in Drawlish?

A : I'm sorry, sir.　There used to be one, but it closed several years ago.

B : That's too bad.　I think that watching fish swim can be very relaxing.

  1 Are there any rivers

  2 How many museums do you have

  3 What's the best gift shop

  4 Is there an aquarium

A : Dad, I made a sandwich earlier, but I don't see it anywhere. Do you know where it is?

B : Did it (**24**)?

A : Yes, it did. They're my favorite things to put in a sandwich.

B : Sorry! I thought your mother made it for me. I ate it just now for breakfast.

A : What? Oh no! I won't have anything to eat for lunch today.

B : Don't worry. I'll make you another one.

A : But the school bus will be here in three minutes.

B : It's OK. I'll (**25**) today.

(**24**) **1** have tuna and mayonnaise in it

    2 come from the sandwich shop

    3 take a long time to make

    4 taste like strawberry jam

(**25**) **1** be at home all day

    2 go to the supermarket

    3 take you in my car

    4 eat at a restaurant

3

次の英文 [A], [B] を読み, その文意にそって (26) から (30) までの (   ) に入れるのに最も適切なものを 1, 2, 3, 4 の中から一つ選び, その番号を解答用紙の所定欄にマークしなさい。

[A]　　　　　Good Friends

Hiroko and three of her friends have been working on a project for school. They have been doing research on the history of their town, and they must give a presentation about it in class next week. Every day after school, they have been getting together in the school library. They have been discussing what information to use and how to make a great presentation. They had some good ideas, and they were looking forward to (**26**).

However, Hiroko broke her leg during volleyball practice yesterday. Now, she must stay in the hospital for five days. She called her friends and said that she was sorry for not being able to do anything more to help them with the presentation. They told her not to worry. They said that their teacher is going to make a video of their presentation. That way, Hiroko will be able to (**27**). Hiroko thanked her friends and wished them good luck.

(26)　**1**　talking in front of their classmates
　　　2　making food for their teachers
　　　3　performing their musical in public
　　　4　seeing their book in bookstores

(27)　**1**　get well soon　　　　　**2**　watch it afterwards
　　　3　take part as well　　　**4**　play other sports

[B]   Getting to Know New Orleans

New Orleans is a city in the southern United States. In the past, people from France, Spain, Africa, and the Caribbean came to live there. As a result, it has a unique culture. This can be seen in the design of the city's buildings and heard in the city's music. Visitors can also experience this culture by (**28**) that come from New Orleans and the area around it. For example, visitors can get to know the city by eating foods like jambalaya. This is made from meat, seafood, vegetables, rice, and spices.

New Orleans is also famous for cakes called beignets. A beignet is like a doughnut without a hole. Beignets are normally eaten for breakfast. However, they are served all day in cafés in an area of the city called the French Quarter. Café du Monde is the most famous of these. It has (**29**). In fact, it only sells beignets and drinks.

People in New Orleans usually drink a kind of coffee called café au lait with their beignets. They use warm milk and a special type of coffee to make this. Long ago, coffee beans were very expensive. People looked for cheaper things that tasted like coffee, and they discovered a plant called chicory. The roots of this plant (**30**) coffee. Over time, the people of New Orleans came to love the taste of coffee made from a mixture of coffee beans and dried chicory roots.

(**28**)　1　hearing the stories　　　2　meeting the people
　　　　 3　driving the cars　　　　　4　tasting the dishes

(**29**)　1　the highest prices　　　　2　special tables and chairs
　　　　 3　a simple menu　　　　　　4　only one waiter

(**30**)　1　contain more vitamins than　2　have a similar flavor to
　　　　 3　grow well in bags of　　　　4　can be used as cups for

4

次の英文 [A], [B] の内容に関して，(31) から (37) までの質問に対して最も適切な
もの，または文を完成させるのに最も適切なものを 1, 2, 3, 4 の中から一つ選び，その
番号を解答用紙の所定欄にマークしなさい。

[A]

From：Jenny Smith ＜jennysmith_060529@ezmail.com＞
To：Ai Tanaka ＜atanaka-1102@tomomail.co.jp＞
Date：June 5
Subject：Visit to museum

Hi Ai,

How are things in Japan? I hope that you had fun by the ocean last month. I know how much you love swimming and playing in the sand with your friends. I had a great vacation, too. Last week, I stayed with my aunt and uncle in Pennsylvania. They live on a farm about 50 kilometers from a city called Pittsburgh. My brother and I enjoyed playing outside in nature.

One day, it rained, so we decided to go into the city and see the natural history museum there. The museum was cool because it has many dinosaur bones. It also has an amazing collection of colorful rocks. My favorite part was the "PaleoLab," though. There, scientists prepare old bones from dinosaurs and other animals for the museum. The scientists work in a special room with a large window, so museum visitors can watch them.

My mom says there is a natural history museum here in Chicago, too. She said that she would take you, me, and my brother there when you come to visit the United States next month. We can spend the whole day at the museum if we go early. Let me know if you're interested. I can't wait to see you!

Your pen pal,

Jenny

(31) Last month, Ai
    1 spent some time at a beach.
    2 started taking swimming lessons.
    3 visited her family in Pittsburgh.
    4 played outside with her brother.

(32) What did Jenny like best about the museum?
    1 Watching scientists get bones ready for the museum.
    2 Listening to a cool talk about some dinosaur bones.
    3 Its amazing collection of colorful rocks.
    4 Its windows were large and let in a lot of light.

(33) What is Ai going to do next month?
    1 Move to Chicago with her family.
    2 Take a trip abroad to see Jenny.
    3 Get up early to attend an event.
    4 Start working in a history museum.

[B]   The Return of the Wolves

Wolves are intelligent animals that live in groups called packs. Long ago, packs of wolves could be found in many European countries, including Germany. However, farmers hunted wolves because they sometimes killed the farmers' sheep. Other people hunted wolves for sport. By the 19th century, there were no wolves left in Germany. In the last 20 years, though, wolves have started to return to the country.

In the 1980s and 1990s, European countries made laws to protect wildlife and created special areas for wild animals. At the same time, many people left their farms in eastern Europe to take jobs abroad. The result was that there were fewer people and more safe places for deer and other animals that wolves like to eat. As the number of these animals increased, the number of wolves increased, too. The wolves spread west, and in 2001, they were found living in Germany again.

There are now over 120 packs of wolves in Germany, but not all of them live in the special areas for wild animals. A lot of wolves prefer places that the army uses for training. Experts think this is because these places are safe for the wolves. It seems that some people have been hunting wolves in Germany, even though they are not allowed to. However, these people are afraid of entering army training centers because they might get caught.

Other animals, including rare birds, have also been protected by army training centers. There used to be many army training centers in Europe. However, some of them are no longer needed. In 2015, the German government created parks for wildlife from 62 old army training centers. This increased the total size of such parks in the country by 25 percent. Now, there are plans to bring back horses, bison, and other wild animals to these parks, too.

(34) What is one reason that wolves disappeared from Germany?
    1 They were hunted to stop them from killing farm animals.
    2 The animals that wolves ate were all killed by farmers.
    3 Farmers in Germany started keeping cows instead of sheep.
    4 People made farms in the places where the wolves lived.

(35) Why did many people in eastern Europe leave their farms in the 1980s and 1990s?
    1 Their farms were bought to create areas for wild animals.
    2 The number of wolves and other animals suddenly increased.
    3 New laws in European countries said that they had to leave.
    4 They had chances to go and work in other countries.

(36) Many wolves prefer living in army training centers because
    1 the soldiers at the centers give them food from the kitchens.
    2 people who hunt them are too scared to go in the centers.
    3 a lot of people visit the special areas for wild animals.
    4 there are fewer roads than in other parts of Germany.

(37) The German government
    1 plans to open 62 new army training centers.
    2 moved some rare birds to protect them.
    3 brought horses and bison to parks in 2015.
    4 has provided more land for wild animals.

ライティング

- あなたは，外国人の知り合いから以下の **QUESTION** をされました。
- **QUESTION** について，あなたの意見とその**理由を 2 つ**英文で書きなさい。
- 語数の目安は 50 語～60 語です。
- 解答は，解答用紙の B 面にあるライティング解答欄に書きなさい。**なお，解答欄の外に書かれたものは採点されません。**
- 解答が **QUESTION** に対応していないと判断された場合は，**0 点と採点されることがあります。QUESTION** をよく読んでから答えてください。

QUESTION

Do you think it is a good idea for people to learn how to cook by using the Internet?

リスニングテスト

[準2級リスニングテストについて]

1 このリスニングテストには，第1部から第3部まであります。
◆英文はすべて一度しか読まれません。

| 第**1**部 | 対話を聞き，その最後の文に対する応答として最も適切なものを，放送される1，2，3の中から一つ選びなさい。 |

| 第**2**部 | 対話を聞き，その質問に対して最も適切なものを1，2，3，4の中から一つ選びなさい。 |

| 第**3**部 | 英文を聞き，その質問に対して最も適切なものを1，2，3，4の中から一つ選びなさい。 |

2 No. 30 のあと，10秒すると試験終了の合図がありますので，筆記用具を置いてください。

第**1**部　No.1～No.10
（選択肢はすべて放送されます。）

第**2**部

No.11
1 Write a history report for him.
2 Visit his sister with him.
3 Study for the test alone.
4 Go to a soccer game with him.

No. 12	1	Make a reservation.
	2	Wait in the waiting area.
	3	Order his meal.
	4	Call another restaurant.

No. 13	1	Return his library books.
	2	Work on a report with Carol.
	3	Go to his hockey game.
	4	Record a TV show.

No. 14	1	He had an accident.
	2	He took the wrong bicycle.
	3	He lost his jacket.
	4	He got sick.

No. 15	1	He cannot see the movie he wanted to see.
	2	He could not rent a DVD for his grandson.
	3	*Bubbles the Dancing Bear* was boring.
	4	The Showtime Theater is closing soon.

No. 16	1	By giving him directions to another shop.
	2	By telling him how he can get a discount.
	3	By ordering a copy of *Sporting Life*.
	4	By contacting other stores.

No. 17	1	It is Friday night.
	2	DVDs are on sale.
	3	It has just opened.
	4	A famous singer will be there.

No. 18	1	He does not have any medicine.
	2	He cannot get an appointment.
	3	He has been having headaches.
	4	He has a lot to do this afternoon.

No.19	1 Buy a doll for her friend.
	2 Look for another gift.
	3 Borrow some money.
	4 Go on a long trip.

No.20	1 Take money out of the bank.
	2 Look for a green blanket.
	3 Buy the red sofa.
	4 Go to a different store.

第 **3** 部

Track 114~125

No.21	1 She saw one in a store's magazine.
	2 A friend showed her some online.
	3 The bookstore near her had one.
	4 There was a cheap one at a café.

No.22	1 Eat leaves instead of small animals.
	2 Hide inside tall trees.
	3 Make their hearts stop.
	4 Move to warmer areas.

No.23	1 He liked the sound of the engine.
	2 He thought the color was great.
	3 The height of the front light looked perfect.
	4 The salesman gave him a discount.

No.24	1 Her bus was late again.
	2 Her test score was not good.
	3 She could not do her homework.
	4 She studied for the wrong test.

No. 25	1 A bag has been found near the entrance.
	2 New staff members are wanted.
	3 Fruit is being sold cheaply.
	4 The store will close soon.

No. 25

1 A bag has been found near the entrance.
2 New staff members are wanted.
3 Fruit is being sold cheaply.
4 The store will close soon.

No. 26

1 The dog was very young.
2 The dog ran to her.
3 The dog took her ball.
4 The dog was big.

No. 27

1 Meet his friends on Sunday.
2 Start taking jazz lessons.
3 Teach people to play the piano.
4 Perform at a restaurant.

No. 28

1 Aztec children played games with rules.
2 Aztec women ate much more than men did.
3 The Aztecs had a kind of chewing gum.
4 The Aztecs made simple toothbrushes.

No. 29

1 By calling and answering questions.
2 By hurrying to a stadium's ticket office.
3 By sending an e-mail to an announcer.
4 By singing a song by the Boaties.

No. 30

1 Ask his grandparents for a gift.
2 Buy a new game.
3 Record a video message.
4 Make a birthday card.

1

次の (1) から (20) までの (　　　　) に入れるのに最も適切なものを1, 2, 3, 4 の中から一つ選び, その番号を解答用紙の所定欄にマークしなさい。

(**1**) The two leaders decided to stop the war between their countries. They promised their people that there would be (　　　).

    1 peace   **2** faith   **3** honor   **4** matter

(**2**) Troy's feet have grown so much this year that none of his shoes (　　　) him. His mother is taking him shopping today to buy new ones.

    1 sew   **2** fit   **3** cure   **4** gain

(**3**) The little girl wanted to play with the cat. But whenever she (　　　) it, the cat ran away.

    1 celebrated   **2** approached **3** separated **4** researched

(**4**) Momoko lives in Tokyo, which is in the (　　　) part of Japan. Every summer, she takes a train and visits her grandfather in Osaka, which is in the west.

    1 relative   **2** eastern   **3** smooth   **4** brave

(**5**) Xiang could not go to work for two weeks because of a serious (　　　). She had to take a lot of medicine and went to see the doctor many times.

    1 illness   **2** facility   **3** decade   **4** immigration

(**6**) Before Yasuko moved to her new apartment in Tokyo, she bought some (　　　). However, when she moved in, there was not enough space for the table and the bed.

   1 atmosphere **2** religion   **3** furniture   **4** poverty

(**7**) In recent years, the city has had to build many new roads and schools because its population has grown so (   ).

   1 exactly   **2** pleasantly **3** fairly   **4** rapidly

(**8**) Cars are safer than motorcycles, but the (   ) of motorcycles is that they use less gasoline.

   1 advantage   **2** destruction
   3 laboratory   **4** concentration

(**9**) The colors on a map sometimes show different features of the earth. Blue is used to (   ) water, and green is often used to show forests.

   1 develop   **2** exchange **3** represent **4** guide

(**10**) When my parents were young, a milkman brought milk to their homes every day, just like postmen and postwomen (   ) letters to us now.

   1 balance   **2** deliver   **3** operate   **4** replace

(**11**) *A* : Brian, I think the new boy at school is really cute, but I don't know his name.

   B : He's in my gym class. I'll find (   ) his name for you.

   1 out   **2** up   **3** above   **4** away

(**12**) *A* : I'm taking a drawing class, but my pictures are always terrible!

   B : Just (   ) trying. It takes a long time to learn a skill like that.

   1 turn on   **2** keep on   **3** bring up   **4** sit up

(**13**) Andrew applied (   ) three jobs, and he is now waiting to hear if any of the companies want to interview him.

   1 about   **2** for   **3** by   **4** across

(14) Lisa speaks to her parents on the phone every week because she lives far away and she misses them. After she ( ), she soon starts to miss them again.

    1 hangs up   **2** carries out

    3 puts away   **4** goes ahead

(15) Sharon is really scared of spiders. There was one in her bedroom the other day. She jumped ( ) of it, screamed, and hid in the bathroom.

    1 for the life   **2** in the light

    3 at the sight   **4** on the point

(16) Mr. Simmons not only teaches his students to play the piano but also tells them in ( ) about the lives of the most famous pianists in history.

    1 case   **2** detail   **3** hand   **4** touch

(17) Daisy tried to ( ) in several ways when she was at college. She had jobs in the college library and cafeteria, and she even worked as a model for art classes.

    1 take pride   **2** make money

    3 give birth   **4** lose speed

(18) Jane's sister has four sons. One is a high school student, and ( ) are elementary school students.

    1 all another   **2** another ones

    3 the other   **4** the others

(19) Sandra thought her pet dog Charlie looked so cute ( ) his new jacket. She took some photos of him and shared them online with her friends.

    1 at   **2** in   **3** of   **4** behind

(**20**) Barcelona is the (   ) city in Spain.   Only Madrid is bigger.

    1 second-largest   **2** second-larger

    3 two-larger   **4** two-largest

次の四つの会話文を完成させるために，(21) から (25) に入るものとして最も適切なものを 1, 2, 3, 4 の中から一つ選び，その番号を解答用紙の所定欄にマークしなさい。

(21) **A** : Soccer practice normally finishes at 5 p.m., but Coach Stevens said that today's practice will finish at six.

B : Really? Did he say that? I didn't hear him. I'd better call my mom and ask her to (**21**).

A : Do you want to use my phone?

B : Thanks! My mom will be angry if she has to wait for an hour.

   1 bring my soccer shoes

   2 pick me up later than usual

   3 speak to Coach Stevens

   4 keep my dinner warm

(22) **A** : Excuse me. Could you help me to find a book about making a garden?

B : Certainly. We have several books that can help you. Do you plan to (**22**)?

A : Hmm. I think it would be fun to start with things I can eat, like potatoes and carrots.

B : Then, this book will be perfect for you.

   1 do it with someone else

   2 buy more than one book

   3 come to the library often

   4 grow flowers or vegetables

(23) **A** : Let's order some sausage pizzas for lunch after the meeting tomorrow. Four should be enough.

B : Wait. Pete and Sarah don't eat meat.

A : You're right. We'd better get something for them, too.

B : Let's get (**23**).

1 two sausage pizzas and two chicken pizzas
2 four extralarge chicken pizzas
3 one sausage pizza and one vegetarian pizza
4 three sausage pizzas and one vegetarian pizza

A : Mr. Taylor, I don't know what topic to choose for the class presentation. Can you help me?

B : OK. Think about the things we've studied in class this year. Was there anything you liked?

A : Well, I really enjoyed learning about (**24**).

B : That would be a good topic. For example, you could talk about the strange fish that live deep in the sea.

A : That's a great idea! I think there's something about them in our textbook.

B : OK, but you should also (**25**).

A : I'll see what I can find at the library. Also, I can take a look on the Internet.

B : If you need more help, come and talk to me anytime.

22
年
度

第
2
回

(**24**) 1 life in the ocean
2 famous travelers
3 recycling metal
4 stars and planets

(**25**) 1 work with a partner
2 look for other information
3 practice your presentation
4 talk to your parents

次の英文 [A], [B] を読み, その文意にそって (26) から (30) までの (　　) に入れるのに最も適切なものを 1, 2, 3, 4 の中から一つ選び, その番号を解答用紙の所定欄にマークしなさい。

[A]   A Voice from the Past

Every year, volunteers in Brisbane, Australia, meet to clean up the beach. This year, John and his father joined the group. They worked hard all morning to pick up garbage. Near lunchtime, John noticed a glass bottle on the beach. The bottle was old and dirty. It looked like (**26**). John picked up the bottle and gave it to his father. His father opened it and took out a piece of paper. He told John that it was a message.

John's father showed the message to John. It said, "My name is Paul, and I am 10 years old. I am from Canada. I am traveling to Australia on a ship called the *Fair Star*. Please (**27**)." On their way home, John and his father bought a postcard to send to Paul. A few weeks later, they got a reply. Paul said he was now 50, and it was amazing that John had found his message after such a long time.

(26) **1** it had been made recently
  2 it was full of red wine
  3 there might be more bottles nearby
  4 there was something inside it

(27) **1** write to me at this address
  2 have a nice time on vacation
  3 take this bottle to my family
  4 help me to get back home

[B]   **Hungry Hikers**

People are having a bigger and bigger effect on wild animals. As a result, new laws and special parks are being created to protect nature. Some changes have been very successful. For example, there were about 170 wild elephants in 1980 in Yunnan, China. These days, experts think that there are around 300 elephants there. However, the elephants have (**28**). As cities get bigger and more farms are needed to feed people, there are not as many places for animals like elephants.

Big animals can cause big problems for people. Because there is not enough food in protected areas, elephants often leave these areas to take food from farms. In fact, a group of about 14 elephants from Yunnan went on a 500-kilometer walk to look for food during 2020 and 2021. The elephants sometimes went through towns trying to find food. They appeared on the TV news and the Internet. As a result, they (**29**) China. People were interested to find out what would happen to them next.

Finally, the elephants returned to a protected area in Yunnan. However, to try to prevent similar adventures in the future, experts have designed a special "food court" for elephants. The food court cost $15 million to build and is about 670,000 square meters. It has five ponds where elephants can drink, and all the plants that elephants need to eat to stay healthy. The experts hope that it will be enough to (**30**).

(28)   **1**   fewer chances to see people   **2**   less space to live in

       3   shorter lives than before   **4**   smaller numbers of babies

(29)   **1**   tried some food from   **2**   were kept in zoos outside

       3   decided to travel to   **4**   got a lot of attention in

(30)   **1**   attract more human visitors

       2   stop people from killing animals

       3   keep the elephants in the area

       4   make the elephants sleepy

次の英文 [A], [B] の内容に関して，(31) から (37) までの質問に対して最も適切なもの，または文を完成させるのに最も適切なものを 1, 2, 3, 4 の中から一つ選び，その番号を解答用紙の所定欄にマークしなさい。

[A]

From：Alan Reznick ＜alanreznick@bmail.com＞
To：Jeff Teanaway ＜jeff.t@wmail.com＞
Date：October 9
Subject：Movie festival

Hi Jeff,

Thanks for letting me borrow your DVD of *Burning Fist*. It's such an exciting movie. I really liked the part when the hero is riding a cool bike and being chased by bad guys. After watching it last Saturday, my mom took me to a bookstore. I found a book about *Burning Fist* and bought it. It's really interesting. I'll lend it to you when I finish reading it.

While I was at the bookstore, I saw a poster for an action movie festival. It will be held next month at the Old Lawrence Theater, near the Elm Street subway station. It's close to the Mexican restaurant that we went to on your birthday last year. The poster said that the director of *Burning Fist* will be at the festival. She'll answer fans' questions about her movies and talk about her next movie.

Eight movies are going to be shown over two days at the festival. They've all been chosen by the director of *Burning Fist*. Some of them are old action movies from the 1980s and 1990s. There will also be some new movies, too. I think it sounds great, so I'm definitely going to buy a ticket for the festival. Should I get one for you, too?

Talk soon,

Alan

(31) What did Alan do last Saturday?
   1 He went to a bookstore with Jeff.
   2 He bought a book about a movie.
   3 He rode a friend's cool bike.
   4 He lent one of his DVDs to Jeff.

(32) Last year, Jeff and Alan
   1 tried Mexican food for the first time.
   2 watched a movie at the Old Lawrence Theater.
   3 met the director of *Burning Fist*.
   4 went to a restaurant for Jeff's birthday.

(33) What is one thing Alan says about the festival?
   1 He has already bought tickets for it.
   2 All the movies are old action movies.
   3 The movies were chosen by local movie fans.
   4 It will be held on more than one day.

Spicy Soda

Ginger ale is a spicy soft drink. It was invented in Ireland in the 1850s. However, the type that is most popular today was created by a man called John McLaughlin who lived in Toronto, Canada. After he graduated from college in Canada, he went to study in New York City. While studying, he worked part-time at a drugstore. He noticed that many people were buying soda water from the store and mixing it with different fruit flavors.

McLaughlin returned to Toronto in 1890 and started a soda water company. It became very successful. One reason was that his advertisements said the water provided by the city was dangerous and caused diseases. He recommended that people drink his fruit-flavored soda water instead. He also made machines called soda fountains. People could use them to buy McLaughlin's drinks. The machines became popular with shoppers in busy department stores, especially on hot summer days.

McLaughlin had poor health, and he had to stop being the manager of his company. However, he continued inventing new drinks. He knew about ginger ale from Ireland, but many of his customers did not like its sweet flavor. McLaughlin spent three years trying to create the perfect kind of ginger ale. Finally, by 1904, he had created a lighter, spicier drink. McLaughlin's wife liked it so much that she said it was "the champagne of ginger ales."

McLaughlin's "Canada Dry Pale Ginger Ale" was a success. As well as being delicious on its own, it could also be mixed with other drinks. Some people like to drink it rather than beer or other alcoholic drinks. Moreover, the ginger can help people with stomachaches or sore throats. It has been over 100 years since Canada Dry Pale Ginger Ale was invented. In that time, its popularity has spread from Canada, through the United States, and around the world.

(**34**) What did John McLaughlin notice while he was in New York City?

1 People from Ireland liked to drink ginger ale.

2 It was easier to find work there than in Canada.

3 Adding different flavors to soda water was popular.

4 Drugstores there sold more things than drugstores in Toronto.

(**35**) What is one reason that people bought McLaughlin's drinks?

1 They heard that soda water could sometimes cause diseases.

2 There was an unusually hot summer in the year 1890.

3 McLaughlin told them that the water in Toronto was not safe.

4 McLaughlin sold his drinks outside busy department stores.

(**36**) What was one result of McLaughlin's poor health?

1 He quit his job as manager.

2 He went on a trip to Ireland.

3 He started eating more ginger.

4 He stopped drinking champagne.

(**37**) Some people like to drink "Canada Dry Pale Ginger Ale"

1 because other drinks give them stomachaches.

2 instead of drinks such as beer or wine.

3 when they go traveling in other countries.

4 to stay awake when they have to work or study.

ライティング

- あなたは，外国人の知り合いから以下の **QUESTION** をされました。
- **QUESTION** について，あなたの意見とその**理由を2つ**英文で書きなさい。
- 語数の目安は 50 語～60 語です。
- 解答は，解答用紙の B 面にあるライティング解答欄に書きなさい。**なお，解答欄の 外に書かれたものは採点されません。**
- 解答が **QUESTION** に対応していないと判断された場合は，**0 点と採点される ことがあります。QUESTION** をよく読んでから答えてください。

QUESTION

Do you think it is good for people to use smartphones while studying?

リスニングテスト

[準2級リスニングテストについて]

1 このリスニングテストには，第1部から第3部まであります。
◆英文はすべて一度しか読まれません。

| 第**1**部 | 対話を聞き，その最後の文に対する応答として最も適切なものを，放送される1，2，3の中から一つ選びなさい。 |

| 第**2**部 | 対話を聞き，その質問に対して最も適切なものを1，2，3，4の中から一つ選びなさい。 |

| 第**3**部 | 英文を聞き，その質問に対して最も適切なものを1，2，3，4の中から一つ選びなさい。 |

2 No. 30 のあと，10秒すると試験終了の合図がありますので，筆記用具を置いてください。

第**1**部　No.1～No.10
（選択肢はすべて放送されます。）

Track 127～137

第**2**部

Track 138～148

No.11
1　A kind of pasta to buy.
2　A bakery on Third Street.
3　A place to go for dinner.
4　A supermarket downtown.

No. 12	1 Visit her sister.
	2 Feed her neighbor's cat.
	3 Stay home.
	4 Go camping.

No. 13	1 Getting some money at a bank.
	2 Shopping at a clothing store.
	3 Talking to a clerk at a post office.
	4 Booking a trip at a travel agency.

No. 14	1 There is salad for school lunch.
	2 The cafeteria serves pizza.
	3 Her mother makes burgers for dinner.
	4 She has a cooking class.

No. 15	1 He did well on a math test.
	2 He wants to take a piano lesson.
	3 He found Karen's math book.
	4 He will invite Karen to his house.

No. 16	1 By reading a cookbook.
	2 By practicing for years.
	3 By watching *Best Chefs*.
	4 By learning from his grandmother.

No. 17	1 To keep students from talking.
	2 To make his lessons interesting.
	3 To help students with their homework.
	4 To prepare students for traveling.

No. 18	1 Making a drink with lemons.
	2 Cooking food at a barbecue.
	3 Setting the dining table for lunch.
	4 Making a list for the grocery store.

22
年
度

第
2
回

No.19

1 He cannot find a good doctor.
2 He has a stomachache.
3 His medicine does not taste good.
4 His job is very stressful.

No.20

1 Order a chocolate cake.
2 Sell cakes to Brenda.
3 Go to the bakery.
4 Make a cake himself.

第 **3** 部

Track 149~160

No.21

1 She had to walk for a long time.
2 She stayed up late watching TV.
3 Her train was very crowded.
4 Her office is far from her house.

No.22

1 They drew pictures of nature together.
2 They went to catch fish together.
3 She took him to meet her family.
4 She visited him at a safari park.

No.23

1 She used an old textbook.
2 She finished it late.
3 She copied her friend's answers.
4 She had done the wrong questions.

No.24

1 A storm is coming later in the day.
2 A sports program is going to be canceled.
3 There were strong winds in the morning.
4 There will be an exciting movie in the evening.

No. 25	1 To eat lunch with her friends.
	2 To run and do exercises.
	3 To see her friend's dog.
	4 To play with her new pet.

No. 26	1 She broke one of her ski poles.
	2 She forgot her skis at home.
	3 Her friends said it was cool.
	4 Her family bought her some lessons.

No. 27	1 At special events.
	2 When people felt sick.
	3 In the middle of the morning.
	4 When people wanted money.

No. 28	1 It was cheaper than the other toys.
	2 Its box was his favorite color.
	3 His parents had a similar one.
	4 There was a picture of a car on it.

No. 29	1 To walk his pet.
	2 To try breakdancing.
	3 To watch a performance.
	4 To help his sister practice.

No. 30	1 There was an accident at a station.
	2 There was a problem on the tracks.
	3 Its doors were not able to close.
	4 Its radio was not working well.

1

次の (1) から (20) までの (　　　　) に入れるのに最も適切なものを 1, 2, 3, 4 の中から一つ選び, その番号を解答用紙の所定欄にマークしなさい。

(**1**) The lifeguard at the hotel pool told the swimmers not to (　　　) there because the pool was not deep enough.

    1 flow   **2** melt   **3** dive   **4** announce

(**2**) Greg is going to play in a tennis tournament next weekend. He has only been playing for three months, so he is very (　　　) to win.

    1 unlikely   **2** traditional   **3** similar   **4** honest

(**3**) Jenny's dream is to become a famous writer. She wants to be like her favorite (　　　), who has written over 10 best-selling novels.

    1 astronaut   **2** accountant   **3** author   **4** athlete

(**4**) When the dog took Linda's hat, Linda had to (　　　) it around the park to get it back.

    1 chase   **2** greet   **3** hire   **4** share

(**5**) It is easy to get around in big cities, such as Osaka and Fukuoka, because they have (　　　) of trains and buses.

    1 struggles   **2** recordings   **3** networks   **4** purposes

(**6**) The teacher (　　　) the class into small groups so they could discuss ideas for their projects.

    1 accepted   **2** warmed   **3** divided   **4** injured

(7) Sayaka and her father have very different opinions on (   ) such as taxes and the environment.

    1 degrees   **2** partners   **3** responses **4** issues

(8) Austin was sad after his girlfriend left him. However, he quickly forgot about her, and now he is in good (   ) again.

    1 contests   **2** spirits   **3** arguments **4** decisions

(9) *A* : Is it difficult to grow these flowers?
    B : Not at all. You (   ) plant the seeds in the ground and make sure they get plenty of water.

    1 loudly   **2** simply   **3** shortly   **4** finally

(10) Carl was very sorry for breaking his neighbor's window with his baseball. He went to his neighbor's house to (   ). He also promised to be more careful.

    1 apologize **2** export   **3** limit   **4** nod

(11) *A* : Ashley, which dress should I buy?
    B : I don't know. They (   ) to me. They have the same buttons and they're both blue.

    1 look ahead **2** look alike **3** catch on   **4** catch up

(12) Michael had to (   ) the campfire before he went to sleep in the tent. He went to the river to get some water and threw it on the fire.

    1 come out **2** put out   **3** fill up   **4** back up

(13) There are various ways to help people (   ). For example, you can give money, clothes, or food to people who do not have enough.

    1 on end   **2** by heart   **3** in need   **4** of use

(14) Tony got a job as a train driver after he finished high school. He (   ) the railway company for almost 50 years. He left when he became 65 years old.

1 came over 2 took after
3 brought up 4 worked for

(15) **A** : How long have you been (   )?
B : I started two months ago. So far, I've lost about 5 kilograms.

1 for a change 2 on a diet
3 in place 4 with time

(16) Some types of birds are (   ) travel long distances. For example, arctic terns make journeys of around 90,000 kilometers each year.

1 jealous of 2 belonged to
3 known to 4 true of

(17) Kelly loves the sea, but she has always lived far away from it. Her dream is to move to a house (   ) the ocean after she retires.

1 certain of 2 fit for 3 close to 4 poor at

(18) (   ) three months, a big market is held in Coopersville. The last one was held in December, so the next one will be held in March.

1 All 2 Every 3 With 4 Some

(19) Billy often listens to a radio channel called Sonic FM because he wants to hear the (   ) music. Sonic FM usually only plays songs from the past two or three months.

1 highest 2 latest 3 fastest 4 earliest

(20) Kenny gets angry when his parents tell him to go to bed or to eat his vegetables. He hates (　　　) like a little child.

    1 treated   **2** being treated

    3 treating   **4** to be treating

次の四つの会話文を完成させるために, (21) から (25) に入るものとして最も適切なものを 1, 2, 3, 4 の中から一つ選び, その番号を解答用紙の所定欄にマークしなさい。

(21) *A* : Good evening, sir. Are you ready to order yet?

B : Do you still serve seafood pasta?

A : We used to, but we (**21**) recently.

B : That's a shame. I really liked that dish.

    1 started opening later

    2 got some new staff

    3 bought some new chairs

    4 changed our menu

(22) *A* : Dad, can you help me with my science homework?

B : Sure, Claire. What do you need to do?

A : I have to (**22**). Then, I have to color it and write the names of the different parts on it.

B : That sounds like fun. Let's go and choose one from the garden.

    1 draw a picture of a plant

    2 answer questions in my textbook

    3 get some information about space

    4 measure the size of my head

(23) *A* : What kind of clothes are you looking for, sir?

B : I heard about your sale. Can (**23**) if I bring you my old one?

A : Yes. However, today is the last chance to get that discount.

B : Right. I'll be back soon!

1 you give me 25 percent off a new car
2 you print a new receipt for me
3 I buy a new suit for half price
4 I get a new TV for less money

A : Mom, can my friend Jan come and stay at our house this weekend?

B : Hmm. I'm not sure. Won't you both have (**24**)?

A : Our teacher said that after the tests this week, we wouldn't have to study this weekend.

B : I see. How about your room? Have you cleaned it?

A : Not yet, but I promise that I'll do it on Thursday evening.

B : OK, then. I'd better speak to Jan's mother first to make sure that it's OK for Jan to stay with us.

A : Thanks, Mom. I'll ask Jan to send me (**25**).

B : Actually, I think I already have it. Let me check my address book.

(**24**) 1 meetings to go to
2 homework to do
3 club activities
4 doctor's appointments

(**25**) 1 her mom's phone number
2 her grandma's cookie recipe
3 a book for our tests
4 a photo of her family

3

次の英文 [A], [B] を読み, その文意にそって (26) から (30) までの (　　　) に入れるのに最も適切なものを 1, 2, 3, 4 の中から一つ選び, その番号を解答用紙の所定欄にマークしなさい。

[A]　　　The Costume Party

The other day, Ryan invited Heather to his birthday party. Ryan said it was a costume party. He asked Heather to dress as her favorite cartoon character. Heather's favorite character is a witch who rides a broom* and delivers mail. She wears a blue dress and a red ribbon in her hair. Heather did not have a blue dress, but her mom had some blue cloth. She told Heather (**26**) instead. Heather helped her mother, and soon, she had a dress exactly like the one the witch wears.

On the day of Ryan's party, Heather remembered that she also needed a broom. She asked her mother, but her mother said that she did not have one. Then, Heather remembered seeing her neighbor, Mr. Jones, using one to sweep his yard. Heather ran to Mr. Jones's house to ask if she could (**27**). Luckily, Mr. Jones said yes. Heather was very happy because her costume was complete.

*broom：ほうき

(26) **1** that she should stay home　**2** that they could make one
　　 3 to wear a green one　　　　**4** to choose another character

(27) **1** borrow it　　　　　　　　　**2** hide there
　　 3 help him　　　　　　　　　**4** get her ball

[B]　　　Escher's Amazing Art

Maurits Cornelis Escher was born in the Netherlands in 1898. After leaving high school, he went to college to study how to design buildings. However, he soon realized that he was not (**28**). In fact, he liked designing things that could not be built. He decided to study graphic art instead. A graphic artist is an artist who uses imagination, math, and tools like rulers to produce pictures.

After Escher graduated, he traveled for a long time in Italy. He really liked the countryside and the old buildings there. He often drew the places that he saw there in his pictures. He also visited Spain. There, he went to a castle where the walls were covered with interesting patterns. They gave him ideas for his own patterns, and he would sometimes use the shapes of animals in these designs. His experiences (**29**) had a very big effect on his art.

Escher's pictures often show things that are impossible in real life. In the picture *Ascending and Descending*, people are climbing stairs that return to the place where they started. In *Drawing Hands*, two hands are holding pencils and drawing each other. Escher's unusual art is (**30**). For example, about 200,000 visitors went to see an exhibition of his work in Tokyo in 2018. People in many countries like his pictures because they are beautiful and they make people think.

(28)　**1**　a creative person　　　　**2**　a clever teacher
　　　3　interested in construction　**4**　good at drawing

(29)　**1**　in these two countries　　**2**　from his early childhood
　　　3　of working with his father　**4**　while learning new languages

(30)　**1**　all kept in one place　　　**2**　popular around the world
　　　3　not for sale anymore　　　**4**　not nice to look at

次の英文 [A], [B] の内容に関して, (31) から (37) までの質問に対して最も適切なもの, または文を完成させるのに最も適切なものを 1, 2, 3, 4 の中から一つ選び, その番号を解答用紙の所定欄にマークしなさい。

[A]

From: Ariana Smith <arianaariana@peacemail.com>
To: Jane Jones <jane_j30101@thismail.com>
Date: January 22
Subject: Cooking club recipes

Dear Jane,

I really enjoy our weekly cooking club meetings at the community center. All the members are so friendly. It's nice that the members take turns teaching each other recipes. I get nervous when it's my turn to teach, but I'm always happy afterward. Also, I've learned how to make a really wide variety of dishes this way. It's much better than having just one cooking teacher.

I was telling my friend David about our meetings. David works as a photographer and designer for a company that publishes books. He suggested that the cooking club members make a book of our favorite recipes. He said that he would help us to do it. We could make something to remember our meetings. A book of recipes would also be a great gift for friends and family members.

I really like his idea. What do you think? We could ask each of the members to prepare recipes for a snack, a salad, a soup, a main dish, and a dessert. We can then choose the ones that sound the best and make them during our meetings. David said that he would be happy to come and take pictures of our food. He'd like to try some of it, too!

Your friend,
Ariana

(31) What does Ariana say about the cooking club meetings?
  1 She thinks their cooking teacher is very friendly.
  2 She likes the way that members teach each other.
  3 She feels nervous when new members join.
  4 She wants them to be moved to a community center.

(32) What has Ariana's friend David suggested?
  1 Food made at cooking club meetings could be sold.
  2 Friends should be allowed to watch cooking club meetings.
  3 The members of the cooking club should produce a book.
  4 Ariana could get a job at his publishing company.

(33) David has offered to
  1 think of new recipes for the cooking club.
  2 choose the best dishes in a cooking competition.
  3 teach Ariana and Jane how to cook various dishes.
  4 take photos of food for the cooking club.

[B]　　　A Slow Life in the Trees

A sloth is a kind of animal that lives in the jungles of Central and South America. Sloths look like monkeys and spend most of their time up in the branches of trees. However, unlike monkeys, sloths live alone, move very slowly, and make almost no noise. They sleep for up to 20 hours each day and only wake up during the night.

Sloths' lazy lifestyles help them to survive. By sleeping most of the time and moving slowly, sloths do not have to use much energy. They do not have to travel long distances or run fast to get something to eat. High up in the trees, a tasty leaf is always just a few centimeters away. Even though leaves do not contain many calories, sloths get all they need by eating all the time during the short time that they are awake.

Surprisingly, moving slowly also protects sloths from hungry meat eaters. Eagles and big cats live in the same jungles as sloths. However, these hunters search for movement, so they often do not notice sloths. Also, sloths do not clean their fur completely. As a result, tiny plants grow in it, and these make the fur look green. From the ground or the sky, a sloth in a tree's branches looks like a plant rather than something that an eagle or a big cat wants to eat.

Sloths have long, hard claws on their toes. Usually, they use their claws to hang on to branches. However, if a sloth is attacked, it can use its claws to defend itself. Sloths' claws are so long that sloths find it difficult to walk on the ground. Because of this, a sloth usually only comes down from the branches about once a week.

(**34**)　What is one way sloths are different from monkeys?
　　1　Sloths can be found in North America.
　　2　Sloths often make a lot of noise.
　　3　Sloths usually live by themselves.
　　4　Sloths are only awake during the day.

(35) What is one reason that sloths move slowly?

    1 To reduce the amount of energy that they use.

    2 To allow them to travel very long distances.

    3 To catch the things that they like to eat.

    4 To avoid falling into holes made by other animals.

(36) Eagles and big cats

    1 do not eat sloths because their fur tastes bad.

    2 eat plants if they are not able to find meat.

    3 hunt by looking for the movement of animals.

    4 stay away from the jungles where sloths live.

(37) A sloth uses its long claws to

    1 cut open fruits that grow in the trees.

    2 get insects that live inside wood.

    3 jump from one tree to another.

    4 help it to hold on to branches.

ライティング

- あなたは，外国人の知り合いから以下の **QUESTION** をされました。
- **QUESTION** について，あなたの意見とその**理由を2つ**英文で書きなさい。
- 語数の目安は 50 語～60 語です。
- 解答は，解答用紙の B 面にあるライティング解答欄に書きなさい。**なお，解答欄の外に書かれたものは採点されません。**
- 解答が **QUESTION** に対応していないと判断された場合は，**0 点と採点されることがあります。QUESTION** をよく読んでから答えてください。

QUESTION

Do you think libraries should have more book events for children?

リスニングテスト

[準2級リスニングテストについて]

1 このリスニングテストには，第1部から第3部まであります。
◆英文はすべて一度しか読まれません。

| 第**1**部 | 対話を聞き，その最後の文に対する応答として最も適切なものを，放送される1，2，3の中から一つ選びなさい。 |

| 第**2**部 | 対話を聞き，その質問に対して最も適切なものを1，2，3，4の中から一つ選びなさい。 |

| 第**3**部 | 英文を聞き，その質問に対して最も適切なものを1，2，3，4の中から一つ選びなさい。 |

2 No.30のあと，10秒すると試験終了の合図がありますので，筆記用具を置いてください。

第**1**部　No.1〜No.10
（選択肢はすべて放送されます。）

第**2**部

No.11	**1** It has a new dolphin.
	2 It has few animals.
	3 It will have a special show.
	4 It will be closing next week.

No. 12	1 Heat up her plate.
	2 Give her some more pasta.
	3 Tell her about a new dish.
	4 Bring her the check.

No. 13	1 She could not leave the hotel.
	2 She did not go to any museums.
	3 She went on a sightseeing tour.
	4 She stayed outside of the city.

No. 14	1 He wants a salad with his sandwich.
	2 He needs to leave the restaurant soon.
	3 He is ordering for a friend.
	4 He feels very hungry today.

No. 15	1 Visit her grandma's house.
	2 Go to a wedding in the mountains.
	3 Plan a trip to a lake with the boy.
	4 Play table tennis with her aunt.

No. 16	1 Take his son to a class.
	2 Make some chicken soup.
	3 Clean the refrigerator.
	4 Take out the garbage.

No. 17	1 He has to return some clothes.
	2 He needs some new shoes.
	3 He has to buy a present.
	4 He heard about a sale.

No. 18	1 Get a new music CD.
	2 Have a party at home.
	3 Play in a concert.
	4 Go to a rock concert.

No. 19

1 She wanted to rent the space.
2 She did not have time to get coffee.
3 She liked to study at the coffee shop.
4 She could not find the newspaper.

No. 20

1 To ask about the restaurant's menu.
2 To get directions to the restaurant.
3 To make a reservation for dinner.
4 To order some special food items.

第 **3** 部

Track 204~215

No. 21

1 Study to be a teacher.
2 Become an artist.
3 Make her own brushes.
4 Win a prize in a contest.

No. 22

1 To keep people caught by the police.
2 To make musical instruments.
3 To plan important events.
4 To design fashion items.

No. 23

1 The one for ice cream.
2 The one for vegetable soup.
3 The one for meat stew.
4 The one for chocolate cake.

No. 24

1 An offer is only available for one day.
2 The store will close soon.
3 All goods are only $20 today.
4 Only a few soap and shampoo products are left.

No. 25	1 Finding an interesting topic.
	2 Asking her brother about science.
	3 Giving a presentation to her class.
	4 Going to school by herself.

No. 26	1 How to use a smartphone.
	2 Choosing fashionable clothes.
	3 Interesting places in her town.
	4 Her favorite actors and directors.

No. 27	1 People can only eat them if they are cooked.
	2 Romans were the first people to eat them.
	3 Scotland produces more than any other country.
	4 They are able to grow well in cold areas.

No. 28	1 The tickets were sold out.
	2 The concert was canceled.
	3 Amy did not want to go with him.
	4 Amy does not like baseball.

No. 29	1 To explain how to buy tickets.
	2 To tell passengers about a new bus stop.
	3 The bus station will close soon.
	4 A bus has been delayed.

No. 30	1 See a doctor about his arm.
	2 Watch his team's basketball game.
	3 Ride his bicycle with his friends.
	4 Practice passing the ball.

英 検 準 **2** 級

合格力
チェックテスト

[試験時間]筆記試験(80分)リスニングテスト(約25分)

解答用マークシートを使おう。

解答と解説　本冊P.165〜

 216〜250

1

次の (1) から (15) までの (　　　) に入れるのに最も適切なものを 1, 2, 3, 4 の中から一つ選び, その番号を解答用紙の所定欄にマークしなさい。

(1) Ann and Ellen were good friends when they were in elementary school. 20 years later, they (　　　) came to live in the same neighborhood.

    1 totally   **2** accidentally
    3 traditionally   **4** politely

(2) Bob went for a walk and saw a lot of children playing in the river. It was such a hot day that the river (　　　) them.

    1 attracted   **2** published   **3** repaired   **4** survived

(3) **A** : What do you think is (　　　) for improving your English ability?
    B : Well, there is no royal road to learning, but I think reading English books helps a lot.

    1 clear   **2** possible   **3** complete   **4** useful

(4) **A** : Wow! These cookies are really good! What's in them?
    B : Look at the box. The (　　　) are written on the side in small letters.

    1 contents   **2** admissions **3** profits   **4** principals

(5) There was a major accident where a bus crashed into a car. It was a miracle that no one was (　　　).

    1 shortened **2** voted   **3** believed   **4** injured

(6) **A** : Did you feel yesterday's earthquake?　It was quite frightening.

　　　B : I know.　The first thing I thought of was how to (　　) myself.

　　　　1 weigh　　**2** upset　　**3** increase　　**4** protect

(7) **A** : There were so many people at Beth's wedding yesterday.

　　　B : Yes.　It seems that all of the (　　) on her mother's side came.

　　　　1 habits　　**2** harvests　　**3** relatives　　**4** disasters

(8) Sally passed by the stadium just after the game ended.　There was a huge number of people singing and shouting, celebrating the team's (　　).

　　　　1 confidence　**2** victory　　**3** labor　　**4** purpose

(9) **A** : Bill, can you lend me some money?　I seem to have lost my (　　).

　　　B : What?　You should report it to the police immediately.

　　　　1 volume　　**2** shelf　　**3** wallet　　**4** ladder

(10) The result of last month's (　　) shows that 75% of the students are against the board's decision to close down the old lounge.

　　　　1 survey　　　　　　　**2** license

　　　　3 invention　　　　　**4** reaction

(11) The children were watching TV quietly, but when they saw the funny face that the man on the screen made, they burst (　　) laughter.

　　　　1 out of　　**2** into　　**3** over　　**4** upon

(12) **A** : I thought you were going to the baseball game today.

　　　B : No, I changed my (　　) and decided to stay home.

　　　　1 heart　　**2** head　　**3** idea　　**4** mind

(**13**) **A** : There are five more of my friends coming to join the meeting.

B : Oh, then can you move over a little bit? We have to make (   ) for them.

    1 area   **2** place   **3** room   **4** vacancy

(**14**) **A** : It is really a shame that you are moving so far away from this town. Will you promise to (   ) in touch?

B : Of course, Alice. I'll write to you soon.

    1 keep   **2** catch   **3** make   **4** lay

(**15**) **A** : Do you think I should stay in college and study for a few more years?

B : Yes. It might seem like a waste of time now, but it will be of great help to you in the long (   ).

    1 run   **2** period   **3** sight   **4** span

次の四つの会話文を完成させるために，(16) から (20) に入るものとして最も適切なものを 1, 2, 3, 4 の中から一つ選び，その番号を解答用紙の所定欄にマークしなさい。

(16) **A** : Is that your puppy? He's so cute. What's his name?

B : Yes. His name is Apollo. Don't you have a dog too?

A : Yes, we do. Her name is Sakura. (**16**)

B : That would be great. Let's do it next Sunday.

    1 She's a Labrador and poodle mix.

    2 We should take our dogs for a walk together.

    3 I recommend putting him in dog school.

    4 She loves playing with a flying disc.

(17) **A** : You paid last time. Please let me pay today.

B : Are you sure? That's nice of you.

A : Of course. My treat. (**17**)

B : I'll take vanilla, then.

    1 What ice cream flavor do you want?

    2 Are you much of a sweets person?

    3 How often do you come here?

    4 Do they serve ice cream floats here?

(18) **A** : Did you get your yearly health check?

B : Not yet. (**18**)

A : Everyone does. But if there's a problem, it's better to find out early.

B : I know. My appointment is scheduled for next week.

    1 I am worried about you.

    2 I went last Monday.

    3 I hate going to the hospital.

    4 I don't know where to go.

A : This conference is great. The building is brand new, the speakers are interesting, and even the food is good.

B : This is my third time, and I think this one is the best so far. (**19**)

A : I'm planning to hear the speech about making video games without a lot of money.

B : I went to that last year. That's a good one. I think you'll learn a lot.

A : Cool. What are you going to check out?

B : There's a talk about making music for games.

A : That sounds interesting. (**20**)

B : Why don't you? They're doing a second talk tomorrow.

(**19**) 1 Which talk are you going to next?

2 Where are you staying?

3 Which topic are you speaking on?

4 Who did you come here with?

(**20**) 1 But it's too difficult for me.

2 Let's meet for lunch afterwards.

3 I want to hear that one too.

4 You should speak about it.

次の英文 A, B を読み，その文意にそって (21) と (22) の（　　）に入れるのに最も
適切なものを 1, 2, 3, 4 の中から一つ選び，その番号を解答用紙の所定欄にマークしな
さい。

Ron's Travels

　　Ron's goal is to visit every country in the world.　Ron likes to
travel simply.　　He packs light and puts everything into one
backpack.　The first country Ron traveled to was Canada.　(**21**)
Canada is just a few hours by bus from his hometown.　The farthest
country Ron went to was China.　He traveled from Beijing in the
north, all the way to Hong Kong in the south.

　　Ron always does two things when he visits a country.　First, he
always takes a photo with himself and a local person.　When he
arrived in Paris, France, he took a picture with a French woman he
had met on his flight.　Second, Ron (**22**) each country he visits.
One of his favorite items is a folding fan from Japan.　It has cherry
blossoms painted on it.　Ron's next country will be South Africa in
January.

(**21**)　**1**　That was easy because
　　　　2　It makes sense that
　　　　3　Some people say
　　　　4　In the summer time

(**22**)　**1**　studies the language of
　　　　2　lives for six months in
　　　　3　collects one thing from
　　　　4　makes a friend in

4

次の英文A, Bの内容に関して, (23) から (29) までの質問に対して最も適切な
もの, または文を完成させるのに最も適切なものを1, 2, 3, 4の中から一つ選び,
その番号を解答用紙の所定欄にマークしなさい。

[A]

From: Amanda Taylor <amtay21@hotwire.net>
To: Rebecca Olsen <beckyolsen@netbird.com>
Date: October 10
Subject: Our holiday

Dear Becky,

Can you believe that by this time next week we'll be spending
our holidays together in Australia? We're going to have so
much fun. I can't wait to hug some koalas. Your flight from
Singapore arrives around 4 p.m., right? Our flight from San
Francisco arrives in Cairns around 11 a.m., so we'll go ahead
and head over to the hotel.

Sorry to bother you about this but would you mind doing me a
favor? My cousin loves some Singapore stuff. She wants some
Chinese herb soaps and some Singapore made tea. Could you
get those things for me? I'll pay you when we meet in Cairns.

Also, I wanted to confirm if you're still willing to go skydiving
with me and Dave. It is a bit scary, so I thought you might
change your mind. If you want to cancel, let me know. I need
to tell the company by the end of this week or else we won't
be able to get our money back. But I recommend that you
don't cancel. It's not every day that you get a chance to
skydive over the beautiful scenery of Cairns. I really think you'll
enjoy it. Anyway, looking forward to seeing you soon.

Take care,

Amanda

(23) Amanda and Becky are meeting in Cairns to
1 discuss starting a business together.
2 attend their friend's wedding.
3 have vacation with each other.
4 earn their skydiving licenses.

(24) What does Amanda ask Becky to do?
1 Meet her at the airport.
2 Buy some gifts in Singapore.
3 Teach her how to skydive.
4 Lend her some money.

(25) Amanda doesn't want Becky to cancel skydiving because
1 it is very expensive to skydive in Australia.
2 it is the only time of year that they can go skydiving.
3 she's afraid to go skydiving by herself.
4 she thinks Becky will have a good time.

Rice vs. Bread

Eating habits change from time to time, but in 2011, an amazing thing happened in Japan. For the first time in their history, families spent more money on bread than rice. That year, on average, urban families of two or more people spent ¥28,318 for bread and ¥27,428 on rice. There are a few different factors that explain this trend. Nobuko Iwamura of Kewpie Corp. and her team have surveyed the eating habits of the Japanese. She has a few explanations for why bread has become as important, or even more important than rice.

The first explanation is historical. After World War II, extra wheat from the U.S. was used in school lunches. From this, bread became a part of the food culture in Japan. Many people were brought up having at least one meal a day with bread.

Another reason for the popularity of bread is that the Japanese have come to prefer simpler meals. Family members in Japan now often eat individually at different times. While some quick versions of rice, such as rice balls, exist, rice usually takes time to prepare. As most people buy bread at stores rather than baking it at home, it doesn't require much preparation time. With family members having different schedules, bread is quite convenient.

Nowadays, some types of bread dishes such as sandwiches are seen everywhere. Also, fewer people now eat the traditional Japanese breakfast, which includes a bowl of rice. Instead, they have toast. As people's lives get busier, bread will probably continue to be an important part of the future Japanese diet.

(26) In 2011, at urban homes in Japan
    1 people ate a lot more rice than bread.
    2 people tried to save money by buying less rice.
    3 people used more money for buying bread than rice.
    4 people tended to have trouble finding good rice.

(27) How did bread start to become popular in Japan?
    1 It was served in school lunches.
    2 It was sold by some famous sandwich shops.
    3 It could be bought in small amounts.
    4 It was enjoyed by government employees.

(28) Why do families in Japan today prefer bread?
    1 It comes in more varieties than rice.
    2 It tastes much better than before.
    3 It is simple and convenient to eat.
    4 It can be lower in calories than rice.

(29) In the future it is likely that
    1 the Japanese will go back to eating more rice.
    2 there will be many more kinds of bread to choose from.
    3 the Japanese will stop eating so much bread for breakfast.
    4 bread will remain a key part of the Japanese diet.

ライティング

5

[A]

- あなたは，外国人の知り合いから以下の **QUESTION** をされました。
- **QUESTION** について，あなたの意見とその**理由を 2 つ**英文で書きなさい。
- 語数の目安は 50 語〜60 語です。
- 解答は，解答用紙の B 面にあるライティング解答欄に書きなさい。**なお，解答欄の外に書かれたものは採点されません。**
- 解答が **QUESTION** に対応していないと判断された場合は，**0 点と採点される**ことがあります。**QUESTION** をよく読んでから答えてください。

QUESTION

Do you think elementary school children should carry smartphones?

[B]

- あなたは，外国人の知り合い（Tom）から，Eメールで質問を受け取りました。この質問にわかりやすく答える返信メールを，☐☐に英文で書きなさい。
- あなたが書く返信メールの中で，TomのEメール文中の下線部について，あなたがより理解を深めるために，**下線部の特徴を問う具体的な質問を2つしなさい。**
- あなたが書く返信メールの中で☐☐に書く英文の語数の目安は40語～50語です。
- **解答欄の外に書かれたものは採点されません。**
- 解答がTomのEメールに対応していないと判断された場合は，**0点と採点されることがあります。** TomのEメールの内容をよく読んでから答えてください。
- ☐☐の下のBest wishes, の後にあなたの名前を書く必要はありません。

Hi!

Last month, I went to Vietnam with my family and enjoyed local dishes. Yesterday, I made pho, a popular dish in Vietnam, using a cooking app. In the cooking app, you can check out various recipes with videos. One of the videos showed how to cook pho step by step. I'm sending the video with this e-mail. Cooking apps are helpful, but I found it difficult to choose just one recipe. That's because the app includes too many recipes. Which do you prefer, using a cooking app or a cookbook?

Your friend, Tom

Hi, Tom!

Thank you for your e-mail.

> 解答欄に記入しなさい。

Best wishes,

リスニングテスト

Track 216

[準2級リスニングテストについて]

1 このリスニングテストには，第1部から第3部まであります。
◆英文はすべて一度しか読まれません。

| 第1部 | 対話を聞き，その最後の文に対する応答として最も適切なものを，放送される1，2，3の中から一つ選びなさい。 |

| 第2部 | 対話を聞き，その質問に対して最も適切なものを1，2，3，4の中から一つ選びなさい。 |

| 第3部 | 英文を聞き，その質問に対して最も適切なものを1，2，3，4の中から一つ選びなさい。 |

2 No.30のあと，10秒すると試験終了の合図がありますので，筆記用具を置いてください。

第1部 No.1～No.10
（選択肢はすべて放送されます。）

Track 217～227

第2部

Track 228～238

No.11
1 He doesn't know when his flight is leaving.
2 He doesn't know where his airline is located.
3 He doesn't have money for a train ticket.
4 He doesn't have his passport with him.

No. 12
1 To teach English.
2 To do some sightseeing.
3 To meet a close friend.
4 To learn Japanese.

No. 13
1 How fast the rocket is.
2 How to build a model rocket.
3 How people got to the moon.
4 How to make a presentation.

No. 14
1 He is tired.
2 He doesn't know how.
3 He has homework.
4 He has too little time.

No. 15
1 When the plane will be landing.
2 When the passenger can leave his seat.
3 What will be served for breakfast.
4 What drinks are on the menu.

No. 16
1 It is worth a lot of money.
2 It is very important.
3 It was taken by the man's great grandmother.
4 It is black and white.

No. 17
1 It is far away.
2 It is expensive to visit.
3 The man doesn't like to fly.
4 The couple doesn't speak Italian.

No. 18
1 She's not sure what she wants to be yet.
2 She's afraid the boy will laugh at her.
3 She doesn't want the boy to use her idea.
4 She wants to surprise her friends.

No. 19	1 Study French.
	2 Ship a package.
	3 Buy something.
	4 E-mail a friend.

No. 20	1 He doesn't like rainy weather.
	2 He was waiting for a package.
	3 He watched TV all day.
	4 He wasn't feeling well.

第 **3** 部

Track 239~250

No. 21	1 She has to give a presentation.
	2 She doesn't know much about clothes.
	3 This is her first job.
	4 Her boss is strict.

No. 22	1 Go hiking.
	2 Go shopping at the mall.
	3 Work on Linda's homework.
	4 Cook dinner.

No. 23	1 For protection.
	2 For their babies.
	3 For sleeping.
	4 For food.

No. 24	1 Hitting the ball.
	2 Catching the ball.
	3 Cooperating with teammates.
	4 Running quickly.

No. 25
1 By telephone.
2 By e-mail.
3 By website.
4 Reservations are not necessary.

No. 26
1 A pharmacy with medicines.
2 Free Wi-Fi internet service.
3 Ready-made food.
4 Day care for children.

No. 27
1 It came from New York.
2 It came from New Zealand.
3 It came from France.
4 It is unknown where it came from.

No. 28
1 To find a job.
2 To record her trip to Europe.
3 To submit photos to a magazine.
4 To send photos to her friends.

No. 29
1 Whenever they want.
2 When they are attacked.
3 When a guide says so.
4 When they feed the animals.

No. 30
1 He has never left his hometown.
2 He gets extremely lonely.
3 He is looking for a roommate.
4 He has never cooked for himself.

英検 準**2**級

二次試験問題

試験時間

面接（約6分）

Outdoor Activities

Outdoor activities are popular with people of all ages. For example, camping in nature is fun, and many people enjoy cooking outdoors. However, some people do not pay enough attention to others around them, and as a result they cause problems for other campers. People should think about others when enjoying outdoor activities.

(A)

(B)

Questions (面接委員に質問される英文です。実際のカードには印刷されていません。)

No. 1　According to the passage, why do some people cause problems for other campers?

No. 2　Now, please look at the people in Picture A. They are doing different things. Tell me as much as you can about what they are doing.

No. 3　Now, look at the girl in Picture B. Please describe the situation.
　　　　Now, Mr. / Ms. ---, please turn over the card and put it down.

No. 4　Do you think that more people will go to cooking schools in the future?
　　　　Yes. → Why?　　　　　　　　No. → Why not?

No. 5　In Japan, many kinds of tea are sold in stores. Do you often drink tea?
　　　　Yes. → Please tell me more.　　　No. → Why not?

2023年度・第1回
二次試験問題

Track 76~80
カード **B**
[意味と解答例] P.201～

23年度

第1回

Better Beaches

Today, beaches are popular with people of all ages. However, keeping beaches in good condition is hard work. Now, technology is playing an important role. Some towns use robots that clean beaches, and in this way they try to make the environment of their beaches better. Such robots are becoming more common.

(A) (B)

Questions (面接委員に質問される英文です。実際のカードには印刷されていません。)

No. 1 According to the passage, how do some towns try to make the environment of their beaches better?

No. 2 Now, please look at the people in Picture A. They are doing different things. Tell me as much as you can about what they are doing.

No. 3 Now, look at the girl in Picture B. Please describe the situation.
Now, Mr. / Ms. ---, please turn over the card and put it down.

No. 4 Do you think more people will want to have robots as pets in the future?
Yes. → Why?　　　　　　No. → Why not?

No. 5 These days, going shopping with friends is popular among young people. Do you often go shopping with your friends?
Yes. → Please tell me more.　　No. → Why not?

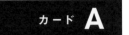
Studying Abroad Online

Today, many people study abroad. However, it sometimes takes a lot of time and money to go to other countries. Now, technology is playing an important role. Some people take online classes that are held by foreign schools, and by doing so they can experience studying abroad without leaving their own countries.

(A)

(B)

Questions （面接委員に質問される英文です。実際のカードには印刷されていません。）

No. 1　According to the passage, how can some people experience studying abroad without leaving their own countries?

No. 2　Now, please look at the people in Picture A. They are doing different things. Tell me as much as you can about what they are doing.

No. 3　Now, look at the girl in Picture B. Please describe the situation.
Now, Mr. / Ms. ---, please turn over the card and put it down.

No. 4　Do you think junior high schools should offer more cooking classes for their students?
Yes. → Why?　　　　　　　　No. → Why not?

No. 5　Today, many people take a shopping bag when they go to the supermarket. Do you take your own shopping bag to the supermarket?
Yes. → Please tell me more.　　No. → Why not?

2023年度・第2回
二次試験問題

Track 86~90

カード **B**

［意味と解答例］ P.207～

23年度

第2回

Online Discount Stores

Today, discount stores on the Internet are attracting attention. People can buy things at lower prices, and as a result they find online discount stores helpful. However, people in some areas can have trouble using them. For example, they need to wait a long time for products to be delivered.

(A)

(B)

Questions (面接委員に質問される英文です。実際のカードには印刷されていません。)

No. 1 According to the passage, why do people find online discount stores helpful?

No. 2 Now, please look at the people in Picture A. They are doing different things. Tell me as much as you can about what they are doing.

No. 3 Now, look at the woman in Picture B. Please describe the situation.

Now, Mr. / Ms. ---, please turn over the card and put it down.

No. 4 Do you think using the Internet is a good way for people to learn English?

Yes. → Why?　　　　　　No. → Why not?

No. 5 Today, there are many kinds of restaurants. Do you like to eat at restaurants?

Yes. → Please tell me more.　　　　No. → Why not?

Tourist Information Centers

There are many tourist information centers around Japan. These centers have a variety of information about local tourist spots. Today, many tourist information centers offer guidebooks in different languages, and in this way they help foreign visitors to find tourist spots easily. These centers will play a more important role in the future.

(A)

(B)

Questions (面接委員に質問される英文です。実際のカードには印刷されていません。)

No. 1　According to the passage, how do many tourist information centers help foreign visitors to find tourist spots easily?

No. 2　Now, please look at the people in Picture A. They are doing different things. Tell me as much as you can about what they are doing.

No. 3　Now, look at the woman in Picture B. Please describe the situation.
　　　Now, Mr. / Ms. ---, please turn over the card and put it down.

No. 4　Do you think traveling by train is better than traveling by car?
　　　Yes. → Why?　　　　　　　　No. → Why not?

No. 5　Today in Japan, some students study English and another foreign language. Are you interested in studying another foreign language?
　　　Yes. → Please tell me more.　　　No. → Why not?

Reading Skills

Reading is a very important skill for learning about things. Today, however, some teachers say that students need more help with their reading skills. Many students exchange only short messages on their smartphones, so they sometimes have trouble understanding long passages. Students need to have good reading skills to learn things better.

(A)

(B)

Questions （面接委員に質問される英文です。実際のカードには印刷されていません。）

No. 1　According to the passage, why do many students sometimes have trouble understanding long passages?

No. 2　Now, please look at the people in Picture A. They are doing different things. Tell me as much as you can about what they are doing.

No. 3　Now, look at the boy in Picture B. Please describe the situation.
　　　　Now, Mr. / Ms. ---, please turn over the card and put it down.

No. 4　Do you think people will spend more money on smartphones in the future?
　　　　Yes. → Why?　　　　　　　　No. → Why not?

No. 5　These days, many Japanese people have jobs in foreign countries. Would you like to work abroad?
　　　　Yes. → Please tell me more.　　　No. → Why not?

A New Way of Recycling

Today, supermarkets are trying to help the environment. They have started services that let customers recycle plastic more easily. Some customers take plastic bottles to supermarkets, and by doing so they get a discount for shopping there. Such supermarkets are trying to make the environment better and attract customers at the same time.

(A)

(B)

Questions （面接委員に質問される英文です。実際のカードには印刷されていません。）

No. 1　According to the passage, how do some customers get a discount for shopping at supermarkets?

No. 2　Now, please look at the people in Picture A. They are doing different things. Tell me as much as you can about what they are doing.

No. 3　Now, look at the man in Picture B. Please describe the situation.
　　　　Now, Mr. / Ms. ---, please turn over the card and put it down.

No. 4　Do you think students should have more time to use computers at school?
　　　　Yes. → Why?　　　　　　　　No. → Why not?

No. 5　In Japan, many people enjoy hiking in their free time. Do you like to go hiking?
　　　　Yes. → Please tell me more.　　　　No. → Why not?

Audio Books

Today, many books that are read and recorded by professional actors are sold on the Internet. These books are called audio books. People can enjoy listening to audio books while doing other things, so they find these books very convenient. Audio books will probably become even more popular in the future.

(A)

(B)

Questions （面接委員に質問される英文です。実際のカードには印刷されていません。）

No. 1 According to the passage, why do people find audio books very convenient?

No. 2 Now, please look at the people in Picture A. They are doing different things. Tell me as much as you can about what they are doing.

No. 3 Now, look at the man and the woman in Picture B. Please describe the situation.

Now, Mr. / Ms. ---, please turn over the card and put it down.

No. 4 Do you think watching the news on TV is better than reading newspapers?

Yes. → Why?　　　　　　　　No. → Why not?

No. 5 These days, there are many books and magazines about cooking. Do you often cook at home?

Yes. → Please tell me more.　　　No. → Why not?

Keeping the Air Clean

Today, air cleaners play important roles in places such as hospitals and schools. However, air cleaners can be very big and difficult to put in every room. Now, some companies are making smaller types of air cleaners, and by doing so they help more places to keep the air clean.

(A)   (B)

Questions (面接委員に質問される英文です。実際のカードには印刷されていません。)

No. 1   According to the passage, how do some companies help more places to keep the air clean?

No. 2   Now, please look at the people in Picture A. They are doing different things. Tell me as much as you can about what they are doing.

No. 3   Now, look at the man in Picture B. Please describe the situation.
Now, Mr. / Ms. ---, please turn over the card and put it down.

No. 4   Do you think students today have enough time to relax?
Yes. → Why?   No. → Why not?

No. 5   These days, many people enjoy buying and selling things at flea markets. Do you often go to flea markets to buy things?
Yes. → Please tell me more.   No. → Why not?

Staying Open All Night

In Japan, there are many stores that are open all day and night. However, some stores worry about the cost of staying open 24 hours, so they choose to close at night. Some customers do not think this is convenient, but more stores will probably stop staying open all night.

(A)

(B)

Questions (面接委員に質問される英文です。実際のカードには印刷されていません。)

No. 1 According to the passage, why do some stores choose to close at night?

No. 2 Now, please look at the people in Picture A. They are doing different things. Tell me as much as you can about what they are doing.

No. 3 Now, look at the man and his daughter in Picture B. Please describe the situation.

Now, Mr. / Ms. ---, please turn over the card and put it down.

No. 4 Do you think it is a good idea for schools to have cafeterias for their students?

Yes. → Why?   No. → Why not?

No. 5 In Japan, many festivals are held in different seasons. Do you often go to festivals in your town?

Yes. → Please tell me more.   No. → Why not?

英検準2級 2024年度 試験日程

第1回検定

[受付期間] 3月15日〜5月8日

[一次試験] 本会場 ——— 6月2日（日）
準会場 ——— 5月24日（金）・25日（土）・26日（日）
5月31日（金）・6月1日（土）・2日（日）

[二次試験] 本会場 ——— 7月7日（日）・7月14日（日）

第2回検定

[受付期間] 7月1日〜9月9日

[一次試験] 本会場 ——— 10月6日（日）
準会場 ——— 9月27日（金）・28日（土）・29日（日）
10月4日（金）・5日（土）・6日（日）

[二次試験] 本会場 ——— 11月10日（日）・17日（日）

第3回検定

[受付期間] 11月1日〜12月16日

[一次試験] 本会場 ——— 2025年1月26日（日）
準会場 ——— 1月17日（金）・18日（土）・19日（日）
1月24日（金）・25日（土）・26日（日）

[二次試験] 本会場 ——— 3月2日（日）・9日（日）

● 学校などで団体準会場受験する人は，日程については担当の先生の指示に従ってください。
● 受付期間や試験日程は，下記ホームページ等で最新の情報を事前にご確認ください。

公益財団法人 日本英語検定協会 ＞ HP https://www.eiken.or.jp/eiken/
電話 03-3266-8311

2024年度 英検準2級過去問題集

執筆協力	株式会社 シー・レップス
編集協力	株式会社 シー・レップス，宮崎史子，今居美月，渡辺泰葉
デザイン	小口翔平＋嵩あかり＋村上佑佳（tobufune）
音声制作	一般財団法人 英語教育協議会（ELEC）

解答と解説

英検®

2024 年度

準2級

過去問題集

Gakken

CONTENTS

英 検 準 2 級

2023年度・第1回 **解答と解説**

一次試験・筆記 [P.004 ～ P.017]

1
(1) 1　(2) 4　(3) 2　(4) 4　(5) 3　(6) 4　(7) 4　(8) 1
(9) 1　(10) 2　(11) 1　(12) 4　(13) 2　(14) 1　(15) 2　(16) 3
(17) 4　(18) 4　(19) 1　(20) 3

2
(21) 4　(22) 1　(23) 2　(24) 3　(25) 2

3A
(26) 4　(27) 2

3B
(28) 1　(29) 3　(30) 3

4A
(31) 1　(32) 4　(33) 3

4B
(34) 2　(35) 4　(36) 1　(37) 4

5
P. 016 ～ P. 017参照。

一次試験・リスニング [P.018 ～ P.033]

第1部
[No.1] 3　[No.2] 2　[No.3] 2　[No.4] 3　[No.5] 1
[No.6] 2　[No.7] 1　[No.8] 3　[No.9] 1　[No.10] 3

第2部
[No.11] 3　[No.12] 3　[No.13] 3　[No.14] 2　[No.15] 1
[No.16] 4　[No.17] 4　[No.18] 3　[No.19] 1　[No.20] 2

第3部
[No.21] 1　[No.22] 1　[No.23] 2　[No.24] 2　[No.25] 1
[No.26] 4　[No.27] 3　[No.28] 3　[No.29] 2　[No.30] 1

1

(1) ルースがノートに写し終える前に，先生は黒板から文字を**消した**。彼女は他の生徒に助けを求めなければならなかった。

☑ 選択肢は erased「～を消した」，excused「～を許した」，escaped「～を免れた」，extended「～を延ばした」。2文目に，ルースは「他の生徒に助けを求めなければならなかった」とあり，それは「ノートに写し終える前に，先生が黒板から文字を消した」からだと考えるのが自然なので，**1**が正解。

> ▮▮ WORDS&PHRASES
> □ **note** —— 走り書き，メモ   □ **copy** —— ～を写す

(2) A：どうしてピクニックを中止したの？　楽しみにしていたのに。
B：私もそうだよ，でも雨が降りそうなんだ。天気はどう**する**こともできないよ。

☑ 選択肢は issue「問題」，grade「学年，成績」，fever「熱」，control「管理，制御」。空所に control を入れると have no control「何も制御できない」すなわち「（天気について）どうすることもできない」という意味になる。よって，**4**が正解。

> ▮▮ WORDS&PHRASES
> □ **cancel** —— ～を中止する

(3) A：今年の冬は本当に寒いよね。
B：そうだね！　私のベッドには**毛布**が4枚もあるのに，夜はそれでも寒いよ。

☑ 選択肢は locks「錠」，blankets「毛布」，moments「瞬間」，husbands「夫」。Bは空所のあとに「それでも寒い」と言っているので，「毛布が4枚もあるのに」という意味になる**2**が適切。

(4) 新しいテレビ番組の『驚くべき植物』はとても**教育的**だ。それを見る子どもたちはたくさんの変わった植物について学ぶことができる。

☑ 選択肢は modern「現代的な」，lonely「孤独な」，violent「暴力的な」，educational「教育的な，ためになる」。2文目にある it は1文目の *Amazing Plants* を指し，「それ（=*Amazing Plants*）を見る子どもたちはたくさんの変わった植物について学ぶことができる」とあるので，**4**が適切。

> ▮▮ WORDS&PHRASES
> □ **amazing** —— 驚くべき，すばらしい   □ **plant** —— 植物

(5) 鈴木さんのハワイでの休暇はすばらしい夢のようであった。けれども, 彼は自分が東京での仕事という**現実**に戻らなければならないことを知っていた。

> ☑ 選択肢はorigin「起源」, suggestion「提案」, reality「現実」, coast「海岸」。「ハワイでの休暇」が「すばらしい夢のよう」だったのに対して, 「東京での仕事」は「現実」である。この対比をなす**3**が適切。
>
> 📖 WORDS&PHRASES
> □ **go back to** 〜 —— 〜に戻る

(6) ウェスリーはサラに彼女からギターを買い取ろうと申し出たが, 彼女は**拒んだ**。それは父親からの贈り物だったので, 彼女はそれを売りたくなかったのだ。

> ☑ 選択肢はemployed「〜を雇った」, existed「存在した」, retired「引退した」, refused「拒んだ」。2文目に「彼女はそれを売りたくなかった」とあるので, **4**が適切。
>
> 📖 WORDS&PHRASES
> □ **offer to *do*** —— 〜しようと申し出る

(7) アンドリューは週末に祖父母を訪ねるのを楽しみにしている。なぜなら彼はいつも彼らと興味深い**議論**をするからだ。彼らはいつも歴史について話す。

> ☑ 選択肢はconsumers「消費者」, approaches「手法」, muscles「筋肉」, discussions「議論」。2文目に「彼らはいつも歴史について話す」とあるので, **4**が適切。have a discussion with 〜で「〜と議論する, 話し合う」という意味。

(8) サイモンの宿題は**尊敬する**人物について書くことだ。サイモンは大好きな野球選手について書くことに決めた。なぜなら彼はサイモンのヒーローだからだ。

> ☑ 選択肢はrespects「〜を尊敬する」, locates「〜(の場所・位置)を探し出す」, assists「〜を手伝う」, combines「〜を結びつける」。最後に「彼はサイモンのヒーローだ」とあるので, サイモンの宿題は「尊敬する人物」について書くことだと考えられる。**1**が正解。
>
> 📖 WORDS&PHRASES
> □ **decide to *do*** —— 〜することに決める

(9) デニスがおばの家に着いたとき, 彼女は戸口でハグをして彼を**出迎えた**。

> ☑ 選択肢はgreeted「〜を出迎えた」, promised「〜に約束した」, required「〜を要求した」, interviewed「〜と面接した」。「家に着いたとき」「ハグをして」から「彼を出迎えた」とすると文意が通る。**1**が適切。
>
> 📖 WORDS&PHRASES
> □ **hug** —— 抱擁, ハグ

(10) A：私が予約した席に座っていらっしゃるようですが。

B：あ！ **本当に**すみません。どこか別の座る場所を見つけます。

> ✔ 選択肢は equally「等しく，同様に」，terribly「とても，ひどく」，calmly「落ち着いて」，safely「安全に」。A は B に「私が予約した席に座っている」と言っている。terribly sorry で「非常に申し訳ない」という意味になる **2** が正解。
>
> 📖 WORDS&PHRASES
>
> □ reserve ── ～を予約する　　□ somewhere ── どこか（に）

(11) ケーシーと姉[妹]は**交替**で皿を洗う。彼は朝食後に皿を洗い，彼女は夕食後に皿を洗う。

> ✔ 選択肢は take turns「交替でする」，give applause「拍手を送る」，pass around ～「～を順に回す」，have faith「信念を持つ」。「彼（＝ケーシー）は朝食後に皿を洗い，彼女（＝姉[妹]）は夕食後に皿を洗う」とあるので，**1** が正解。take turns *doing* で「交替で～をする」という意味。

(12) アランは先週ハワイに行ったが，**仕事**で行ったためどのビーチも楽しむことができなかった。

> ✔ 選択肢は at least「少なくとも」，by heart「暗記して」，for good「永遠に」，on business「仕事で」。「ハワイに行ったのにビーチを楽しむことができなかった」理由としては，「仕事だったから」が自然。**4** が正解。

(13) 金曜日の夜の仕事のあと，ジェイソンは家で料理をしたくなかった。彼は友だちと夕飯を食べたいと思ったので，友だち3人をレストランに誘った。

> ✔ 選択肢は looked like ～「～のように見えた」，felt like ～「～したい気がした」，passed by ～「～を通り過ぎた」，ran by ～「～で走った」。空所のあとの so は「だから，それで」と〈結果〉を導く接続詞なので，その前は「友だちと夕飯を食べたいと思った」が自然である。**2** が適切。
>
> 📖 WORDS&PHRASES
>
> □ invite ── ～を招待する，誘う

(14) A：ジーナ，あなたの写真クラブのミーティングの1つに行って，どういうものか見せてもらってもいい？

B：いいよ。私たちのミーティングは毎月第1土曜日に**行われる**よ。

> ✔ 選択肢は take place「行われる」，grow up「成長する」，come true「実現する」，put off ～「～を延期する」。A は「あなたの写真クラブのミーティングに行ってもいい？」とたずねているので，「ミーティングがいつ行われるか」を教えている **1** が適切。

(15) スザンヌは大学を卒業したあとは両親に**頼ら**ないつもりだった。仕事を得たので，彼女は自力で生活していくことができた。

☑ 選択肢は lay out 〜「〜を広げる，きちんと配置する」，rely on 〜「〜を頼りにする」，turn in 〜「〜を提出する」，get over 〜「〜を乗り越える」。最後に「自力で生きていくことができた」とあるので，**2**が適切。

> 📖 WORDS&PHRASES
> □ **graduate from** 〜 ── 〜を卒業する　　□ **plan to _do_** ── 〜するつもりである
> □ **by _oneself_** ── 自力で

(16) A：あなたはクリスマスパーティーで何を着るの？
B：スノーマンの**扮装**をするつもり。お母さんが衣装を作るのを手伝ってくれるの。

☑ 選択肢は turn off 〜「（ガスなど）を止める，（明かりなど）を消す」，hold back 〜「（情報など）を隠す，〜を制止する」，dress up「扮装する」，break out「勃発する」。Aが「クリスマスパーティーで何を着るの？」と扮装についてたずねているので，応答として**3**が適切。dress up as 〜で「〜に扮装をする」という意味。

> 📖 WORDS&PHRASES
> □ **costume** ── 衣装

(17) 今日，ダンは科学の授業で発表をした。彼は研究で得たデータを使って自分の中心となる考えを**裏付けた**。

☑ 選択肢は pulled away 〜「〜を引き離した」，called out 〜「〜を叫んだ」，wished for 〜「〜を望んだ」，backed up 〜「〜を裏付けた」。空所のあとに「研究で得たデータを使って」とあるので，「裏付けた」とすると文意が通る。したがって，**4**が適切。

> 📖 WORDS&PHRASES
> □ **presentation** ── 発表　　□ **data** ── データ　　□ **research** ── 研究，調査

(18) 母親が誕生日に**くれた**おもちゃのトラックを壊したとき，マイクは泣いた。

☑ 選択肢は give のさまざまな形。マイクの母親がおもちゃのトラックを「くれた」のは，マイクがそれを「壊した」時点よりも前の出来事なので，過去完了形の**4**が適切。

> 📖 WORDS&PHRASES
> □ **toy truck** ── おもちゃのトラック

(19) ボビーはキャッチボールがしたかったので，両親と兄［弟］と姉［妹］に一緒にそれをする時間があるかと聞いた。けれども，みんなとても忙しかったので，**誰も**時間がなかった。

☑ 選択肢は nobody「誰も〜ない」，everybody「誰もが」，anybody「（否定文・疑問文で）誰か」，somebody「誰か」。空所のあとに「みんなとても忙しかったので」とあるので「誰も時間がなかった」とするのが自然。**1**が適切。

□ **play catch** ── キャッチボールをする

(20) 毎週土曜日, ベスは地元のコミュニティセンターでボランティアをしている。彼女は地域の人々のためのイベントを**手伝うこと**を楽しんでいる。

☑ 選択肢はhelpのさまざまな形。enjoyは動詞のing形（動名詞）を目的語にとるので, **3**が正解。enjoy *do*ingで「〜することを楽しむ」という意味。

■■ WORDS&PHRASES

□ **volunteer** ── ボランティア活動をする　　□ **local** ── 地域の　　□ **area** ── 地域

2

(21) A：お客さま, こちらがルームキーです。4階の403号室です。

B：どこか**飲み物を買え**る場所はありますか？

A：お部屋にある冷蔵庫の中に水があります。それからこちらのロビーにも自動販売機があります, お客さま。

B：ありがとう！

☑ 選択肢は「数時間私の荷物を置いていく」「街についてもっとわかる」「英語の新聞を買う」「何か飲み物を買う」。A（ホテルのスタッフ）が「冷蔵庫の中に水がある」「ロビーに自動販売機がある」と答えていることから, B（客）は「飲み物」についてたずねていると考えられる。したがって, **4**が正解。1, 2, 3はいずれもあとに続く会話の内容と無関係なので, 不適。

■■ WORDS&PHRASES

□ **anywhere** ── どこか　　□ **bottle** ── ボトル, びん　　□ **fridge** ── 冷蔵庫

□ **vending machine** ── 自動販売機　　□ **lobby** ── ロビー

(22) A：もう帰るの？

B：うん。**ラグビーの国際試合が見られる**ように7時30分までに家に帰りたいんだ。

A：ああ, あれは今夜だっけ？　忘れていた。

B：とても白熱した試合になるよ。世界最強の2チーム間で行われるんだ。

☑ 選択肢は「ラグビーの国際試合を見る」「妻に夕食を作る」「子どもたちに寝る前の本を読む」「風呂に入って早く寝る」。Bが最後に「白熱した試合になる」「世界最強の2チーム間で行われる」と言っていることから, **1**が適切。2, 3, 4はいずれもBの最後の発言と無関係で答えに適さない。

■■ WORDS&PHRASES

□ **so that ...** ── …するために, …するように

(23) A：こんにちは。図書館に庭に関するものはありますか？

B：はい。有名なものの写真を見たいですか？

A：いいえ。より大きな野菜を育てる方法を知りたいのです。

B：それなら，2階のE3セクションを見てみてください。

☑ 選択肢は「映画俳優に関する本」「庭に関するもの」「食料品の買い物に関するアドバイス」「絵画に関する情報」。A（図書館に来た人）は2番目の発言で「より大きな野菜を育てる方法を知りたい」と言っているので，**2**が正解。1，3，4はいずれもAの2番目の発言と無関係で答えに適さない。

📖 WORDS&PHRASES

□ **find out** 〜 ── 〜を知る，見つけ出す　　□ **grow** ── 〜を育てる

□ **section** ── 区域，セクション

(24・25)

A：ねえ，僕のスマートフォンを見なかった？　どこにも見つからないんだ。

B：いいえ，見てないわよ。電話をかけてみようか？

A：うん，頼むよ。どこにあるのか音でわかるといいのだけど。

B：わかった。今鳴っているよ。

A：聞こえるよ。食器棚の1つから音がする。

B：どうしてそんなところにあるの？

A：スーパーで買った食料品を片づけていたとき，うっかりそこに置いたにちがいない。

B：そう，見つかってよかった。

☑ (24)の選択肢は「あなたに新しいのを買ってあげる」「アラームをかける」「それに電話をかけてみる」「上の階を探す」。Aがスマートフォンを探している状況で，空所(24)のあとでBが「（スマートフォンは）今鳴っている」と言っていることから，**3**が正解。1，2，4はいずれも会話の流れに合わず答えに適さない。(25)の選択肢は「ベッドの下」「食器棚の1つ」「本棚の後ろ」「洗濯物を入れるかご」。Aは「食料品を片づけていたときうっかり置いたにちがいない」と言っているので，「食料品」と関係がある場所の**2**が適切。

📖 WORDS&PHRASES

□ **anywhere** ── （否定文で）どこにも　　□ **hopefully** ── できれば

□ **by accident** ── 偶然に，うっかり　　□ **put away** 〜 ── 〜を片づける

3

[A]

1 サリーは約1年間ピアノのレッスンを受けてきた。彼女がピアノを始めたのは，おじのケビンの家を訪ねたとき，彼がピアノを弾くのを聞いたからだった。彼女は彼の音楽がすばらしいと思った。サリーは一生懸命練習を続け，覚えるのも早かった。先生は，ピアノ教室の生徒たちのためのコンサートがあり，サリーも参加すべきだと彼女に言った。でも，サリーは**とても不安だった**。人前で演奏するのは怖いだろうと思っていた。けれども，先生はいい経験になるだろうと言った。

2 コンサートでは，聴衆の中にサリーの両親とケビンおじさんがいた。サリーは演奏するときになって，とても不安になった。先生は，リラックスして，**ほかの人たちを幸せにする**機会を楽しむよう彼女に言った。サリーは全力を尽くした。彼女が弾き終えると，聴衆はみんな笑顔を浮かべ，拍手をし，喝采した。そのおかげでサリーはとても特別な気持ちになり，先生が正しかったことを知った。

WORDS&PHRASES

□ **quickly** ── 早く	□ **take part** ── 参加する	□ **perform** ── 演奏する
□ **in public** ── 人前で	□ **scary** ── 怖い	□ **audience** ── 聴衆 □ **relax** ── リラックスする
□ **clap** ── 拍手をする	□ **cheer** ── 喝采する，声援を送る	

意味と解説

(26) 選択肢は「何も見えなかった」「両親にたずねなければならなかった」「あまりお金がなかった」「とても不安だった」。空所の直後に「人前で演奏するのは怖いだろうと思っていた」とあるので，「不安」と述べている **4** が適切。

(27) 選択肢は「外国を訪れる」「ほかの人たちを幸せにする」「有名なピアニストの演奏を聴く」「病気の子どもたちを助ける」。空所の2文あとに「聴衆はみんな笑顔を浮かべ，拍手をし，喝采した」とあるので，**2** が適切。

[B]

1 空を飛ぶことができる車は多くのSF小説に登場してきた。100年以上にわたって，人々は現実の空飛ぶ車を作り上げようとしている。成功した者もいるが，彼らの空飛ぶ車は決して大量生産されなかった。これらの車はたいてい価格が高すぎて人々は買うことができなかったのだ。けれども，ヨーロッパの国，スロバキアのとある企業は，同社の空

飛ぶ車はもっと安い価格で作ることができると考えている。その結果として，空を飛んでいる車を見るのはまもなく一般的なことになるかもしれない。

② その企業のオーナーであるステフェン・クラインは，空飛ぶ車を開発しようとおよそ30年を費やしてきた。2021年6月，クラインの車は初の飛行をした。ニトラにある空港からブラチスラヴァの空港までおよそ90キロを飛行するのに，35分かかった。着陸後，空飛ぶ車の翼は3分以内に折りたたまれ，クラインはその車を市の中心まで運転した。車は今では200回以上飛ばされて，スロバキア政府は人々がそれを空の旅に利用するのを許可すると決めた。

③ クラインは，自分の会社は多くの空飛ぶ車を売ることができるだろうと考えている。それでも，彼はまだいくつかの課題に直面している。まず，彼の空飛ぶ車は飛行場でしか発着できない。それに，ガソリンを使うので，環境によくないと言う人たちもいる。そのうえ，空飛ぶ車を使いたいなら，パイロット免許が必要だ。けれども，クラインは近いうちにこれらの問題を解決することができるだろうと考えている。

WORDS&PHRASES

□ **appear** ── 登場する　　□ **science-fiction** ── 空想科学小説，SF　　□ **real** ── 現実の

□ **succeed** ── 成功する　　□ **produce** ── ～を生産する　　□ **in large numbers** ── 大量に

□ **company** ── 会社，企業　　□ **Slovakia** ── スロバキア　　□ **as a result** ── その結果（として）

□ **common** ── 普通の　　□ **owner** ── オーナー　　□ **spend** ── ～を費やす

□ **develop** ── ～を開発する　　□ **land** ── 着陸する　　□ **wing** ── 翼，羽根

□ **fold up ～** ── ～をたたむ　　□ **challenge** ── 課題，難題　　□ **license** ── 免許

□ **solve** ── ～を解決する

意味と解説

(28) 選択肢は「もっと安い価格で」「もっと短時間で」「再生紙から」「新しい種類のロボットによって」。空所を含む文の前に「価格が高すぎて人々は買うことができなかった」とあり，次に However と続いているので，逆の意味になる「もっと安い価格で作ることができる」とするのが自然である。よって，**1** が適切。

(29) 選択肢は「売り出された」「トラックに衝突された」「初めての旅をした」「有名なレースで勝った」。次の文で所要時間と距離を説明しているので，**3** が正解。第2段落最終文に，空飛ぶ車は「今では200回以上飛ばされた」とあることもヒントになる。

(30) 選択肢は「たとえそうであっても」「それゆえに」「さらに」「例えば」。第3段落第2文に「彼はまだいくつかの課題に直面している」とあり，そのあと First「まず」，Also「それに」と続いて，空所のあとでは別の問題が述べられているので，さらに追加の働きをする **3** が適切。

4

[A]

本文の意味

差出人：ラルフ・パーカー <ralph_parker@epostal.com>
宛先：ゲイリー・ジョーンズ <gazjones_101@mymessage.com>
日付：6月4日
件名：いとこたち

こんにちは, ゲイリー

① 君とご家族が新しい家に引っ越してから，会う機会がないね。新しい学校は楽しい？ 君の引っ越し先の近くに大きな公園があるよね。街のそちら側にあるショッピングモールに行ったあと，お母さんとお父さんが一度そこに連れて行ってくれたんだ。(31) 僕は本当にそこのバスケットボールのコートを試してみたかったけど, ボールを持っていなかった。君はもうそこで（バスケットボールを）したかい？

② (32) ところで, シアトルから来た僕のいとこたちを覚えている？ 去年の夏に彼らが来たとき，彼らと楽しく過ごしたね。彼らは今月の終わりにまた泊まりに来る予定なんだ。彼らがここにいる間に君も来ないかい？ 彼らとバスケットボールの試合ができるかもしれない。僕は新しいボードゲームも買ったから, それをして最高の時間を過ごせると思うよ。

③ いとこたちは6月21日から29日まで滞在する予定だよ。彼らは街にいるほかの親戚も訪ねる予定だから，かなり忙しいよ。君が来られる日を2, 3日教えてくれる？ (33) もし君のお母さんかお父さんがここまで君を連れて来られるなら，僕のお父さんが夕方に君を家まで送ると言っているよ。ご両親に話して, 僕に知らせて。

君の友だち,

ラルフ

📕 WORDS&PHRASES

□ cousin ── いとこ   □ mall ── ショッピングモール   □ by the way ── ところで

□ Seattle ── シアトル   □ have fun ── 楽しむ   □ at the end of 〜 ── 〜の終わりに

□ come over ── 訪ねて来る，会いに来る   □ board game ── ボードゲーム

□ relative ── 親戚   □ a couple of 〜 ── 2, 3の〜   □ take A home ── Aを家まで送る

意味と解説

(31) ラルフがゲイリーにたずねていることの1つは何か？

    1 ゲイリーが彼の地元の公園にあるバスケットボールのコートを試したかどうか。

    2 ゲイリーがショッピングモールに行ったときに新しいバスケットボールを買ったかどうか。

3　ゲイリーの新しい学校が新居に近いかどうか。

4　ゲイリーの両親が新しい家に引っ越すつもりかどうか。

☑　「ラルフがゲイリーにたずねていること」を本文から探すと，第1段落の第2文と第6文が疑問文だとわかる。そのうち，選択肢に合うのは第6文の「君はもうそこ（＝ゲイリーの家の近くの公園にあるバスケットボールのコート）で（バスケットボールを）したかい？」で，**1**が正解。2，3，4についてはたずねていない。

(32) ラルフはシアトルのいとこが…と言っている。

1　6月にバスケットボールの大会に出る

2　すばらしい新しいボードゲームについて彼に話した

3　ゲイリーが自分たちを思い出せるかどうか知りたがっている

4　去年，彼の一家のところに泊まりに来た

☑　英文にある cousins from Seattle は，第2段落第1文に登場している。続く第2，3文でラルフが「去年の夏に彼ら（＝いとこ）が来たとき，彼らと楽しく過ごした。今月の終わりにまた彼らが泊まりに来る」と言っていることから，**4**が適切だとわかる。1，2，3のような内容は本文にない。

(33) ラルフのお父さんは何をすると言っているか？

1　ゲイリーの両親と話す。

2　ラルフに来るのに一番都合のいい日を教える。

3　ゲイリーを家まで送る。

4　街にいるラルフの親戚を訪ねる。

☑　ラルフのお父さんが本文中に出てくるのは My dad で始まる第3段落第4文。「僕のお父さんが夕方に君を家まで送ると言っている」と書かれているので，**3**が正解。

[B]

本文の意味　ゲームセンター

1 最初のコンピューター・ゲームは，今日人々がやっているものとは全く異なるものだった。1950年代にコンピューター・ゲームが現れたとき，コンピューターは大型で高価だった。それらは大学や大企業でしか見られなかった。(34)コンピューターは重大な問題を解決するために発明されたが，ゲームの制作はコンピューター・プログラミングを学ぶのによい方法である。加えて，新しいゲームを発案する過程は，コンピューター技術にとって多くの重要な発見につながってきた。

2 1970年代初頭，コンピューターはまだ高価すぎてほとんどの人々は持つことがで

きなかった。ところが，(35) 米国の大学の学生たちによって，数多くの楽しいゲームが開発された。その中には自分たちのゲームで金儲けをしたいと考えた学生たちがいた。彼らは大きな木箱の中にコンピューターを組み込んだ。それから，彼らはその箱をバーやカフェのような場所に置いた。客たちはこの箱の特別な穴にお金を入れることで，ゲームをすることができた。

③ これらのコンピューター・ゲームは大成功を収めた。それらはますます多く制作された。最も人気だったゲームの1つが『スペースインベーダー』だった。このゲームでは，プレイヤーは自分たちを襲ってくる宇宙の怪物を撃とうとした。1970 年代には，「ゲームセンター」が姿を見せ始めた。これらはたくさんのコンピューター・ゲーム機がある場所だった。1970 年代と 1980 年代の間，(36) ゲームセンターは若者たちが友だちに会ったり，新しい友だちを作ったりするための重要な場所になった。

④ 同時に，企業は安価な家庭用コンピューターを開発していた。これらの機器を持っている人たちはゲームセンターに行く必要がなかった。彼らはゲームをしたいと思うたびにお金を払う必要がなかった。ほかの人がゲームをし終わるのを待つ必要もなかった。(37) ゲームセンターのオーナーは，家庭用コンピューターにはない技術を使ったゲームを導入しようとした。ところが，家庭用コンピューターの製作者たちは，自分たちのゲームをより魅力的にする方法を見つけることができた。今では，多くのゲームセンターは閉店した。

WORDS&PHRASES

□ arcade — アーケード　　□ appear — 現れる　　□ company — 会社，企業

□ serious — 重大な　　□ programming — プログラミング　　□ in addition — 加えて

□ process — 過程　　□ invent — 〜を発案［発明］する

□ lead to 〜 — 〜につながる（led は lead の過去形・過去分詞形）

□ technology — テクノロジー，技術　　□ fun — 楽しい　　□ develop — 〜を開発する

□ make money — 金を儲ける　　□ success — 成功

□ more and more of 〜 — ますます多くの〜　　□ shoot — 〜を撃つ

□ attack — 〜を攻撃する　　□ at the same time — 同時に　　□ cheap — 安価な

□ introduce — 〜を導入する　　□ maker — 製作者　　□ attractive — 魅力的な

意味と解説

(34) コンピューター・ゲームは…ために利用することができる。

　　1　新入社員が大企業に入ったときに彼らの研修をする

　　2　人々がコンピューターソフトの作り方を理解するのを助ける

　　3　世界中の重大問題を解決する

　　4　大学が金銭を節約する方法を見つける

▶　第1段落第4文の後半に「ゲームの制作はコンピューター・プログラミング

を学ぶのによい方法である」とある。「コンピューター・プログラミングを学ぶ」のは，すなわち「コンピューターソフトの作り方を理解する」ことなので，**2**が適切。第4文前半に「コンピューターは重大な問題を解決するために発明された」とあるが，「コンピューター・ゲームが世界中の重大な問題を解決する」わけではないので，3は答えに適さない。1, 4のような内容は本文にない。

(35) なぜ一部の学生たちはバーやカフェのような場所にコンピューターを置いたのか？
　1　人々がコンピューターにどれほど金を払うのかを見出すため。
　2　なぜコンピューター・ゲームにこれほど人気が出たのかを調べるため。
　3　客がどんな食べ物や飲み物を買うのかを知るため。
　4　自分たちが作ったゲームで金を得るため。

- -

☑ 　質問文にある bars and cafés は第2段落第5文「それから，彼らはその箱をバーやカフェのような場所に置いた」で登場している。「その箱」とは，前文 They built computers inside large wooden boxes. の large wooden boxes のことを指している。さらにその前文に「自分たちのゲームで金儲けをしたいと考えた学生たちがいた」とある。したがって，**4**が正解。1, 2, 3のような内容は本文にない。

(36) 「ゲームセンター」に多くの若者たちが行った1つの理由は…だった。
　1　知らない人と知り合いになることができること
　2　宇宙の怪物が襲ってくるかもしれないと思ったこと
　3　自分たちが作ったゲームを人に見せるため
　4　コンピューター・ゲーム機を作る仕事を得るため

- -

☑ 　質問文にある video game arcades はこの文章のタイトルであり，本文中では第3段落第5文に登場する。同文以降で video game arcades について説明されている。同段落最終文に「ゲームセンターは若者たちが友だちに会ったり，新しい友だちを作ったりするための重要な場所になった」とあるので，**1**が正解。2, 3, 4のようなことは本文に書かれていない。

(37) オーナーたちはどうやってより多くの人々をゲームセンターに来させようとしたか？
　1　人々がお金を払わずに遊べるゲームを導入することによって。
　2　得意客に家庭用コンピューターを値引きすることによって。
　3　ゲームをするのを待つ間に人々ができることを加えることによって。
　4　家庭にはなかったコンピューター技術を取り入れることによって。

- -

☑ 　質問文にある owners とは第4段落第5文にある Video game arcade owners のこと。同文に「オーナーは家庭用コンピューターにはない技術を使ったゲームを導入しようとした」とあるので，**4**が正解。1, 2, 3のような内容は本文にない。

ライティング　意味と解答例

5

問題の意味

質問

病院は週末に開いているべきだと思いますか？

解答例1

I think hospitals should be open on weekends.　First, some people become ill even on weekends.　If hospitals are not open on weekends, they must wait to see a doctor. Second, some people can't easily go to the hospital on weekdays, but if hospitals were open on weekends, they could go without taking a day off from work.（58語）

解答例1の意味

私は，病院は週末に開いているべきだと思います。第一に，週末でも病気になる人はいます。週末に病院が開いていないと，彼らは医師の診察を受けるのを待たなければなりません。第二に，平日に簡単には病院に行けない人たちがいますが，もし週末に病院が開いていれば，彼らは仕事を休まずに行くことができるでしょう。

☑　最初に，質問に対して自分が賛成なのか反対なのかを述べる。この解答例では「病院は週末に開いているべきだ」という意見に賛成の立場を取り，その理由を2つ挙げている。理由を複数挙げるときは，First, ...「第一に，はじめに」，Second, ...「第二に，次に」などとすると，読む側が論理の順を追いやすい。ここでは1つ目の理由を，「週末に病院が開いていない」場合，週末に病気になった人が「医師の診察を受けるのを待たなければならない」と述べている。see a doctor で「医師の診察を受ける」という意味。2つ目の理由は，「平日に簡単には病院に行けない人たち」を取り上げ，「週末に病院が開いていれば」そういう人たちが「休みを取らずに病院に行くことができる」と述べている。take a day off で「休みを（1日）取る」，without *doing* で「～することなく」という意味。この意見に賛成するそのほかの理由としては，「週明けの日に病院は混む（Hospitals are crowded on the day after a weekend.）」，「病院で働く人たちが平日に休みを取りやすい（It is easy for workers at hospitals to take a day off on weekdays.）」などが考えられる。

解答例2

I don't think hospitals should be open on weekends. First, doctors and nurses need time to rest. They should be healthy in mind and body to take good care of their patients. Second, there is an emergency medical center in each area that can accept patients on weekends and holidays, so hospitals should not have to remain open. (58 語)

解答例2の意味

私は，病院は週末に開いているべきだとは思いません。第一に，病院の医師と看護師には休む時間が必要です。患者を大事に扱うために彼らは心も身体も健康でなければなりません。第二に，各地域には週末や休日に患者を受け入れることができる緊急医療センターがあるので，病院がずっと開いている必要はありません。

この解答例では，「病院は週末に開いているべきだ」に反対の立場を取り，理由を2つ挙げている。1つ目の理由は，「病院の医師と看護師には休む時間が必要だ」とし，「患者を大事に扱うために心も身体も健康でなければならない」と述べている。take good care of 〜で「〜の世話をきちんとする」，*be* healthy in mind and body で「心も体も健康である」という意味。2つ目の理由は，「週末や休日に患者を受け入れる緊急医療センター」があることに触れ，「病院がずっと開いている必要はない」と述べている。an emergency medical center で「緊急医療センター」の意味。「病院は週末に開いているべきだ」という意見に反対する理由としては，ほかに「医師や看護師が週末に家族と時間を過ごせるようにするべきだ（Doctors and nurses should be able to spend time with their family members on weekends.）」などが考えられる。

リスニングテスト

第1部

No. 1

A：Welcome to HomeWorld. Can I help you?

B：Hello. I have a fence around my garden that I'd like to paint.

A：Let me show you where our paints are. What color do you need?

1　It's made out of wood.

2　I really love gardening.

3　I want something bright.

- -

A：ホームワールドにようこそ。何かお探しですか?

B：こんにちは。ペンキを塗りたい庭の周囲の柵があるのですが。

A：ペンキがある場所をご案内します。何色をお求めですか?

1　それは木製です。

2　私はガーデニングが大好きです。

3　明るい色がいいです。

■　店員 (A) とペンキを買いに来た客 (B) の会話。A は「何色をお求めですか?」とたずねているのだから,「明るい色がいい」と答えている **3** が適切。

No. 2

A：Baseball again? Can't we watch something else on TV tonight?

B：But it's a big game. The Tigers are playing the Giants.

A：Honey, you know I don't like watching sports.

1　Sure. I'll tell you when the game starts.

2　OK. I'll watch it on the TV in the kitchen.

3　Well, I'm really happy the Tigers won.

- -

A：また野球?　今夜は何か別のテレビ番組を見られない?

B：でも,これは大事な試合なんだ。タイガースがジャイアンツと対戦している。

A：ねえ,あなた,私がスポーツ観戦を好きではないことを知っているでしょう。

1　もちろんだ。ゲームが始まったら教えるよ。

2　わかった。台所のテレビで見るよ。

3　ああ,タイガースが勝って本当にうれしい。

- -

■　テレビの番組についての会話。女性 (A) は野球を見ている男性 (B) に「何か別のテレビ番組を見られない?」「私がスポーツ観戦を好きではないことを知っているでしょう」と言っているので,**2** が適切。

No. 3

A：Hi, Jessica. I just made some cookies. You should come over and try some.

B：I can't right now, but maybe this afternoon after my soccer game.

A：OK, great. I'll save some for you.

1　Well, thanks for helping me with my project.

2　Thanks! I can't wait to try them.

3　Of course. I hope your team wins the game.

A：やあ，ジェシカ。クッキーを作ったところなんだ。ちょっと食べに来てよ。

B：今すぐには行けないけど，今日の午後，サッカーの試合のあとなら行けるかもしれない。

A：わかった，いいね。君の分を少し残しておくよ。

1　ええと，課題を手伝ってくれてありがとう。

2　ありがとう！　食べるのが待ちきれないわ。

3　もちろん。あなたのチームが試合に勝つといいね。

クッキーを作った男性（A）と女性（B）の会話。「食べに来て」と言われたBは「すぐには行けないけどサッカーの試合のあとなら行けるかもしれない」と言っているので，**2** が正解。

No. 4

A：Did you meet the new science teacher yet?

B：Yes, I met her yesterday. David and I are taking her chemistry class.

A：Really? What kind of person is she?

1　Well, I don't really like science.

2　Well, her name is Ms. Donaldson.

3　Well, she's very friendly.

A：新しい科学の先生にもう会った？

B：ああ，昨日会ったよ。デイビッドと僕は先生の化学の授業を受けているんだ。

A：本当に？　彼女はどんな人？

1　うーん，科学はあまり好きじゃないんだ。

2　ええと，彼女の名前はドナルドソン先生だ。

3　ええと，彼女はとても気さくだ。

新しい科学の先生についての会話。Aは「どんな人?」とたずねているので，**3** が適切。名前を聞かれているわけではないので，2 は答えに適さない。

No. 5

A：Welcome to Freeman's Department Store. Can I help you?

B：Yes. I would like to buy my wife some jewelry for our anniversary.

A：Well, the jewelry department is next to the women's clothing department.

1　Great. I hope to find a new bracelet for her.

2　You're welcome. I hope she likes the ring.

3　Thank you. She already has enough necklaces.

A：フリーマンズデパートにようこそ。何かお探しですか？

B：ええ。記念日に妻に何かジュエリーを買いたいのですが。

A：そうですか，ジュエリー売り場は婦人服の売り場の隣です。

1　わかりました。彼女への新しいブレスレットが見つかるといいのですが。

2　どういたしまして。彼女がその指輪を気に入るといいのですが。

3　ありがとう。彼女はもう十分なネックレスを持っています。

📝　デパートの店員（A）と客（B）との会話。Bは「妻に何かジュエリーを買いたい」と言っているので，**1**が適切。今から買おうとしているのだから，2, 3は答えに適さない。

No. 6

🔊　A：Are you going somewhere, Ben? What is that map for?

B：Well, I'm thinking about traveling around Asia this summer.

A：Wow, exciting! What countries will you go to?

1　I went to China last year.

2　I haven't decided yet.

3　I'll be there for one month.

A：ベン，どこかに行くの？　その地図は何？

B：ああ，この夏アジアをあちこち旅行しようと思っているんだ。

A：わあ，面白そうね！　どこの国に行くの？

1　去年中国に行った。

2　まだ決めていない。

3　1か月そこにいるつもりだよ。

📝　2人はこの夏にベン（B）が計画しているアジア旅行について話している。Aは「どこの国に行くの？」とたずねているので，**2**が答えとして適切。1は過去の文なので答えに適さない。

No. 7

🔊　A：Hello, Mr. Davis. I understand you called us about receiving your *Adventure Magazine*.

B：Yes. I would like to stop receiving it.

A：Well, I can help with that. Are you sure you'd like to cancel?

1　Yes. I'm trying to save some money.

2　OK. Let me know if you need my help.

3　You're right. I don't like the outdoors, either.

- -

A：こんにちは，デイビスさん。『アドベンチャー・マガジン』の受け取りについてお電話いただいたそうですね。

B：ええ，受け取りを停止したいと思います。

A：それでは，私が承ります。解約されたいということでよろしいですか？

1　はい。お金を節約しようとしていまして。

2　わかりました。手助けが必要なら教えてください。

3　その通りです。私もアウトドアは好きではありません。

- -

☑　雑誌の購読者（B）と販売元の担当者（A）の会話。Bは最初に「（雑誌の）受け取りを停止したい」と言っているので，「お金を節約しようとしていて」と続けるのが自然である。**1**が適切。3のI don't like the outdoors, either. は前の否定文に対してnot ... either「〜も…ない」という文。前に否定文がないのでここでは使えない。

No. 8

A：Hi, Ms. Horner. Do you have a few minutes to talk?

B：Sure, Eric. Is this about your grade in French class?

A：Yes. I want to get better scores on my tests.

1　I know. I need to find a study group to join, too.

2　Yeah. We will begin learning that next month.

3　Well, try doing the practice exercises in the textbook.

- -

A：こんにちは，ホーナー先生。少しお話しできますか？

B：いいですよ，エリック。フランス語の授業の成績のことですか？

A：そうです。テストでもっとよい点数を取りたいのです。

1　わかっています。私も参加できる勉強グループを見つける必要があります。

2　はい。私たちは来月その勉強を始める予定です。

3　では，教科書の練習問題をやってみてください。

- -

☑　生徒（A）と先生（B）の会話。Aは「テストでもっとよい点数を取りたい」と言っているので，**3**が正しい。

No. 9

A：Excuse me. Do you know where the nearest bus station is?

B：There's one right around the corner. I can show you.

A：You don't need to do that for me!

1　It's OK. I'm going that way anyway.

2　Sorry. The station is closed today.

3　All right. You can pay me later.

- -

A：すみません。一番近いバスターミナルはどこか知っていますか？

B：角を曲がったところにあります。案内しましょう。

A：私のためにそんな必要はありません！

1　大丈夫です。いずれにせよ私もそちらの方に行きます。

2　すみません。今日ターミナルは閉まっています。

3　わかりました。あとで支払ってください。

📝　AはBに道をたずねている。Aは「そんな（＝案内してもらう）必要はありません」
と言っているので，Bが「大丈夫です。私もそちらの方に行きます」と続ける **1** が適
切。

No. 10

🔊　A：Wow! That smells good. What are you cooking, honey?

B：I'm making a new recipe. I think I put in too much salt, though. Here, try some.

A：It's delicious. What's in the sauce?

1　There are leftovers in the refrigerator.

2　It's an easy recipe to make.

3　White wine and garlic.

A：わあ！　いい匂いだ。ねえ，何を作っているの？

B：新しいレシピを作っているの。でも，塩を入れすぎたみたい。はい，ちょっと味見して。

A：おいしいよ。ソースに何が入っているの？

1　冷蔵庫に残り物があるよ。

2　簡単に作れるレシピだよ。

3　白ワインとニンニクだよ。

📝　2人は新しいレシピで作った料理について話している。Aは「ソースに何が入ってい
るの?」と聞いているのだから，材料を答えている **3** が適切。

第2部

No. 11

🔊　A：Excuse me. Can I borrow these magazines?

B：No, sir. Only books can be taken out of the library.

A：I see. Does this library have a copy machine? <u>I'd like to make copies of some
articles.</u>

B：Yes, we do. It's in the newspaper section.

> Question　What does the man want to do?

A：すみません。これらの雑誌は借りられますか？

B：いいえ。図書館から持ち出しができるのは書籍だけです。

A：わかりました。この図書館にはコピー機がありますか？ <u>記事をいくつかコピーした</u>
<u>いのです。</u>

B：はい，あります。新聞のコーナーにありますよ。

❷ 男性は何をしたいのか？

1　新聞を読む。

2　本を借りる。

3　雑誌の記事をコピーする。

4　コピー機を修理する。

📝　図書館に来ている男性（A）と図書館の職員（B）の会話。Aは2番目の発言で「記事をいくつかコピーしたい」と言っているので，**3** が適切。

No. 12

🔊 A：Honey, <u>your mother called again</u>. She wants to know if we are coming to the
barbecue this weekend or not.

B：OK. I'll give her a call right after dinner.

A：It sounded like she really wanted us to come this weekend.

B：Yeah, <u>I think we should probably go</u>, especially since you have a business trip
next weekend.

> Question　What will the couple probably do this weekend?

A：あなた，あなたのお母さんからまた電話があったわ。今週末のバーベキューに私た
ちが来るかどうか知りたいって。

B：わかった。夕食のあとすぐに電話しよう。

A：今週末は本当に私たちに来てほしいみたいだったわよ。

B：ああ，行ったほうがいいだろうね，特に来週末は君の出張があるから。

❷ 今週末におそらく夫婦は何をするだろうか？

1　休暇を取って海外に行く。

2　出張に行く。

3　男性のお母さんを訪ねる。

4　バーベキューを中止する。

📝　夫婦は今週末のバーベキューについて会話している。男性（B）が最後に「行った
ほうがいいだろうね」と言っているので，2人は今週末，男性のお母さんのところでの
バーベキューに行くと考えられる。**3** が適切。

No. 13

🔊 A：Excuse me. I'm looking for a sweater to wear with this light-blue skirt.

B：We have a few that should match right over here.

A：Hmm. Do you have any sweaters made of wool?

B：I'm sorry, but I'm afraid we're sold out of those. We have these cotton ones, however.

Question Why does the man say sorry to the woman?

A：すみません。このライトブルーのスカートと一緒に着るセーターを探しているのですが。

B：ちょうどこちらによく合いそうなものが何枚かありますよ。

A：うーん。ウールのセーターはありますか?

B：申し訳ありませんが，残念ながらそれらは売り切れました。でも，これらの綿のセーターならありますよ。

❓ **なぜ男性は女性に詫びているのか?**

1 その店はすぐにバーゲンセールをする予定だ。

2 その店は数分後に閉店する予定だ。

3 その店にはウールのセーターがない。

4 その店にはライトブルーのスカートがない。

📝 女性客 (A) と男性の店員 (B) の会話。B は 2 度目の発言で I'm sorry と言ったあと，「(ウールのセーターは) 売り切れました」と答えている。よって，**3** が正解。

No. 14

A：Cindy, when you go to the supermarket, could you get some eggs? I need them to bake a cake.

B：No problem, Dad. I'm leaving now. Do you need anything else?

A：Hmm. Could you get some milk, too? By the way, the car key is on the table by the door.

B：OK, thanks. I'll be back in about 30 minutes.

Question What is the man planning to do?

A：シンディ，スーパーに行くときに卵を買ってきてくれないか? ケーキを焼くのにそれらが必要でね。

B：いいよ，お父さん。今から行くところなの。ほかに何かいる?

A：うーん。牛乳も買ってきてくれるかい? ところで，車のキーはドアのそばのテーブルの上にあるよ。

B：わかった，ありがとう。30分くらいで戻ってくるわ。

❓ **男性は何をするつもりか?**

1 ドライブをする。

2 ケーキを焼く。

3 スーパーに行く。

4 車のキーを探す。

お父さん（A）と娘（B）のシンディの会話。A は最初の発言で「ケーキを焼くのにそれら（＝卵）がいる」と言っているので，**2** が正しい。スーパーに行くのはシンディなので，**3** は答えに適さない。

No.15

A : Thank you for calling Bob's Repair Company. How can I help you?

B : I need to get my garage door repaired. It stopped working the other day.

A : Well, we can send someone to take a look at it on Monday morning. Is that OK?

B : Yes. I'll be home then. Thanks!

Question   Why did the man call the woman?

A : ボブズ・リペア・カンパニーにお電話ありがとうございます。どうされましたか？

B : ガレージのドアを修理する必要があるのです。先日動かなくなってしまって。

A : では，月曜日の朝に誰か行かせて調べましょう。それで大丈夫ですか？

B : はい。そのころ家にいます。ありがとう！

❓ **男性はなぜ女性に電話をしたのか？**

1　ガレージのドアが壊れた。

2　ガレージのドアはペンキを塗る必要があった。

3　彼は彼女のドアを修理したかった。

4　彼は約束をキャンセルしなければならなかった。

修理会社の女性（A）と客の男性（B）が電話で話している。B は最初の発言で「（ガレージのドアが）先日動かなくなった」と言っているので，**1** が正解。

No.16

A : Hello, George. Are you ready for your trip?

B : Yes, Brittany. I have my new guidebook, my suitcase is packed, and I just bought my plane ticket online.

A : How about your hotel reservation?

B : Oh no! I guess I did forget something. I'll make it now.

Question   How did the woman help the man?

A : こんにちは，ジョージ。旅行の準備はできた？

B : できたよ，ブリタニー。新しいガイドブックはあるし，スーツケースは詰めたし，オンラインで航空券を買ったところだ。

A : ホテルの予約はどう？

B : しまった！　何か忘れた気がしていた。今やるよ。

❓ **女性はどんなふうに男性を助けたか？**

1　彼女は彼に新しいガイドブックをあげた。

2　彼女はオンラインで彼の航空券を買った。

3 彼女は彼の旅行のために彼のスーツケースを詰めた。

4 彼女は彼に何かをすることを思い出させた。

📝 2人は男性（B）の旅行の準備について話している。女性（A）が2番目の発言で「ホテルの予約はどう？」とたずねると，Bは「しまった！ 何か忘れた気がしていた。今やる」と言っているので，女性は男性にホテルの予約を思い出させたとわかる。したがって，4が正解。

No. 17

A：Hey, Jiro. What time is your baseball practice today?

B：Oh, hi, Amanda. It starts at two, and then we have a game at five.

A：Do you mind if I come and watch your game?

B：No, not at all. I'd be happy if you came.

Question What does Amanda want to do?

A：ねえ，ジロー。今日のあなたの野球の練習は何時？

B：ああ，やあ，アマンダ。練習は2時に始まって，それから5時に試合がある。

A：あなたの試合を見に行ってもいい？

B：うん，いいよ。来てくれたらうれしいよ。

❓ アマンダは何をしたいのか？

1 ジローと一緒にテレビで試合を見る。

2 ジローと野球をする。

3 ジローの家に行く。

4 ジローの試合を見る。

📝 アマンダ（A）とジロー（B）は今日の野球の試合について話している。アマンダが2番目の発言で「あなたの試合を見に行ってもいい？」と聞いているので4が正しい。Do you mind if ...? は「…してもいいですか［構いませんか］」という意味で，「いいですよ」と答えるときはNoを用い，「だめです［嫌です］」と答えるときはYesを用いる。

No. 18

A：How can I help you today, ma'am?

B：I'm interested in this computer keyboard, but I'd like one in red. Do you have any?

A：I'm sorry, but we only have black or gray ones at this store.

B：Oh, that's too bad. I really want to get a red one.

Question Why is the woman disappointed?

A：お客さま，何かお探しでしょうか？

B：このコンピューターのキーボードに興味があるのですが，赤いのがいいのです。お店にありますか？

A：申し訳ありませんが，当店には黒か灰色のものしかありません。

B：ああ，残念。本当に赤いのが欲しいのに。

❓ 女性はなぜがっかりしているのか？

1　彼女は閉店時間のあとに店に行った。

2　彼女はコンピューターのキーボードを壊した。

3　その店には赤いキーボードがない。

4　その店はコンピューターを売っていない。

📝　店員（A）と女性客（B）の会話。B が最初に「赤いキーボードが欲しい」と言った
のに対して，A は「当店には黒か灰色のものしかありません」と答えている。したがっ
て，**3** が正解。

No.19

🔊　A：Hello.

B：Jimmy, the New Orleans Jazz Superstars are playing downtown tonight.

A：Tonight? I love that band! Their concerts are so much fun.

B：I know. The concert starts at 7 p.m. Do you think you can get off work early
enough to go?

A：Yeah! My business meeting just got moved to next week.

　Question　What will the man and woman probably do tonight?

A：もしもし。

B：ジミー，今晩ニューオーリンズ・ジャズスーパースターズが繁華街で演奏するのよ。

A：今晩？　僕はあのバンドが大好きだ！　彼らのコンサートはとても楽しい。

B：知っているわ。コンサートは午後 7 時に始まるの。それに行けるくらい早く仕事を終
わらせられそう？

A：うん！　仕事の打ち合わせがちょうど来週に変更になったところだ。

❓ 男性と女性は今晩おそらく何をするか？

1　音楽のコンサートに行く。

2　仕事の会議をする。

3　違う町を訪れる。

4　一緒に音楽を演奏する。

📝　2 人は今晩のコンサートについて話している。女性（B）が 2 番目の発言で（「（コンサー
トに行くため）早く仕事を終わらせられそう？」とたずねると，男性（A）は「うん！
仕事の打ち合わせがちょうど来週に変更になった」と答えているので，2 人でコンサー
トに行くと考えるのが自然である。**1** が適切。

No.20

🔊　A：Where did you go last Sunday, Sam?

B：My brother and I went hiking on Tucker Mountain. But the weather was terrible.

It was really cold and rainy all day.

A：You should have checked the weather report.

B：You're right. Next time, I'll make sure to check before I go.

Question What was the boy's mistake?

- -

A：先週の日曜日はどこに行ったの，サム？

B：兄［弟］と僕はタッカー山にハイキングに行ったよ。でも，天気は最悪だった。一日中とても寒くて雨が降っていたよ。

A：天気予報を調べておくべきだったわね。

B：その通りだ。次は行く前にちゃんと調べよう。

❓ **男の子の間違いは何だったか？**

1　ハイキング用の長靴を持っていかなかった。

2　天気予報を調べなかった。

3　違う山に行った。

4　兄［弟］のレインコートをなくした。

- -

📝 女の子（A）と男の子（B）は日曜日に男の子がハイキングに行ったことについて話している。Aが2番目の発言で「天気予報を調べておくべきだった」と言っていることから，**2** が正しい。

第3部

No.21

🔊 　　When Kyle arrived at the park for his camping trip, the park ranger told him to watch out for bears. Bears sometimes came looking for food, so he told Kyle to keep the area clean. He said that if people left food near their tents, the bears would come close to the camping site.

Question What did the park ranger tell Kyle to do?

- -

　カイルがキャンプ旅行で公園に到着したとき，公園管理官はクマに気をつけるように彼に言った。クマは時々食べ物を探しに来ていたので，付近を片付けておくようにと彼はカイルに話した。人がテントの近くに食べ物を残していくと，クマがキャンプ場の近くに来るのだと彼は言った。

❓ **公園管理官はカイルにどうするように言ったのか？**

1　食べ物をクマに近づけないように。

2　公園のカフェで食べ物を買うように。

3　クマの写真を撮るように。

4　公園を立ち去る前に彼に電話するように。

📷 公園管理官はカイルに，中盤で「付近を片付けておくように」，終盤で「テントの近くに食べ物を残していくとクマがキャンプ場の近くに来る」と言っているので，1 が正しい。

No. 22

🔊 Hannah likes to take all kinds of lessons after work.　She has just finished a computer programming course.　This summer, she wants to start taking piano lessons, so she is going to cancel all her other lessons, such as swimming and judo.　She wants to be able to play the instrument well by the end of the summer.

Question　What will Hannah do this summer?

　　ハンナは仕事のあとさまざまなレッスンを受けるのが好きだ。彼女はコンピューター・プログラミングの講座を終えたばかりだ。彼女はこの夏ピアノのレッスンを受け始めたいと思っているので，水泳や柔道などのほかのレッスンはすべてやめるつもりだ。夏の終わりまでにその楽器をうまく演奏できるようになりたいと彼女は思っている。

❓ **この夏ハンナは何をするか?**

1　ピアノのレッスンを受ける。
2　水泳のレッスンを受ける。
3　柔道のレッスンを受ける。
4　コンピューターのレッスンを受ける。

📷 ハンナについて，中盤で「彼女はこの夏ピアノのレッスンを始めたい」，終盤で「夏の終わりまでにその楽器をうまく演奏できるようになりたい」と言っているので，1 が正解。

No. 23

🔊 Nick's football team was supposed to play in the final competition at a big stadium on Saturday.　Nick got hurt last week, but now he is better and will be able to play.　When he woke up on Saturday morning, he looked out of the window and was upset.　There was a bad rainstorm.　The football competition had to be changed to another date.

Question　Why was the football competition date changed?

　　ニックのフットボールチームは，土曜日に大きな競技場で決勝戦を戦うことになっていた。ニックは先週けがをしたが，今はよくなってきていて，出場できるだろう。土曜日の朝彼は目覚めると，窓から外を見て動揺した。ひどい暴風雨だった。フットボールの試合は別の日に変更されなければならなかった。

❓ **なぜフットボールの試合の日は変更されたのか?**

1　重要な選手がけがをした。
2　天気が悪かった。
3　競技場が修繕されていた。

4 チケットが少ししか売れなかった。

 最後の「フットボールの試合は別の日に変更されなければならなかった」の前に「ひどい暴風雨だった」と言っている。**2** が正しい。

No. 24

When Isaac was a child, he played soccer on a team that his father coached. In senior high school, he started watching rugby games on TV and learned more about the game. He also studied to become a sports coach in college. Now, Isaac is a coach for a rugby team in his city.

Question What did Isaac do when he was a child?

アイザックは子どものころ，父親がコーチをしていたチームでサッカーをしていた。高校では，彼はテレビでラグビーの試合を見始めて，試合に関してより多くのことを学んだ。彼は大学でスポーツのコーチになるための勉強もした。今，アイザックは市のラグビーチームのコーチである。

❓ **子どものときアイザックは何をしていたか?**

1 学校のチームでラグビーをした。

2 父のチームでサッカーをした。

3 母と一緒にサッカーの試合に行った。

4 有名なラグビーのコーチと一緒に学校に行った。

 最初に「アイザックは子どものころ父親がコーチをしていたチームでサッカーをしていた」と言っているので，**2** が正解。

No. 25

Roberto did not have any food in his refrigerator, so he decided to go out to buy something for dinner. He went to his favorite Italian restaurant and ordered pasta and a salad to take home. He took out his wallet, but he did not have enough cash. He had to ask the staff member to wait. Roberto ran home and got his credit card. Unfortunately, the pasta was cold by the time he got home with it.

Question What was Roberto's problem at the restaurant?

冷蔵庫に食べ物が何もなかったので，ロベルトは夕飯に何か買おうと出かけることにした。彼はお気に入りのイタリアンレストランに行って，家に持って帰るパスタとサラダを注文した。彼は財布を出したが，現金を十分に持っていなかった。店のスタッフに待ってくれるよう頼まなければならなかった。ロベルトは走って家に帰り，クレジットカードを取ってきた。残念ながら，家に持って帰るまでにパスタは冷たくなっていた。

❓ **レストランでのロベルトの問題は何だったのか?**

1 彼は現金を十分に持っていなかった。

2 彼はスマートフォンが使えなかった。

3　店がまだ開店していなかった。

4　店にパスタがなかった。

 レストランでパスタとサラダを注文したロベルトが,「財布を出したが現金を十分に持っていなかった」と言っているので, **1** が正しい。

No. 26

Sophie was asked to go to a party by her friend James.　She wanted to look as nice as possible, so she chose her favorite blue dress and a sweater.　However, she noticed all of her shoes were old and did not look nice.　As a result, she went to the department store to pick out a new pair.

Question　Why did Sophie go to the department store?

ソフィーは友だちのジェームズからパーティーに行こうと誘われた。できるだけすてきに見せたかったので, 彼女はお気に入りの青いドレスとセーターを選んだ。ところが, 靴がどれも古くてすてきに見えないことに気づいた。その結果, 彼女は新しい靴を選びにデパートに行った。

❓ なぜソフィーはデパートに行ったのか?

1　そこに友だちが車で迎えに来てくれた。

2　そこで友だちが働いていた。

3　彼女はドレスを買いたかった。

4　彼女は新しい靴が必要だった。

 パーティーに誘われたソフィーは,「靴がどれも古くてすてきに見えないことに気づいた」とあり, さらに「新しい靴を選びにデパートに行った」と言っているので, **4** が適切。

No. 27

Electric cars are said to be better for the environment than cars that use gasoline.　However, gasoline-powered cars are quicker and easier to fill up.　There are not enough places outside cities to charge car batteries.　As a result, people who drive far outside of cities like to have cars that use gasoline.　In some African countries, for example, many businesses need to use gasoline-powered cars over long distances.

Question　Why are cars that use gasoline still needed in some African countries?

電気自動車はガソリンを使う車よりも環境によいと言われている。けれども, ガソリンで動く車は燃料を満たすのがより早く, 容易である。郊外には車のバッテリーを充電する場所が十分にはない。その結果, 都市圏から遠く離れて車を運転する人たちは, ガソリンを使う車を持ちたがる。例えば, アフリカの一部の国々では, 多くの企業においてガソリン車を長距離で使うことが必要とされる。

❓ アフリカの一部の国々ではなぜ今もガソリンを使う車が必要なのか?

1　交通量の多い街中で使うことができる。

2 夜間の運転が容易である。

3 電気自動車は郊外で充電するのが難しい。

4 電気自動車は一部の場所で許可されていない。

> 📝 電気自動車について，中盤で「郊外には車のバッテリーを充電する場所が十分にはない」と説明しているので，**3** が正しい。

No. 28

🔊 Thank you for coming to the Pineville Mall fresh-food store. We will be closing in 10 minutes, at 9 p.m. We ask that you finish up your shopping soon. The south exit to the parking lot has closed already, so please use the exit on the north side. We will open again tomorrow at 10 a.m.

| Question | Why is this announcement being made?

パインビルモール・フレッシュフードストアにご来店いただきありがとうございます。当店はあと10分で，午後9時に閉店いたします。お買い物はすぐに終わらせてくださいますようお願いいたします。駐車場に出る南側出口はすでに閉まっていますので，北側の出口をご利用ください。明日はまた午前10時に開店いたします。

❓ このアナウンスはなぜ行われているのか?

1 駐車場がいっぱいである。

2 モールは建設中である。

3 店はまもなく閉店する。

4 セールは明日終わる予定だ。

> 📝 スーパーマーケットの店内アナウンス。序盤で「当店はあと10分で閉店します」と言っているので，**3** が正解。

No. 29

🔊 Attention, all passengers. We apologize for the delay, but we cannot take off because of all the snow on the runway. We should be able to take off in 10 minutes. We will let you know as soon as enough of the snow has been cleared away. The pilot has turned off the seat belt sign, so please feel free to use the restrooms or to get up to stretch your legs.

| Question | Why has the flight been delayed?

お客さまにお知らせいたします。遅れておりますことをお詫び申し上げますが，当機は滑走路に積もった雪のため離陸できません。10分以内には離陸できると思われます。十分な雪が除去されましたらすぐにお知らせいたします。パイロットはシートベルトサインを消しましたので，ご自由にお手洗いを使ったり，立ち上がって足を伸ばしたりなさってください。

❓ なぜ航空便が遅れているのか?

1 シートベルトに不具合がある。

2 屋外にたくさんの雪がある。

3 航空機は検査が必要である。

4 手荷物の到着が遅れた。

✍ 飛行機の機内アナウンス。最初に出発が遅れていることを詫び、そのあと「滑走路に積もった雪のため離陸できません」と言っているので、2 が適切。

No. 30

🔊 　　In some parts of Africa, there are small animals called bush babies. Bush babies like to live in tall trees, and they have large ears and eyes. They start being active after the sun goes down and look for food throughout the night. Bush babies usually eat plants, but they sometimes eat other small animals as well.

　Question　What is one thing we learn about bush babies?

　　アフリカのある地域にはブッシュベイビーと呼ばれる小さな動物がいる。ブッシュベイビーは高い木の中にすむことを好み、大きな耳と目を持っている。彼らは日没後に活発になり始め、夜の間はずっと食べ物を探す。ブッシュベイビーは通常植物を食べるが、時にはほかの小動物も食べる。

❓ **ブッシュベイビーについてわかることの 1 つは何か?**

1 主として夜に活動的になる。

2 とても大きな頭をしている。

3 食べ物を日光で乾燥させる。

4 木々の下に穴を掘る。

✍ 　ブッシュベイビーについて、中盤で「日没後に活発になり始め、夜の間はずっと食べ物を探す」と説明しているので、1 が正解。

英 検 準 2 級

一次試験・筆記 [P.036 ～ P.049]

1
(1) 3	(2) 4	(3) 1	(4) 2	(5) 2	(6) 2	(7) 1	(8) 1
(9) 4	(10) 2	(11) 1	(12) 4	(13) 4	(14) 2	(15) 2	(16) 1
(17) 2	(18) 2	(19) 2	(20) 3				

2   (21) 2   (22) 2   (23) 1   (24) 1   (25) 2

3A   (26) 4   (27) 1
3B   (28) 2   (29) 1   (30) 3

4A   (31) 2   (32) 2   (33) 1
4B   (34) 4   (35) 2   (36) 3   (37) 1

5   P. 048～P. 049参照。

一次試験・リスニング [P.050 ～ P.065]

第1部
[No.1] 1	[No.2] 2	[No.3] 1	[No.4] 3	[No.5] 2
[No.6] 1	[No.7] 3	[No.8] 3	[No.9] 2	[No.10] 3

第2部
[No.11] 1	[No.12] 3	[No.13] 1	[No.14] 2	[No.15] 4
[No.16] 1	[No.17] 3	[No.18] 2	[No.19] 4	[No.20] 2

第3部
[No.21] 4	[No.22] 3	[No.23] 1	[No.24] 4	[No.25] 1
[No.26] 2	[No.27] 3	[No.28] 4	[No.29] 1	[No.30] 2

1

(1) リュウジのチームメイトはリュウジにサッカーボールをパスした。彼はできるだけ強くボールを**けり**，ボールはゴールキーパーを通り過ぎてゴールに飛び込んだ。

> ☑ 選択肢は mixed「〜を混ぜた」，chewed「〜をかんだ」，struck「〜を打った」，copied「〜を写した」。struck は strike の過去形・過去分詞形。2文目の後半に「それ（ボール）はゴールに飛び込んだ」とあるので，「ボールを打った→ボールをけった」という意味になる **3** が正解。

(2) A：お父さん，私，気分がよくない。頭痛がするし，**熱**があるみたい。
B：そうか。体温を測ってみよう。

> ☑ 選択肢は grade「学年，成績」，surprise「驚き」，custom「習慣」，fever「熱」。B（お父さん）が「体温を測ってみよう」と言っているので，「熱があると思う」の意味になる **4** が入ると自然。
>
> 📖 WORDS&PHRASES
> □ **not feel well** ── 気分［体調］がよくない

(3) ほとんどの会社は船を使って海外に製品を**輸送する**。飛行機のほうがずっと速いが，たいていははるかに多くの費用がかかる。

> ☑ 選択肢は transport「〜を輸送する」，design「〜を設計する，考案する」，consult「（専門家）に意見を聞く」，reject「〜を拒む」。船と飛行機は「製品を輸送する」のに使われるので，**1** が適切。
>
> 📖 WORDS&PHRASES
> □ **overseas** ── 海外に

(4) バスケットボールの試合のあと，マークのコーチは彼のパスやディフェンスのことをたくさんほめた。いいプレイをしていたと聞いて彼は**勇気づけられた**。

> ☑ 選択肢は frightened「おびえた」，encouraged「勇気づけられた」，delivered「届けられた」，followed「後についてこられた」。コーチにほめられたことでマークは「勇気づけられた」と考えられるので，**2** が正しい。
>
> 📖 WORDS&PHRASES
> □ **defense** ── ディフェンス，守備　　□ **do a good job** ── うまくやり遂げる

(5) A：ここでどのくらい働いているの，サブリナ？
B：私は新入りです。2週間前に雇われたのです。

> ☑ 選択肢は collected「集められた」，hired「雇われた」，exchanged「交換された」，carried「運ばれた」。A に「どのくらい働いているの？」と聞かれ，B は「新入りだ」と答えているので，「2週間前に雇われた」となる **2** が適切。

(6) 関西は西日本にある地域である。その（中の）最も大きい3つの都市は，大阪，京都，神戸である。

> ☑ 選択肢は safety「安全」，region「地域」，theme「主題」，laundry「クリーニング店」。大阪，京都，神戸などの都市を含む関西「地域」について説明しているので，**2** が正解。

(7) A：数学の宿題にある問題に全部答えられた？
B：ほとんどはね。でも，最後の問題を解くことができなかったよ。

> ☑ 選択肢は solve「～を解く」，repair「～を修理する」，miss「～をのがす」，invent「～を発明する」。「ほとんどは答えられた」けど「最後の問題は解けなかった」とすると話が自然につながるので，**1** が適切。

(8) ケリーは英語の授業のために毎月2つ作文を書く。先月は，彼女が最近読んだ本と夏休みの間にしたことについて書いた。

> ☑ 選択肢は essays「小論文，作文」，victories「勝利」，systems「システム」，miracles「奇跡」。空所部分は「毎月2つ～を書く」で，2文目に「最近読んだ本」と「夏休みにしたこと」について書いたとあるので，**1** が適切。

(9) ルーシーの家の近くに，とても安く衣服を売る店がある。土曜日にルーシーはそこでたった10ドルでブラウスを買った。

> ☑ 選択肢は powerfully「強力に」，lately「最近」，bravely「勇敢に」，cheaply「安く」。2文目に，ルーシーは「たった10ドルでブラウスを買った」とあるので，**4** が適切。

WORDS&PHRASES
□ **clothes** — 衣服　　□ **blouse** — ブラウス

(10) デイビッドは人気のスマートフォン用アプリを作ってから非常に裕福になった。彼はあまりお金がない人たちを助けるために，財産の大部分を使っている。

> ☑ 選択肢は pain「痛み」，wealth「富，財産」，nonsense「ばかげたこと」，literature「文学」。2文目に「あまりお金がない人たちを助けるため」とあるので，**2** が正解。

WORDS&PHRASES
□ **smartphone app** — スマートフォン用アプリ

23
年度

第
2
回

筆記

(11) レスターはひどい風邪にかかっていたので，先週は3日間学校に行けなかった。今週はずいぶん具合がいい。

> ✅ 選択肢は suffering from ～「(病気など) を患っている」，depending on ～「～に頼っている」，giving up ～「～をあきらめている」，majoring in ～「～を専攻している」。「ひどい風邪にかかっていた」から「学校に行けなかった」とすると文意が通る。**1** が正解。
>
> **📖 WORDS&PHRASES**
> □ **a bad cold** ── ひどい風邪　　□ **feel better** ── 気分がよくなる

(12) A：すみません，質問を聞いていませんでした，中山先生。
B：ちゃんと聞いてください，アサコ。授業で聞いていないと学ぶことはできませんよ！

> ✅ 選択肢は shake hands「握手する」，make sense「意味を成す」，take turns「交代でする」，pay attention「ちゃんと聞く，注意を払う」。A (生徒) は「質問を聞いていなかった」と言っているので，**4** が正解。

(13) カリンビル行きの電車の路線に倒木があった。そこへ向かっていた乗客は問題が解決されるまで電車の代わりにバスに乗らなければならなかった。

> ✅ 選択肢は，空所のあとの of と組み合わさって on behalf of ～「～を代表して，～の代理で」，for fear of ～「～を恐れて」，by way of ～「～を経由して」，in place of ～「～の代わりに」。「電車の代わりにバスに」という意味になる **4** が正解。
>
> **📖 WORDS&PHRASES**
> □ **train line** ── 路線

(14) A：すみません。私のスーツケースをお持ちだと思うのですが。
B：ああ，ごめんなさい！　間違って取ってしまったにちがいないです。私のものとそっくりで。

> ✅ 選択肢は at present「現在」，by mistake「間違って」，for nothing「無料で，むだに」，with ease「容易に」。B が「間違って」スーツケースを取り違えたとすると会話が成立するので，**2** が適切。must have *done* は「～したにちがいない」という意味。

(15) テツヤにはトッドというカナダ人の友だちがいる。テツヤとトッドは少なくとも月に1度は互いに手紙を書く。

> ✅ 選択肢は any other「何かそのほかの」，one another「お互い」，every other「1つおきの」，another one「もう1つ」。「互いに手紙を書く」という意味になると自然なので **2** が正解。

📖 WORDS&PHRASES

□ **at least** ── 少なくとも

(16) A：あなたの赤ちゃんが男の子か女の子かあなたは知っているの？

B：いいえ，まだ。最初の子が男の子だから，夫と私は女の子がいいと思っているの。

✓ 選択肢は hoping for ～「～を望んでいる」，taking over ～「～を引き継いでいる」，putting away ～「～を片づけている」，showing off ～「～を見せつけている」。生まれてくる赤ちゃんの性別について話しているので，「女の子を望んでいる」という意味になる **1** が適切。

(17) トムとヘレンは2人とも子犬を欲しがっていたが，その名前については意見が合わなかった。トムはバディと呼びたかったが，ヘレンはマックスと呼びたかった。

✓ 選択肢は pour out ～「～を注ぐ」，agree on ～「～について合意する」，run over ～「～を車でひく」，hold up ～「～を持ち上げる」。2人が子犬につけたい名前が違っているので，「意見が合わなかった」という意味になる **2** が正解。

📖 WORDS&PHRASES

□ **puppy** ── 子犬

(18) スミルノフさんは彼の上司がオフィスに戻ってくるまでに月次報告書を書き上げなければならない。

✓ 選択肢は come「来る」のさまざまな形。by the time「～するときまでに」を含む節は時を表すので，未来のことでも現在形で表す。この節の中の主語は his boss なので三人称単数現在形の **2** が正解。

📖 WORDS&PHRASES

□ **monthly report** ── 月次報告書   □ **boss** ── 上司

(19) 先日，ジェームズは生まれた町に行った。彼が最後に訪れてから数年がたっていたが，町はあまり変わっていなかった。

✓ 選択肢はさまざまな関係副詞や関係代名詞。when は先行詞が時を表すとき，where は先行詞が場所を表すとき，why は先行詞が reason のときに用いる関係副詞。場所を表す語 the town が先行詞なので **2** が正解。空所は目的語ではないので，関係代名詞の which は不適。

(20) 美しい青い鳥がポールの庭にある木の上を飛んでいた。ポールはその写真を撮りたかったが，それはすぐに飛び去った。

✓ 選択肢はさまざまな前置詞。空所の前後は「ポールの庭にある木～飛んでいた」という意味で，「～の上（のほう）を」という意味の **3** を入れると文意が通る。on は表面に接触していることを表すので，ここでは不適。また，tree が単数なので「（3つ以上）の間に」という意味の among も不適。

2

(21) A：レストランはまだ営業していますか？

B：はい，ですが**ラストオーダーは10分前**でした。

A：ああ，そんな！ 遅くまで仕事をしなければならなくて，何も食べられなかったのです。

B：通りの先にハンバーガーを売っている店があります。そこは24時間営業だと思いますよ。

☑ 選択肢は「2名用の席しかない」「ラストオーダーは10分前だった」「今日はシェフのこの店での初日だ」「アイスクリームはなくなった」。客とレストランのスタッフとの会話。後半のやり取りからA（客）が店に来た時間が遅くてこの店では食事ができないとわかるので，**2**が適切。

(22) A：こんにちは，ボブ。それって**新しいスケートボード**？ とてもかっこいいね。

B：そうだよ。駅の近くのデパートで買ったんだ。

A：それは高かった？

B：そうでもない。スポーツ・ゲーム売り場は今月大きなセールをしているんだ。

☑ 選択肢は「金の指輪」「新しいスケートボード」「あなたのお兄さん［弟さん］の車」「あなたの新しいお弁当箱」。Bは「デパートで買った」「スポーツ・ゲーム売り場」と言っているので，これらに合う選択肢を探すと，**2**が正解だとわかる。

(23) A：すみません。**うちのベッドに新しい枕が欲しい**のです。

B：かしこまりました，奥さま。多くのさまざまな種類を取り揃えています。どれがよろしいですか？

A：よくわかりません。今持っているものは首が痛くなるんです。

B：柔らかすぎるのかもしれませんね。これを試してみて，お持ちのものと同じくらいの柔らかさかどうか教えてください。

☑ 選択肢は「うちのベッドに新しい枕が欲しい」「新しいネックレスを買いたい」，「うちの玄関用の新しいカーペットが欲しい」，「新しいペンキ用のはけを探している」。客と店員の会話。会話の後半部分でA（客）が「首が痛くな

る」，B（店員）が「柔らかすぎるのかもしれない」と会話していることから，
1 が適切。make O *do* は「O に〜させる」という意味の使役表現。

📖 WORDS&PHRASES

□ **certainly** ── 確かに，かしこまりました　　□ **ma'am** ── 奥さま（呼びかけ）

（24・25）

A：このクッキーを１ついかが？

B：ええ，いただくわ。とてもかわいいクッキーね！　どこで買ったの？

A：パリにある店で。

B：あなたがそこに行ったとは知らなかったわ。

A：ええ。家族と一緒に１週間行ってきたの。昨夜ロンドンに戻ったの。

B：いつか私も行けたらいいなあ。

A：行くべきよ。いくつかの見るべきすばらしい場所があるわ。

B：そうよね。そこにある美術館や宮殿についてのテレビ番組を見たわ。

✎　(24) の選択肢は「パリにある店で」「オンラインのパン店から」「自分でそれ
らを作った」「祖母が私にそれらを送ってくれた」。空所のあとで A が「家族
と１週間行った」「昨夜ロンドンに戻った」と言っているので，「パリの店で」
が入ると話の流れが自然。**1** が正解。

(25) の選択肢は「あと数席しか残っていない」「いくつかの見るべきすばらし
い場所」「6つの違う味」「それらを作るためのいくつかの方法」。空所を含む
文の発言を受けて，B が「そこにある美術館や宮殿についてのテレビ番組を
見た」と言っているので，空所に「いくつかの見るべきすばらしい場所」を入
れると自然な流れになる。よって，**2** が正解。I wish (that) I could ... は「…で
きたらいいのに」という意味。

📖 WORDS&PHRASES

□ **someday** ── いつか　　□ **palace** ── 宮殿

[A]

スティーブンの新しい学校

① スティーブンの家族は最近新しい町に引っ越し，スティーブンは転校しなければならなかった。新しい学校の人をだれも知らなかったので，彼は毎日さびしく感じた。自分の問題について彼は**両親に話した**。スティーブンの母はすぐに新しい友だちができるだろうと言い，父は新しい学校にあるクラブ活動の1つに参加することを提案した。けれども，スティーブンはスポーツも音楽も芸術も好きではなかったので，彼はどうすればいいかわからなかった。

② ある日，スティーブンは学校でゲームクラブのポスターを見た。メンバーたちはボードゲームやカードゲームをするために週に3回会った。スティーブンはゲームをするのが大好きだったので，クラブに参加した。メンバーたちはとても親切で，スティーブンはすぐに友だちができた。最近，スティーブンは**独自のゲームを作る**ことにした。彼はルールやそのほかのゲームに必要なものを作るために懸命にがんばっている。準備が整えば，クラブのほかのメンバーたちと一緒に試してみるつもりだ。

WORDS&PHRASES

□ **make friends** ── 友だちを作る　　□ **one day** ── ある日　　□ **poster** ── ポスター

□ **board game** ── ボードゲーム　　□ **card game** ── カードゲーム

□ **decide to** *do* ── 〜することに決める　　□ **once** ── （いったん）…すれば

□ **plan to** *do* ── 〜するつもりである

意味と解説

(26) 選択肢は「何冊か本を読んだ」「長い手紙を書いた」「医者の診察を受けた」「両親に話した」。空所のあとの文にスティーブンの母の言ったことと父の提案したことが述べられているので，「両親に話した」が入ると話の流れが自然。したがって，**4** が正解。

(27) 選択肢は「独自のゲームを作る」「別のクラブに参加する」「再び転校する」「もっと運動する」。空所を含む文のあとに「ルールやそのほかのゲームに必要なものを作った」とあるので，「独自のゲームを作ること」を決めたと考えられる。**1** が正解。

[B]

グリーティングカードの復活

① 20世紀の間，人々は誕生日やそのほかの特別なときに友人や家族に紙のグリーティングカードをよく送った。グリーティングカードにはふつう表に絵が，

中にメッセージがある。ところが，1990年代に，人々はオンラインでコミュニケーションを取ることを始めた。電子メールで，またはソーシャルメディアを通じて電子メッセージを送るのは，紙のグリーティングカードを送るより速くて簡単である。さらに，たいていのグリーティングカードは捨てられる。これが大量のごみを生み出す。その結果，**より環境にいい**と思うためオンラインのコミュニケーションを好む人たちもいる。

② 数年の間，米国でのグリーティングカードの売り上げは減少した。だが，最近，若者たちはグリーティングカードに興味を持ち始めた。彼らの多くは，オンラインでメッセージを送るのは手軽すぎると考える。人にグリーティングカードを送ることは**より手間がかかる**。それはあなたが本当にその人を大事に思っていることを示す。そのため，アメリカ人は今でも毎年約65億枚のグリーティングカードを買う。

③ かつて人々は，インターネットはグリーティングカードの売り上げにとってよくないだろうと考えていたが，実際はそれらを後押ししているかもしれない。というのも，ソーシャルメディアを使う人たちは，しばしば**イベントを思い出させてもらえる**からである。例えば，彼らは友だちの1人がまもなく誕生日や結婚記念日を迎えるということを知らせるメッセージを受け取るかもしれない。その結果，彼らは忘れずにグリーティングカードを買ってそれを友だちに送るのである。

📖 WORDS&PHRASES

□ **return** —— 元に戻ること，復活　　□ **greeting card** —— グリーティングカード

□ **front** —— 前面　　□ **online** —— オンラインで　　□ **electronic** —— 電子の

□ **social media** —— ソーシャルメディア　　□ **throw away ~** —— ~を捨てる　　□ **trash** —— ごみ

□ **as a result** —— その結果　　□ **sales** —— 売り上げ　　□ **go down** —— 下落する

□ **young adult** —— 若い成人，青年　　□ **care about ~** —— ~を気にかける

□ **wedding anniversary** —— 結婚記念日

意味と解説

(28) 選択肢は「直接話すのがより容易」「より環境にいい」「多くの仕事を創出する」「新しくて刺激的」。空所を含む文の前にグリーティングカードは「大量のごみを生み出す」とあるので，それと比べてオンラインのやり取りは「環境にいい」となる **2** が適切。

(29) 選択肢は「より手間がかかる」「問題につながりうる」「必ずしも可能ではない」「何も変えないかもしれない」。空所のあとに「相手を大事に思っていることを示す」とあるので，**1** を入れれば文意が通る。

(30) 選択肢は「ゲームをしようと誘われる」「食べ物の写真を送られる」「イベントについて思い出させられる」「広告を見せられる」。空所のあとに，例として「友だちの誕生日や結婚記念日を知らせるメッセージを受け取る」とあることから，**3** が正解。

4

[A]

本文の意味

差出人：ヘンリー・ロビンズ < h-g-robbins@oldmail.com >
宛先：ピーター・ロビンズ < peter1512@whichmail.com >
日付：10月8日
件名：私の訪問

親愛なるピーター

① 私は来週また君に会えることにとてもうきうきしているよ。この前訪ねたときは，とても楽しい1週間を過ごしたよ。(31)もう12か月もたったなんて信じられない。今回は丸1か月も滞在できてうれしい。私たちが一緒にする楽しいことをたくさん計画しているところだよ。君の妹にも，また一緒に遊べるのを心待ちにしていると伝えてほしい。

② ミラー湖のそばにキャンプに行けたらと思ったんだ。湖で釣りもできる。(32)前に釣りに行ったことはあるかい？　君のお父さんが子どもだったころには何度も釣りに連れていったんだよ。とてもリラックスできるけど，何か釣り上げたいと思うなら，ちゃんと準備しておいて素早く動かないといけないよ！
　君がうまく釣れる手助けになるように，こつをたくさん教えてあげよう。

③ 一緒に野球の試合を見に行こうとも考えていたんだ。私の家の近くにはプロの球団がないから，私は長い間野球の大きな試合に行っていない。君のお父さんが，(33)君が数か月前に町の野球チームに入ったと教えてくれたよ。調子はどうだい？　もし行きたいなら，公園に行って投球や捕球，打球の練習をすることもできるよ。

いずれにしても，すぐに会えるね。

愛をこめて

おじいちゃんより

▌▌ WORDS&PHRASES

□ **look forward to ～** ── ～を楽しみに待つ　□ **relaxing** ── くつろいだ気分にさせる
□ **trick** ── こつ，秘訣　□ **fisher** ── 釣りをする人　□ **professional** ── プロの
□ **throwing** ── スローイング，投球　□ **catching** ── キャッチング，捕球
□ **hitting** ── ヒッティング，打球

意味と解説

(31) おじいさんがピーターに言っていることの1つは何か？

1 彼が1週間よりも長く滞在することは不可能だ。

2 彼がこの前ピーターを訪ねてから1年になる。

3 彼はピーターの妹に初めて会うのが待ちきれない。

4 彼は約1か月後にピーターの家を訪れるつもりだ。

> ピーターへの挨拶とピーターのところでの滞在について述べられている第1段落に着目し，選択肢と照らし合わせると，第3文「（前の訪問から）もう12か月もたったなんて信じられない」に **2** が一致していることがわかる。12 months「12か月」が選択肢では a year「1年」と言い換えられている。1は第4文「丸1か月滞在できる」に，3は最終文「妹にまた一緒に遊べるのを心待ちにしていると伝えてほしい」に，4は第1文「来週また会える」に矛盾する。

(32) おじいさんはピーターに…たずねている。

1 速く走れるかどうか

2 釣りに行ったことがあるかどうか

3 何か手品のやり方を知っているかどうか

4 前にキャンプに行ったことがあるかどうか

> おじいさんがピーターに質問していることを本文から探す。第2段落第3文で「前に釣りに行ったことはあるかい？」とたずねているので **2** が適切。1, 3については本文にそのような内容はない。4については第2段落第1文で「ミラー湖のそばにキャンプに行けたらと思った」と言っているだけで，キャンプに行ったことがあるかどうかをたずねているのではないので不適。

(33) ピーターは最近何をすることを始めたか？

1 地元のスポーツチームでプレーすること。

2 プロ野球の試合に行くこと。

3 公園で遊ぶのに妹を連れていくこと。

4 学校で歴史について学ぶこと。

> 質問文より，「ピーター」が「最近」始めたことを探すのがポイント。第3段落第3文に「君（＝ピーター）が数か月前に町の野球チームに入った」とあり，これに一致する **1** が正解。2, 3, 4については本文にそのような内容はない。

[B]

本文の意味 ドライブイン映画館

① リチャード・ホリングスヘッドはアメリカ人実業家だった。(34)彼の母は映画が大好きだったが，映画館の硬いシートが好きではなかった。ホリングスヘッドは，彼女が自分の車の柔らかいシートに座って映画を見ることができたら，もっと

快適だろうと考えた。彼は庭にスクリーンといくつかのスピーカーを置いて，家族と近所の人たちを自らの新しい事業アイデアであるドライブイン映画館の試写に招待した。

② ホリングスヘッドは1933年にもっと大きなドライブイン映画館をオープンしたが，それではあまり稼ぐことができなかった。だが，ほかの人が彼の考えをまねて，ドライブイン映画館は特に小さな子どもがいる人たちの間ですぐに人気になった。(35)理由の1つは，子どもたちがほかの人に迷惑をかけることなく走り回ったり，大声を出したりすることができたからだった。ドライブイン映画館の中には遊び場まで備えたところがあったので，子どもたちは映画が始まるのを待つ間，楽しく過ごすことができた。

③ 当初，これらの映画館にはスクリーンの近くに大きなスピーカーがあった。音がよくなかったので，それぞれの車の近くにスピーカーを置く映画館もあった。しかしながら，ドライブイン映画館にはほかにも問題があった。その1つは，ドライブイン映画館では夜暗くなったあとでしか映画を上映できなかったことだ。また，(36)映画会社は室内映画館でより多くお金を稼いでいたので，その多くはドライブイン映画館に一番いい映画を上映させなかった。ドライブイン映画館はしばしばより古い，あるいはより人気のない映画を上映しなければならなかった。

④ 1970年代には，人々はビデオを借りて家で見ることができたので，多くのドライブイン映画館が閉鎖した。また，多くのドライブイン映画館は大きな町や都市の近郊にあった。(37)企業はその土地に新しい住宅を建てるために映画館を欲しがった。彼らは大金を払うとオーナーに申し出て，多くのオーナーが映画館の売却を決意した。1960年ごろにはドライブイン映画館は米国に4,000以上あったのだが，今日では数百しか残っていない。

意味と解説

(34) リチャード・ホリングスヘッドの母についてわかることの1つは何か？

1　自分の庭にドライブイン映画館を作った。

2　映画を見て運転の仕方を学んだ。

3　家族や隣人のためにしばしばパーティーを開いた。

4　映画館のシートは快適ではないと思った。

☑　質問文にある Richard Hollingshead's mother が登場するのは第1段落で，第2

文に His mother とある。同文後半の「映画館の硬いシートが好きではなかった」に一致する **4** が正解。第4文に「リチャードは庭にスクリーンとスピーカーを置いて家族と近所の人たちをドライブイン映画館に招待した」とあり，ドライブイン映画館を庭に作ったのはリチャード・ホリングスヘッドなので **1** は不正解。**2**，**3** のような内容は本文にない。

(35) ドライブイン映画館が人気になった理由の1つは，…からだった。

1 子ども連れの家族に特別割引をした
2 子どもが騒がしくても親たちは心配する必要がなかった
3 大部分の室内映画館は子ども向けの映画を上映しなかった
4 それらの多くは子どもたちの遊び場がある公園の近くに建てられていた

☑ drive-in movie theater が人気になったことについては第2段落で述べられている。第3文に「子どもたちがほかの人に迷惑をかけずに大声を出すことができた」とあるので，これに一致する **2** が正解。**1**，**3** のような内容は本文にない。第4文に「ドライブイン映画館には遊び場まで備えたところがあった」とあるが，「公園の近く」にあったわけではないので，**4** も不適。

(36) 一部の映画がドライブイン映画館で上映されなかったのは，…からである。

1 夜は暗すぎてなかなか映画が見られなかった
2 映画の音声があまりよくなかった
3 映画会社は室内映画館でより多くお金を稼いでいた
4 室内映画館で人気がなかった

☑ 第3段落ではドライブイン映画館が抱えていた問題点について述べているので，ここから「一部の映画が上映されなかった」理由を探す。第5文に「映画会社は室内映画館でより多くお金を稼いでいたので，多くはドライブイン映画館に一番いい映画を上映させなかった」とあるので，**3** が正しい。**1**，**2**，**4** のような内容は本文にない。

(37) 多くのドライブイン映画館のオーナーはなぜ映画館を売ったのか？

1 企業が彼らの土地に大金を払うと申し出た。
2 映画館が大きな町や都市からあまりにも遠く離れていた。
3 彼らは人々がビデオを借りることができるように店をオープンしたかった。
4 人々が自分の庭にドライブイン映画館を作り始めた。

☑ 質問文にある sell their theaters は第4段落第4文にある。同文前半とその前の文から「企業が映画館の土地を欲しがり，大金を払うと申し出た」ことがわかるので，これに一致する **1** が正解。**2** は第2文「多くのドライブイン映画館は大きな町や都市の近郊にあった」に矛盾。**3**，**4** のような内容は本文にない。

ライティング 意味と解答例

5

問題の意味

質問

生徒たちが夏休みの学習計画を立てることはいいことだと思いますか？

解答例1

Yes, I do. First, students can start studying immediately because they will already have their plan. If they don't have study plans, they must think about what and how long they should study every day. Also, during the summer vacation, students have to do homework for various subjects. Study plans help them study all the subjects equally.（57語）

解答例1の意味

はい，そう思います。第一に，生徒たちは計画があるためすぐに勉強を始められます。学習計画がなければ，彼らは何をどのくらいの時間勉強すべきかを毎日考えなければなりません。また，夏休み中，生徒たちはさまざまな教科の宿題をしなければなりません。学習計画は彼らがすべての教科を均等に勉強するのに役立ちます。

✍ 最初に，「夏休みの勉強計画を立てること」に対して賛成か反対かを述べる。この解答例では「夏休みの学習計画を立てることはいいことだと思う」に賛成の立場をとり，Yes, I do. と簡潔に述べている。Yes, I do./No, I don't. の答え方は語数に余裕がない場合に特に有効である。問題の条件に従って理由は2つ述べられており，1つ目は「生徒たちは計画があるためすぐに勉強を始められる」というもの。immediately は「すぐに」という意味。続けて「学習計画がなければ生徒たちは何をどのくらいの時間勉強するかを毎日考えなければならない」と補足している。2つ目の理由は「生徒たちは夏休みにさまざまな教科の宿題をしなければならない」と宿題が出る教科の多さに着目して，「学習計画はすべての教科を均等に勉強する手助けになる」と説明を加えている。help *A do* で「Aが〜するのを助ける」という意味。そのほか，夏休みの学習計画に賛成する理由としては，「明確な目標を設定できる（They can set clear goals.）」，「学習計画があれば，友だちと遊ぶ計画が立てやすい（If they have study plans, it will be easier for them to make plans to play with their friends.)」,「学習計画があれば，時間どおりに宿題を終えやすい（If they have study plans, it will be easier for them to finish their homework on time.）」などが考えられる。

解答例 2

No, I don't. First, it is not easy for students to work according to plan. If they are behind schedule, they then must make new study plans. Second, summer vacation is a good opportunity to experience a variety of things with their friends and family. If their study plans are not well-balanced, they might miss such opportunities. (57語)

解答例 2 の意味

いいえ，そうは思いません。第一に，生徒たちにとって計画に従って取り組むのは簡単ではありません。予定から遅れたら，彼らは新たな計画を立てなければなりません。第二に，夏休みは家族や友だちとさまざまなことを経験するよい機会です。学習計画がバランスを取れていないと，彼らはそのような機会を逃すかもしれません。

✓ この解答例では「夏休みの学習計画」に反対だと述べて，その理由を2つ挙げている。1つ目の理由は「計画に従って取り組むのは生徒たちにとって簡単ではない」ことで，It is 〜 for *A* to ....「…することは *A* にとって〜だ」の構文を使って表している。続けて「予定から遅れると新しい計画を立てなければならない」と補足している。behind schedule は「予定から遅れて」という意味。2つ目の理由は勉強以外に夏休みにできることという観点から「夏休みは勉強以外にも家族や友だちとさまざまなことを経験するよい機会だ」と述べている。opportunity は「機会」，a variety of 〜は「さまざまな〜」という意味。続けて「学習計画がバランスを取れていないと，彼らはそのような機会を逃すかもしれない」と補足説明をしている。そのほか，夏休みの学習計画に反対する理由としては，「立派な計画を立ててもそれに従わなければむだになる（It is no use making great study plans if they don't follow them.）」，「（一部の）生徒にとっては，学習計画を立てるのにあまりに多くの時間がかかるかもしれない（It might take too much extra time for (some) students to make study plans.）」なども考えられるだろう。

リスニングテスト

No. 1

A：Billy, have you given the dog a bath yet?

B：Not yet, Mom. My favorite TV show is on.

A：Billy, you've been watching TV all day. Go outside and wash the dog now!

1　OK, Mom. I'll do it right away.

2　OK, Mom. I'll get the dog food now.

3　OK, Mom. I'll watch my show, then.

- - - - - - - - - - - - - - - - - - - -

A：ビリー，もう犬をお風呂に入れたの？

B：まだだよ，お母さん。僕の好きなテレビ番組をやっているんだ。

A：ビリー，あなたは一日中テレビを見ているじゃないの。すぐに外に出て犬を洗いなさい！

1　わかったよ，お母さん。すぐにやるよ。

2　わかったよ，お母さん。すぐにドッグフードを取ってくるよ。

3　わかったよ，お母さん。じゃあ僕のショーを見るよ。

- - - - - - - - - - - - - - - - - - - -

📝　ビリーの母親（A）とビリー（B）の会話。Aが「（ビリーは）一日中テレビを見ている」「すぐに犬を洗いなさい」と言っているので，I'll do it right away.「すぐにやる」と言っている **1** が正解。この it は直前の A の発言（go outside and wash the dog）を受けている。

No. 2

A：Welcome to ExpressMart. Can I help you?

B：Yes, I'm looking for Battle Masters playing cards. Do you sell them?

A：Well, we're sold out now, but we should get more tomorrow.

1　Hmm. I only play Battle Masters.

2　OK. I'll come back then.

3　No. Two packs would be fine.

- - - - - - - - - - - - - - - - - - - -

A：エクスプレス・マートにようこそ。何かお困りですか？

B：はい，バトル・マスターズのカードを探しています。ここではそれらを売っていますか？

A：ええと，今は売り切れているのですが，明日さらに入荷しますよ。

1　うーん。僕はバトル・マスターズしかやりません。

2　わかりました。ではまた来ます。

3　いいえ。2パックでいいです。

- - - - - - - - - - - - - - - - - - - -

📝　店員（A）と客の男性（B）の会話。A は，B が探しているカードは「今は売り切れているが明日さらに入荷する」と言っている。それに対する応答として適切なのは「で

はまた来ます」と答えている **2**。

No. 3

A：Excuse me, ma'am. Is this the way to Shackleford Dance Hall?

B：No, sir. You're on the wrong street. You need to use Beverly Lane.

A：How do I get there?

1　Take the next street on the right.

2　Your car needs to be repaired.

3　There are two dance halls in town.

A：すみません。これはシャックルフォード・ダンスホールに行く道ですか?

B：いいえ。違う通りです。ビバリーレーンを通らなければなりません。

A：どうすればそこに行けますか?

1　次の通りを右に行ってください。

2　あなたの車は修理が必要です。

3　町にはダンスホールが２つあります。

✓　男性（A）は女性（B）にダンスホールに行く道をたずねている。Aの「どうすればそこに行けますか?」に対して「次の通りを右に行ってください」と行き方を答える **1** が適切。

No. 4

A：Hi, Andrew, are you going to the party on Saturday?

B：I wasn't invited to it. I'm going to a movie instead.

A：Oh, that sounds fun. What kind of movies do you like?

1　I haven't seen a movie this month.

2　I think the party starts at 6 p.m.

3　I usually watch scary ones.

A：こんにちは，アンドリュー，あなたは土曜日のパーティーに行く?

B：僕はそれに招待されなかったんだ。代わりに映画に行くつもりだよ。

A：わあ，楽しそう。どんな映画が好きなの?

1　今月は映画を見ていないんだ。

2　パーティーは午後6時に始まると思う。

3　ふだんは怖い映画を見るよ。

✓　2人は最初「土曜日のパーティー」について話していたが，会話の後半の話題は「好きな映画」なので，「ふだんは怖い映画を見る」と答えている **3** が適切。

No. 5

A：Hello, this is Dora with XYT Internet Services. Is this Mr. James?

B：Yes, but I already have an Internet service for my computer.

A：Well, are you interested in hearing about our new high-speed Internet service?

1　No. I can ask him later.

2　Sure. Please tell me more.

3　Actually, I have too many computers.

- -

A：こんにちは，XYTインターネットサービスのドーラです。ジェームズさんですか？

B：はい，でも私のコンピューターはもうインターネットサービスを利用しています。

A：では，当社の新しい高速インターネットサービスについてお聞きになることに興味はありますか？

1　いいえ。あとで彼に聞きます。

2　もちろんです。もっと聞かせてください。

3　実は，私はあまりに多くのコンピューターを持っているのです。

- -

📝　女性（A）は高速インターネットサービスについて説明しようとしているので，「もっと聞かせてください」と答える **2** が適切。1 は，him に該当する人物がおらず，答えに適さない。

No. 6

🔊 A：Hi, Carl. How was your trip to North Carolina?

B：It was wonderful! We spent some time on the beach.

A：Did you see any sea animals?

1　Yes. We saw many kinds of fish.

2　Yes. We brought our dog.

3　Yes. The food was very good.

- -

A：こんにちは，カール。ノースカロライナへの旅行はどうだった？

B：すばらしかったよ！　僕たちは海岸でしばらく過ごしたよ。

A：何か海の生き物を見た？

1　ああ。僕たちはいろいろな種類の魚を見たよ。

2　ああ。僕たちはうちの犬を連れて行ったよ。

3　ああ。食べ物はとてもおいしかったよ。

- -

📝　2人はカールのノースカロライナへの旅行について話している。A は「何か海の生き物を見た？」とたずねているので，「いろいろな種類の魚を見た」と答える **1** が正解。

No. 7

🔊 A：Hi. I'm looking for something to read. Can you help me?

B：Yes. What type of book are you interested in reading?

A：I want to read a book about international sports.

1　No. This is my first day at this job.

2　Sorry.　We only have movies here.

3　I see.　We should have some on this shelf.

A：こんにちは。読む本を探しているのですが。ちょっと教えてもらえますか？

B：いいですよ。どんな本を読むことに興味がありますか？

A：国際的なスポーツに関する本を読みたいです。

1　いいえ。今日がこの仕事での初日です。

2　すみません。ここには映画しかありません。

3　わかりました。この棚に何冊かあるはずです。

✓　2人は本について話している。Aは「国際的なスポーツに関する本を読みたい」と言っ
ているので，「この棚に何冊かあるはずだ」と答えている **3** が適切。

No. 8

🔊 A：Hello.

B：Hi, Daniel.　It's Mary.　Do you want to come over for a barbecue this weekend?

A：Well, my sister will be back from college then.　Can she come, too?

1　No.　I've never been to college.

2　Well, I don't really like movies.

3　Sure.　There will be a lot to eat.

A：もしもし。

B：こんにちは，ダニエル。メアリーだよ。今週末バーベキューに来ない？

A：ええと，その頃に僕の姉［妹］が大学から戻ってくるんだ。彼女も行っていいかな？

1　いいえ。私は大学に行ったことがないわ。

2　ええと，映画はあまり好きではないの。

3　もちろん。食べるものはたくさんあるから。

✓　2人は週末のバーベキューについて話している。ダニエル（A）は「姉［妹］も行って
いい?」とたずねているので，「もちろん。食べるものはたくさんある」と答えている
3 が適切。

No. 9

🔊 A：Joe, what do you want for your birthday?

B：I really want a new bike, Aunt Becky!

A：Well, I hope you get what you want.

1　Yeah.　My bicycle has red wheels.

2　Yeah.　My old bicycle is too small.

3　Yeah.　I don't like riding by myself.

A：ジョー，誕生日に何が欲しいの？

B：ベッキーおばさん，僕は本当に新しい自転車が欲しいんだ！

A：それなら，あなたの欲しいものがもらえるといいね。

1　うん。僕の自転車の車輪は赤だよ。

2　うん。僕の古い自転車は小さすぎるんだ。

3　うん。僕は1人で自転車に乗るのが好きじゃないんだ。

✅　ベッキーおばさん（A）が誕生日に何が欲しいのかをジョー（B）にたずねている。Bは「新しい自転車が欲しい」と言い，それに対してAは「あなたの欲しいものがもらえるといいね」と言っているので，新しい自転車が欲しいことに関連する応答がくると考えられる。よって，「自分の古い自転車は小さすぎる」と言っている **2** が適切。

No.10

🔊 A：Welcome to Beaverton Library.

B：Hello. I'm looking for books about France for a history report I'm writing.

A：Our history section is on the second floor. I'm sure you'll find something useful.

1　Thank you. I'll come back tomorrow, then.

2　Thank you. I'll try that library.

3　Thank you. I'll go there now.

A：ビーバートン図書館にようこそ。

B：こんにちは。執筆中の歴史のレポートのためにフランスに関する本を探しています。

A：歴史のセクションは2階にあります。きっとお役に立つものが見つかると思います。

1　ありがとうございます。では明日また来ます。

2　ありがとうございます。その図書館に行ってみます。

3　ありがとうございます。すぐにそこに行きます。

✅　図書館のスタッフ（A）と利用者（B）の会話。歴史のレポートのための本を探しているBにAは「歴史のセクションは2階にある」と教えているので，**3** が適切。2のthat library は別の図書館を指すので不適。

第2部

No.11

🔊 A：I went to a great steak restaurant last night, John.

B：What's it called? My wife loves steak, so maybe I'll take her there.

A：It's called Eddie's Steakhouse. It's really popular —— there were a lot of people there. I'll send you an e-mail with a link to their website.

B：That sounds great. Thanks.

Question　What is one thing the woman says about the restaurant?

A：昨夜すごくいいステーキレストランに行ったよ，ジョン。

B：その店は何ていうの？　妻はステーキが大好きだから，そこに連れて行くかもしれない。

A：エディーズ・ステーキハウスっていう店。とても人気があるの。店にはたくさん人がいたよ。そこのウェブサイトへのリンクを含むメールを送るね。

B：それはいいね。ありがとう。

❓ 女性がレストランについて言っていることの 1 つは何か？

1　その店にはたくさんの客がいる。

2　その店は昨夜閉店した。

3　その店はステーキを出さない。

4　その店にはウェブサイトがない。

☑　2人はステーキレストランについて話している。Aが2番目の発言で「店にはたくさん人がいた」と言っているので，**1** が正解。4はそのあとの「ウェブサイトへのリンクを含むメールを送る」に矛盾。

No. 12

A：Hey, Jennifer. <u>What are you making?</u> Is that beef stew?

B：No, Hiroshi, it's called gumbo. It looks like beef stew, but it tastes different. It's mostly made of rice, seafood, and sausage. <u>It's really popular in the state where I'm from, Louisiana.</u> Gumbo was first made there.

A：Wow. Is it spicy?

B：Sometimes it is. I usually don't make it spicy, but some people like it that way.

> Question　What is the woman doing?

A：ねえ，ジェニファー。<u>何を作っているの？</u>　それはビーフシチュー？

B：違うよ，ヒロシ，これはガンボっていうの。ビーフシチューみたいだけど，味が違う。主に米，魚介類，ソーセージで作られるの。<u>私の故郷のルイジアナ州ではとても人気だよ。</u>ガンボは最初にそこで作られたんだ。

A：すごいな。それは辛い？

B：辛いときもある。私はふだん辛くしないけど，そういうのが好きな人もいる。

❓ 女性は何をしているのか？

1　スーパーマーケットに行く準備をしている。

2　日本のレシピを試している。

3　故郷の料理を作っている。

4　ビーフシチューの作り方を学んでいる。

☑　2人は女性（B）が作っている料理について話している。Bが最初の発言で「私の故郷のルイジアナ州ではとても人気だよ」と言っているので，**3** が正解。

No. 13

A：Hello.

B：Hi. This is Karen Stepford. Is Billy home?

A：Hi, Karen. Billy's not home from his karate class yet.

B：Oh. Well, I want to ask Billy a question about a math problem that I'm having trouble with. Could you ask him to call me?

A：Sure. He should be back before dinnertime. I'll let him know you called.

Question　Why is the girl making the phone call?

- -

A：もしもし。

B：こんにちは。カレン・ステップフォードです。ビリーはいますか？

A：こんにちは，カレン。ビリーはまだ空手教室から帰っていないよ。

B：ああ。そうですか，私はある数学の問題に苦労していて，それについてビリーに聞きたいのです。私に電話するように彼に頼んでもらえますか？

A：いいよ。彼は夕食の時間までには戻るはずだよ。あなたから電話があったと伝えるね。

❓ なぜ少女は電話をかけているのか？

1　彼女は学校の勉強の手助けが必要である。

2　彼女は夕食に間に合わないだろう。

3　彼女は今日数学の授業を受けなかった。

4　彼女は空手を習い始めたい。

- -

📝　カレン（B）はビリーの家に電話をかけている。Bは2番目の発言で「数学の問題についてビリーに聞きたい」と言っているので，1が適切。

No. 14

A：Good afternoon. I'd like to sell my old computer. How much would you give me for it?

B：Let me see. Hmm. To be honest, ma'am, I can't give you very much.

A：Why not? It's in good shape —— I haven't used it much.

B：It looks good, but it's just too old. It won't run any of the software that's for sale now.

Question　What is one reason the man won't pay much money for the computer?

- -

A：こんにちは。私の古いコンピューターを売りたいのです。いくらで買ってもらえますか？

B：ちょっと見せてください。うーん。お客さま，正直なところあまりたくさんは払えません。

A：どうしてですか？　状態はいいし，あまり使っていないんですよ。

B：見た目はいいですが，古すぎるのです。今売られているソフトはどれも動かせないでしょう。

❓ 男性がコンピューターにあまりお金を払わない理由の1つは何か？

1 　壊れているように見える。

2 　古いソフトしか使えない。

3 　たくさんの人に使われてきた。

4 　古さが十分でない。

☑ コンピューターを買い取ってほしい女性（A）と店員の男性（B）の会話。Bは2番目の発言で「今売られているソフトはどれも動かせない」と言っているので，それを言い換えた **2** が正解。

No. 15 ▐▬▬▬▬▬▬▬▬▬▬▬▬▬▬▬▬▬▬▬▬▬

🔊 A：Hello. I am looking for someone who can help me.

B：I'm Fred Davis. I own this jewelry store. How can I help you?

A：I see you also fix jewelry. I have a watch that is broken.

B：Yes, we can fix rings, earrings, necklaces, and most watches. I can probably fix that for you. May I see it?

　Question 　Why did the woman go to the jewelry store?

A：こんにちは。どなたか応対してくれる人を探しているのですが。

B：私はフレッド・デイビスです。この宝飾品店のオーナーです。どうされましたか？

A：この店は宝飾品の修理もしていますね。壊れた時計があるんです。

B：はい，指輪，イヤリング，ネックレス，それにたいていの時計は修理できます。たぶんその時計も修理できると思いますよ。見てもよろしいですか？

❓ **女性はなぜ宝飾品店に行ったのか？**

1 　指輪を返すため。

2 　店のオーナーに会うため。

3 　イヤリングを買うため。

4 　時計を修理してもらうため。

☑ 客の女性（A）と宝飾品店の男性（B）の会話。Aは2番目の発言で「壊れた時計がある」と言っているので，**4** が正解。

No. 16 ▐▬▬▬▬▬▬▬▬▬▬▬▬▬▬▬▬▬▬▬▬▬

🔊 A：Mom, do we have any dinner plans tomorrow night?

B：I am going to make pasta, Dean. Why?

A：Could I invite Cory to eat with us?

B：Sure. I can make enough for everyone. We can all watch a movie after we eat, too.

　Question 　What does the boy want to do?

A：お母さん，明日の夜は何か夕食の予定がある？

B：パスタを作るつもりよ，ディーン。どうして？

A：コリーを食事に招待していい？

B：いいわよ。みんなのために十分作れるから。食事のあとにみんなで映画も見られるわね。

❓ 少年は何をしたいのか？

1 友だちを夕食に招待する。

2 家を出る前に夕食を食べる。

3 お母さんにパスタを作る。

4 映画を見に映画館に行く。

📝 ディーン（A）とお母さん（B）の会話。A は 2 番目の発言で「コリーを食事に招待していい?」と言っているので，**1** が正解。

No. 17

🔊 A：Hello. Do you make any coffee drinks without milk here?

B：Yes, they are listed on this board with our special drinks.

A：Thanks. Wow, these all look so good! Which one is your favorite?

B：I like them all, but the Italian Roast is my favorite.

| Question | What does the woman ask the man?

A：こんにちは。ここではミルクが入っていないコーヒーを作っていますか？

B：はい，スペシャルドリンクと一緒にこちらのボードに載せています。

A：ありがとう。わあ，どれもとてもおいしそう！ あなたが好きなのはどれですか？

B：私は全部好きですが，イタリアンローストがお気に入りです。

❓ 女性は男性に何を聞いているのか？

1 飲み物の値段を教えるように。

2 どの飲み物がチョコレートを使っているか。

3 ミルクが入っていないコーヒーについて。

4 飲み物がどうやって作られているのか。

📝 客の女性（A）とコーヒー店の店員の男性（B）の会話。A は最初に「ミルクが入っていないコーヒーを作っていますか?」とたずねているので，**3** が正解。

No. 18

🔊 A：How did you do on the science test this morning, Gloria?

B：Not so well. I'm worried that I did very poorly, actually.

A：Really? But you always do well in science. Didn't you study for it?

B：I did, but I couldn't sleep last night. I had trouble concentrating on some of the problems.

| Question | What is one thing we learn about the girl?

A：今朝の理科のテストはどうだった，グロリア？

B：あまりできなかった。実際，とてもひどかったんじゃないかって心配しているの。

A：そうなの？　でも君は理科でいつも点数がいいのに。テスト勉強しなかったの？

B：したんだけど，夕べは眠れなくて。いくつかの問題に集中できなかった。

❷ 少女に関してわかることの1つは何か？

1　理科のテストの勉強をしなかった。

2　夕べはよく眠れなかった。

3　宿題をする時間がない。

4　理科の成績がよくない。

☑　「テスト勉強しなかったの？」と聞かれたグロリア（B）は，2番目の発言で「勉強はしたが，夕べは眠れなかった」と言っているので，2 が正解。

No.19

A：Hello.

B：Hello. I'd like to order two large pizzas and some spicy chicken wings for delivery, please.

A：Sorry, but you must have made a mistake. This is a private phone number, not a restaurant.

B：Do you mean this isn't Willy's Pizza?

A：No, it's not. Goodbye.

> Question　What do we learn about the man?

A：もしもし。

B：もしもし。Lサイズのピザを2枚とスパイシーチキンの配達を注文したいのですが。

A：すみませんが，電話のかけ間違いのようです。これは個人の電話番号で，レストランではありません。

B：ウィリーズピザではないのですか？

A：いいえ，違います。さようなら。

❷ 男性について何がわかるか？

1　彼は今晩仕事ができない。

2　彼はピザが好きではない。

3　彼は注文をキャンセルした。

4　彼は電話をかけ間違えた。

☑　女性（A）と男性（B）が電話で話している。Aが2番目の発言で make a mistake「かけ間違いです」と言っているので，それを言いかえた 4 が正解。

No.20

A：Mom, where's my blue shirt with the green stripes?

B：I don't know, Ben. I haven't seen it.

A：I saw it in my closet yesterday morning, but now it's not there.

B：Well, maybe your brother borrowed it to wear to the party he went to.

Question What is Ben's problem?

A：お母さん，緑のストライプが入った僕の青いシャツはどこ？

B：知らないわよ，ベン。私は見ていない。

A：昨日の朝はクローゼットの中で見たのに，今はそこにないんだよ。

B：そう，ひょっとしたらお兄ちゃん [弟] が彼が行ったパーティーに着て行くのにそれを借りたのかも。

❓ **ベンの問題は何か?**

1 彼は自分のシャツが好きではない。

2 彼は自分のシャツが見つからない。

3 兄 [弟] が彼のシャツを汚した。

4 彼のシャツが大きすぎる。

📝 ベン（A）とベンの母親（B）の会話。最初にAが「緑のストライプが入った僕の青いシャツはどこ？」とたずねているので，**2** が正解。

第3部

No. 21

🔊 Michiko is in her second year of high school. Her favorite subjects are biology and math. Michiko wants to become a doctor one day. She plans to study very hard and wants to go to medical school in the future.

Question What does Michiko want to be in the future?

ミチコは高校2年生だ。彼女の好きな教科は生物と数学だ。ミチコはいつか医者になりたいと思っている。彼女は一生懸命勉強するつもりで，将来医大に行きたいと思っている。

❓ **ミチコは将来何になりたいのか?**

1 数学の教師。

2 看護師。

3 生物の教師。

4 医師。

📝 ミチコについての話。中盤で「ミチコはいつか医者になりたいと思っている」と言っているので，**4** が正解。

No. 22

🔊 Bob's cousin Paula is 12 years old. Last year, Paula wanted to be a ballet dancer. She was taking classes and practicing every day. But today, Bob was surprised to hear that Paula had quit the ballet lessons. Now, she wants to be a soccer player instead.

Question Why was Bob surprised?

ボブのいとこのポーラは12歳だ。昨年，ポーラはバレエダンサーになりたいと考えていた。彼女は毎日レッスンを受け，練習していた。だが今日，<u>ポーラがバレエのレッスンをやめたと聞いて，ボブは驚いた</u>。今，彼女は代わりにサッカー選手になりたいと思っている。

❓ なぜボブは驚いたのか？

1　ポーラがサッカーボールをくれた。

2　ポーラが彼のサッカーの試合に来た。

3　ポーラがバレエを習うのをやめた。

4　ポーラが有名なバレエダンサーに会った。

☑　ポーラについての話。中盤で「ポーラがバレエのレッスンをやめたと聞いて，ボブは驚いた」と言っているので，**3** が正解。

No. 23

🔊　Jonathan goes swimming three times each week. He wanted to take part in a swimming race, so he asked his friend Bob to help him. Bob came to the pool and used a stopwatch to measure how quickly Jonathan could swim. <u>With Bob's help, Jonathan got faster and faster.</u> In the race, Jonathan finished second.

Question　What did Bob do for Jonathan?

ジョナサンは毎週3回水泳に行く。彼は水泳のレースに参加したかったので，友だちのボブに手伝ってくれるように頼んだ。ボブはプールにやってきて，ストップウォッチを使ってジョナサンがどれくらい速く泳げるかを計った。<u>ボブが手伝ってくれたおかげで，ジョナサンはますます速くなった。</u>レースでジョナサンは2着でゴールした。

❓ ボブはジョナサンのために何をしたか？

1　彼はジョナサンがより速く泳げるように手伝った。

2　彼はジョナサンに飛び込み方を教えた。

3　彼はジョナサンにストップウォッチを使わせた。

4　彼はレースまでジョナサンを車で送った。

☑　中盤で「ボブが手伝ってくれたおかげで，ジョナサンはますます速くなった」と言っているので，**1** が正解。ストップウォッチを使ったのはジョナサンではなくボブなので，**3** は間違い。

No. 24

🔊　Postage stamps are usually put on letters before they are sent. Sometimes, there are printing mistakes on postage stamps, so they become very valuable. For example, <u>in 1918, some postage stamps were printed in the United States. Their pictures were printed upside down by mistake, and later in 2016, one of these stamps was sold for</u>

more than a million dollars.

Question Why were the U.S. postage stamps from 1918 special?

郵便切手は通常送られる前に手紙に貼られるものである。郵便切手にはたまに印刷ミスがあって，そういうものはとても貴重なものになる。例えば，1918年に，米国である郵便切手が印刷された。その絵柄は誤って上下逆さまに印刷され，その後2016年に，その切手の1枚が100万ドル以上で売られた。

❓ なぜ米国の1918年の郵便切手は特別なものだったのか？

1 100万枚以上が盗まれた。

2 ある有名な写真家によって買われた。

3 印刷するのに新しいタイプの機械が使われた。

4 絵柄にミスがあった。

🗹 終盤で「絵柄が誤って上下逆さまに印刷された」と言っているので，4が正解。この問題では「1918年」「2016年」「100万ドル」などの数を正確に聞き取り，誤りの選択肢に惑わされないように注意する。

No. 25

Zack's birthday party is on Sunday. He wanted to have his party at the city zoo, but it was not possible to have parties there. Instead, his party will be held at a place where people can go bowling. Zack wanted to invite all his classmates to his party, but his parents said he could only ask six friends to come.

Question What is one thing we learn about Zack's birthday party?

ザックの誕生日パーティーは日曜日に開かれる。彼は市の動物園でパーティーをしたかったが，そこでパーティーをするのは不可能だった。代わりに，ボウリングができる場所でパーティーが開かれる予定である。ザックはクラスメート全員をパーティーに招待したかったが，彼の両親は6人しか招待できないと言った。

❓ ザックの誕生日パーティーに関してわかることの1つは何か？

1 今週の日曜日に開かれる予定だ。

2 ザックの友だち6人がそれを計画した。

3 その日彼はボウリングに行けない。

4 ザックの両親はそれに行けない。

🗹 最初に「ザックの誕生日パーティーは日曜日に開かれる」と言っているので，1が正しい。

No. 26

Sharon has an important history test next week. She planned to study in the library today, but she got a call from her friend Nick. Nick had fallen off his bike and hurt himself. He asked Sharon if she could take him to see the doctor. Sharon said yes. She is more worried about her friend than about her test.

Question What did Sharon do for her friend Nick?

シャロンは来週重要な歴史のテストがある。彼女は今日図書館で勉強するつもりだったが，友だちのニックから電話があった。ニックは自転車から落ちてけがをした。彼はシャロンに医者に連れて行ってもらえるかどうかたずねた。シャロンはいいよと答えた。彼女は自分のテストのことよりも友だちのことのほうが心配だ。

❓ シャロンは友だちのニックのために何をしたか？

1　彼女は重要なテストのために彼の勉強を手伝った。
2　彼女は彼を医者に連れて行くことを承諾した。
3　彼女は彼が壊したあと彼の自転車を修理した。
4　彼女は彼が電話をするために自分の電話を使わせた。

✔️ 中盤で「彼はシャロンに医者に連れて行ってもらえるかどうかたずねた。シャロンはいいよと答えた」と言っているので，**2** が正解。

No. 27

🔊 This is a message for the Grade 10 students who will be taking today's Japanese exam. I hope you have remembered to bring your examinee forms. The exam will take place in Classrooms 204 and 205. Please check the list of names on the blackboard by the main entrance to find where you should take your exam.

Question How can students find out where to take their Japanese exam?

今日の日本語の試験を受ける予定の 10 年生の生徒に伝えます。受験者用の申し込み用紙を持ってくるのを忘れていませんね。試験は 204 と 205 の教室で行われます。自分がどこで試験を受けるのかを知るには，正面玄関そばの黒板に貼られた名前リストを確認してください。

❓ 生徒たちはどうすれば日本語のテストを受ける場所を知ることができるのか？

1　10 年生の生徒の 1 人にたずねることで。
2　204 教室の誰かにたずねることで。
3　正面玄関そばのリストを確認することで。
4　受験者用の申し込み用紙を確認することで。

✔️ 終盤で「自分がどこで試験を受けるのかを知るには，正面玄関そばの黒板に貼られた名前リストを確認してください」と言っているので，**3** が正しい。

No. 28

🔊 Larry grows vegetables and eats them himself. He really likes growing tomatoes, carrots, potatoes, and onions. However, he does not grow peppers because he does not like spicy food. Larry usually enjoys gardening very much, but last year, a rabbit got into his garden and ate all of his carrots. That made Larry very upset.

Question Why did Larry get upset?

ラリーは野菜を育てて自分でそれを食べる。彼はトマトやニンジンやジャガイモやタマネギを育てるのが本当に好きだ。しかし，彼は辛い食べ物が好きではないので，唐辛子は育てない。ラリーはふだんガーデニングをとても楽しんでいるのだが，昨年ウサギが庭に入ってニンジンを全部食べてしまった。そのことでラリーはとても腹を立てた。

❓ ラリーはなぜ腹を立てたのか？

1　彼のタマネギの風味が強すぎた。

2　誰かが彼の食べ物の中に唐辛子を入れた。

3　彼のジャガイモが育つのに時間がかかりすぎた。

4　ウサギが彼の野菜をいくらか食べた。

🔖　終盤で「昨年ウサギが庭に入ってニンジンを全部食べてしまった。そのことでラリーはとても腹を立てた」と言っているので，**4** が正解。

No. 29

🔊　In Italy, there is a shopping center called Vulcano Buono. It was built in 2007 and was created in the shape of a mountain. It has a big hole at the top. In the middle, it also has an outdoor theater where concerts and markets are held.

> Question　What is one thing we learn about the shopping center in Italy?

イタリアには，ブルカノ・ブオーノという名前のショッピングセンターがある。それは2007 年に建てられ，山の形に造られていた。頂上には大きな穴がある。中腹には，コンサートや市場が開かれる屋外劇場もある。

❓ イタリアのショッピングセンターについてわかることの 1 つは何か？

1　山のように見えるように設計がされた。

2　2,000 年以上前に建てられた。

3　ある有名な音楽家にちなんで名づけられた。

4　ある市場が閉鎖したあとに作られた。

🔖　あるイタリアのショッピングセンターについての話。中盤で「山の形に造られていた」と言っているので **1** が正しい。

No. 30

🔊　Patty rides her bike to college even when the weather is bad. She would like to take the bus when it's cold or rainy, but she needs to save money. Today, Patty was able to get a part-time job. She is very happy because she will have enough money to take the bus whenever she wants to.

> Question　Why is Patty happy now?

パティは天気が悪いときでも自転車に乗って大学に行く。寒いときや雨のときはバスに乗りたいと思うのだが，彼女はお金を節約しなければならない。今日，パティはアルバイトの仕事に就くことができた。乗りたいときにいつでもバスに乗れるお金が得られる

ので，彼女はとても喜んでいる。

❷ なぜパティは今喜んでいるのか？

1　もうアルバイトをする必要がない。

2　大学まで必ずしも自転車に乗って行かなくてもよい。

3　勉強に費やす時間がもっと多くとれる。

4　新しい自転車を買うのに十分なお金がある。

▨　序盤から中盤で「パティは天気が悪くても（節約するために）自転車に乗って大学に
　　行く」と言っている。そのあと，終盤で「乗りたいときにいつでもバスに乗れるお金が
　　得られる」と言っているので，2 が正解。

英検準 **2** 級

2022年度・第1回 解 答 と 解 説

一次試験・筆記 [P.068 ～ P.081]

1
(1)	1	(2)	3	(3)	3	(4)	3	(5)	3	(6)	1	(7)	4	(8) 1
(9)	4	(10)	3	(11)	4	(12)	3	(13)	1	(14)	1	(15)	4	(16) 2
(17)	4	(18)	1	(19)	2	(20)	2							

2 (21) 1 (22) 3 (23) 4 (24) 1 (25) 3

3A (26) 1 (27) 2
3B (28) 4 (29) 3 (30) 2

4A (31) 1 (32) 1 (33) 2
4B (34) 1 (35) 4 (36) 2 (37) 4

5 P. 080 ～ P. 081参照。

一次試験・リスニング [P.082 ～ P.097]

第 1 部 [No.1] 3 [No.2] 2 [No.3] 3 [No.4] 1 [No.5] 3
[No.6] 2 [No.7] 1 [No.8] 2 [No.9] 1 [No.10] 3

第 2 部 [No.11] 3 [No.12] 2 [No.13] 2 [No.14] 1 [No.15] 1
[No.16] 4 [No.17] 1 [No.18] 3 [No.19] 1 [No.20] 4

第 3 部 [No.21] 2 [No.22] 3 [No.23] 1 [No.24] 2 [No.25] 3
[No.26] 4 [No.27] 4 [No.28] 3 [No.29] 1 [No.30] 3

1

(1) リサは道路脇の**警告**を読んだ。落石に注意するよう書いてあった。

☑ 選択肢はいずれも名詞で warning「警告」，channel「チャンネル，水路」，shade「陰」，variety「種類」。第2文の「落石に注意するよう書いてあった」という説明から，「警告」だと考えられるので，**1**が正解。

📖 WORDS&PHRASES
□ **watch out for 〜** —— 〜に気をつける

(2) トモコは来年別々の中学校に進んだあとも，ユウジとの**友情**が続くことを望んでいる。

☑ 選択肢はいずれも名詞で knowledge「知識」，supply「供給」，friendship「友情」，license「免許（証）」。空所の直後に with Yuji とあるので，「ユウジとの友情」とすると文意が通じる。**3**が正解。

(3) アンドリューはスペイン語の授業で苦労していたので，先生が彼に**追加の**宿題を出した。彼はスペイン語の作文にもっと時間を費やすことで多くを学んだ。

☑ 選択肢はいずれも形容詞で peaceful「平和な」，talented「才能のある」，additional「追加の」，negative「否定の，不賛成の」。空所を含む文の後半は「〜だから…」という意味の so に導かれているので，前半は理由と考えられる。また，続く文に「スペイン語の作文にもっと時間を費やした」とあるので，先生はアンドリューに「追加の宿題を出した」と考えられる。**3**が正解。

📖 WORDS&PHRASES
□ **have trouble** —— 苦労する

(4) マイケルの両親は教師になれと**彼を促した**が，マイケルは芸術家になりたかった。結局，彼は美術の教師になった。

☑ 選択肢はいずれも動詞の過去形で celebrated「〜を祝った」，filled「〜を満たした」，pushed「〜を促した」，escaped「〜をのがれた」。空所を含む文の後半に「しかしマイケルは芸術家になりたかった」とあるので，空所には彼の意志に反する内容になる動詞を入れると流れが整う。したがって，**3**が正解。

📖 WORDS&PHRASES
□ **in the end** —— 最後は，結局

(5) A：ずいぶん長い間車に乗っているよ，パパ。いつおばあちゃんの家に着くの？

B：もう遠くないよ，ベス。あと10分くらいでおばあちゃんの家に到着するよ。

☑ 選択肢はいずれも動詞でmeasure「～を測る」，count「～を数える」，reach「～に到着する」，promise「～を約束する」。いつおばあちゃんの家に着くのかと聞かれて，父親は「もう遠くない」と答えているので，「あと10分ほどで到着する」とするのが自然。**3**が正解。

(6) A：ナオミ・ジョーンズが今年テニスで優勝したなんて信じられない！
B：そうね，大変な偉業だわ，特にシーズン最初の2つの試合で負けたんだから。

☑ 選択肢はいずれも名詞でachievement「偉業，業績」，retirement「引退」，treatment「治療」，equipment「装備，技能」。ある人物がテニスで優勝したことについて話しているのだから，「大変な偉業」と言っていると考えられる。したがって**1**が正解。

📖 WORDS&PHRASES
□ win the championship — 優勝する

(7) ビクトリアが初めてコンピューターでタイプし始めたとき，彼女はとても遅かった。だが，彼女は毎日練習し，やがてとても速くタイプできるようになった。

☑ 選択肢はすべて副詞でrarely「めったに～ない」，heavily「激しく」，brightly「明るく」，eventually「最終的に，やがて」。空所を含む文の前半に「毎日練習した」とあり，その結果を受けて速くタイプできるようになったのだから，eventually「やがて」が適切。**4**が正解。

(8) 最初，ボブは学校のコンサートでギターの独奏をすることについて不安を感じた。しかし，ギターの先生と話したあとは，彼はそれをする勇気を手に入れた。

☑ 選択肢はいずれも名詞でcourage「勇気」，fashion「流行」，education「教育」，average「平均」。ギターの独奏をみんなの前ですることに不安を感じていたボブが，ギターの先生と話したあとで見つけたものは「演奏する勇気」だとすると意味が通る。**1**が正解。

(9) メリッサは台所の床にネズミを見たとき，悲鳴を上げた。夫は台所に走ってきて，なぜ彼女がそんなに大きな声を上げたのかがわかった。

☑ 選択肢はdecorated「飾りつけた」，harvested「収穫した」，graduated「卒業した」，screamed「悲鳴を上げた」。2文目の最後に「彼女がそんなに大きな声を上げた」とあるので，**4**が正解。

(10) クラークの弟は黒い服を着て，忍者のふりをするのが好きだ。

☑ 選択肢はexpect「～を期待する」，explode「爆発する」，pretend「～するふりを

する」，protest「抗議する」。黒い服を着て「忍者であるふりをする」とすると文意が通じる。**3**が正解。pretend to be ～ で「～であるふりをする」の意味。

(11) ジェーンは夏のマラソンのために毎日訓練した。ついに彼女は4時間以内にレースを終えることに**成功した**。

📝 選択肢はいずれも動詞と前置詞の組み合わせでcomplained of ～「～について不満を言った」，came into ～「～に入ってきた」，stood by ～「～に味方した」，succeeded in ～「～に成功した」。第1文が「マラソンのために毎日訓練した」という内容なので，「ついに4時間以内に完走することに成功した」と考えられる。**4**が正解。

(12) ツアーガイドが指さして**遠くに**象がいると**言った**とき，マイクは見た。だが，あまりに遠くにいたので彼にはそれらが見えなかった。

📝 選択肢はon air「放送中で」，as a rule「概して」，in the distance「遠くに」，at most「せいぜい」。第2文に「あまりに遠くにいたので」とあるので，ツアーガイドは「遠くに象がいる」と言ったと考えられる。**3**が正解。

(13) A：どうしてデートでショッピングモールに行きたいの，ジェニー？ 買い物は**別として**，そこではほかに何ができるんだい？

B：それはね，モールには食事するすてきな場所がいくつかあるの。映画館もあるのよ。

📝 選択肢はaside from ～「～は別として，～のほかに」，compared with ～「～と比べて」，based on ～「～に基づいて」，close to ～「～の近くに」。Aの質問に対して，Bは「食事するところも映画館もある」と答えているので，「買い物のほかに何ができるか」という質問にすれば会話が成立する。**1**が正解。

📖 WORDS&PHRASES

□ **go on a date** ── デートする，デートに行く　　□ **mall** ── ショッピングモール

(14) エマはビーチに座り，太陽が沈んで，星が出てくるのを見るのを楽しんだ。**しばらくして**，寒くなってきたので，彼女はホテルに戻ることにした。

📝 選択肢はafter a while「しばらくして」，in a word「一言で言えば」，for the best「最もよい結果になるように」，by the way「ところで」。空所のあとに「寒くなってきた」とあるので，時間経過があったと考えられる。**1**が正解。

(15) スペンサーは自転車を使うとき**危険を冒す**のを好まない。彼はいつもヘルメットをかぶり，慎重に乗る。

📝 選択肢はいずれも動詞と名詞の組み合わせでmake efforts「努力する」，make progress「進歩する」，take place「行われる」，take risks「危険を冒す」。第2文に「ヘルメットをかぶり，慎重に乗る」とあるので，スペンサーは「危険を冒

すのを好まない」のだと考えられる。**4** が正解。

(16) ボビーは隣人の台所の窓から煙が出ているのを見た。隣人の家が燃えていると気づいたので，彼はすぐに母親に伝えに行った。

> ☑ 選択肢はいずれも前置詞と名詞の組み合わせで with luck「幸運にも，運がよければ」，on fire「燃えて」，at sea「海上で，航海中で」，for sale「売り出し中で」。第1文に「台所の窓から煙が出ているのを見た」とあるので，「燃えていると気づいた」とするのが適切。**2** が正解。

(17) A：ランディが携帯電話を川に落としたんだってね。
> B：そうなんだ。思いがけない出来事だって言っていたけど，両親に新しいのを買ってもらいたがっていたから，わざとやったんだと思う。

> ☑ 選択肢はいずれも前置詞と名詞の組み合わせで with help「助けを借りて」，for free「無料で」，in place「定位置に」，on purpose「わざと」。「両親に新しい携帯電話を買ってもらいたがっていたから」という理由から，「わざと，故意に」という意味の on purpose を入れると文意が通る。**4** が正解。

(18) ジェイソンの両親は高校のときに一緒に演劇部に入っていた。そうやって，二人は最初知り合ったのだ。

> ☑ 選択肢はいずれも関係詞。how は「～する方法」という意味で，やり方や方法を述べる場合に使われ，that is how ～で「そのようにして～」という意味を表す。**1** が正解。

(19) 昨夜，リックの母親は，リックが自分の部屋を掃除し終えるまでテレビを見るのを許さなかった。

> ☑ 選択肢は動詞 watch「～を見る」のさまざまな形。他動詞 let は〈let＋O＋動詞の原形〉で「Oが～することを許す」の意味になる。したがって，**2** が正解。

📖 **WORDS & PHRASES**
> □ **let＋O＋動詞の原形** ── Oに～させてやる，Oが～することを許可する

(20) A：バリ島への旅を楽しんだ？
> B：うん，すごく。とっても美しい場所で，そこの人たちはとても親切なんだ。訪れる価値はあったよ。

> ☑ 選択肢は動詞 visit「～を訪ねる」のさまざまな形。「～の価値がある」の意味の形容詞 worth のあとに入るのは名詞か動名詞。**2** が正解。visit には名詞もあるが，可算名詞なので冠詞が必要。

📖 **WORDS & PHRASES**
> □ **worth ～** ── ～の価値がある，～に値する

2

(21) A：こんにちは。私の名前はピーター・メイスンです。**2泊の予約**をしています。

B：お調べしますね，メイスンさま。はい，承っております。禁煙の，ダブルのお部屋をご用意しております。それでよろしいですか？

A：はい。結構です。

B：ありがとうございます，お客さま。こちらが鍵です。お部屋は404号室で，4階にございます。

☑ 選択肢は「2泊の予約」「医師との予約」「4時にグラント氏との面会」「受け取る荷物」。Bの「禁煙の，ダブルのお部屋をご用意しております」や「お部屋は404号室で，4階にございます」などから，Aは宿泊を予約していたことがわかる。**1**が正解。

WORDS&PHRASES
□ **nonsmoking** ── 禁煙の

(22) A：どうも，エリック。マンディはどこ？　彼女はあなたと一緒だと思ったけど。

B：さっき彼女から電話があって，今晩**彼女は来られない**そうだ。

A：まあ。理由は言ってた？

B：うん。同僚の1人が病気なので，働きに来てくれと上司から頼まれたんだ。

☑ 選択肢は「満月になる」「雨が降るかもしれない」「彼女は来られない」「彼女の車が動かない」。最後のBの発言で，マンディが仕事に行くことになったという説明をしていることから，**3**が正解。

WORDS&PHRASES
□ **earlier** ── 前に　　□ **co-worker** ── 同僚

(23) A：ドローリッシュ観光情報センターにようこそ。どんなご用でしょうか？

B：ドローリッシュに**水族館はありますか**？

A：残念ですが，お客さま。かつてはあったのですが，数年前に閉館しました。

B：それはとても残念だ。魚が泳ぐのを見ればとてもくつろいだ気分になれると思ったのに。

☑ 選択肢は「川はありますか」「博物館はいくつありますか」「いちばんよい土産物店はどこですか」「水族館はありますか」。Bの最後の発言にwatching fish swim「魚が泳ぐのを見ること」とあることから，**4**が正解。Aの2番目の発言 it closed「閉館しました」から，1は不適。

WORDS&PHRASES
□ **relaxing** ── くつろいだ気分にさせる

（24・25）

A：パパ，さっきサンドイッチを作ったんだけど，どこにも見あたらないの。どこにあるか知っている？

B：中にツナとマヨネーズが入っているやつだったかい？

A：そう。サンドイッチに入れる好きな中身なの。

B：ごめん！ ママが僕のために作ってくれたものだと思ったんだ。たった今，朝食に食べてしまったよ。

A：え？ うそ！ 今日のランチで食べるものがないわ。

B：心配しないで。僕が別のを作ってあげるから。

A：でもあと3分でスクールバスが来ちゃう。

B：大丈夫。今日は僕が車で送るから。

📝 (24)の選択肢は「中にツナとマヨネーズが入っている」「サンドイッチショップで買った」「作るのに時間がかかる」「いちごジャムのような味のする」。空所を含む文に続くAの発言に「サンドイッチに入れる好きな中身」とあるので，サンドイッチの中身について話していると考えられる。**1**が正解。(25)の選択肢は「一日中家にいる」「スーパーマーケットに行く」「車で送る」「レストランで食事をする」。空所を含む文の直前でAはスクールバスが来ると言っているが，Bは「大丈夫」と答えている。その理由は「自分が車で送る」からだと考えられるので，**3**が正解。

3

[A]

① ヒロコと3人の友達は，学校の研究課題に取り組んでいる。自分たちの町の歴史の調査をしていて，来週には授業でそれについて発表をしなければならない。毎日，放課後に彼女たちは学校の図書館で集まっている。どの情報を使い，どうやってすばらしい発表をするかを話し合っている。いくつかよい考えがあったので，**クラスメートの前で話すことを**楽しみにしていた。

② しかし，昨日ヒロコがバレーボールの練習中に脚を折った。それで，彼女は5日間入院しなければならない。彼女は友達に電話して，発表の手伝いがこれ以上できなくなってしまい申し訳ないと言った。友達はヒロコに心配しないでと言った。先生が発表のビデオを作ってくれると彼女らは言った。そうすれば，ヒロコは**あとでそれを見る**ことができる。ヒロコは友達にお礼を言い，幸運を祈った。

WORDS&PHRASES

□ **work on ～** ── ～に取り組む　　□ **look forward to ～ing** ── ～することを楽しみに待つ

意味と解説

(26) 選択肢は「クラスメートの前で話すこと」「先生に料理を作ること」「人前で自分たちのミュージカルを演じること」「書店で自分たちの本を見ること」。第1段落はヒロコと3人の友人たちが授業での発表に向けて準備に取り組んでいる様子について述べている。空所の直前に「いくつかよい考えがあった」とあるので，準備は順調だと考えられる。したがって，1が正解。ほかの選択肢では文意が通らない。

(27) 選択肢は「すぐによくなる」「あとでそれを見る」「同じように参加する」「ほかのスポーツをする」。空所の直前の文に先生が発表のビデオを作ってくれるとあるので，ヒロコがあとでそのビデオを見ることができる，という流れになる2が正解。

[B]

① ニューオーリンズはアメリカ合衆国南部の都市だ。かつて，フランス，スペイン，アフリカ，そしてカリブ海の人々がそこに移り住んだ。その結果，そこには独特な文化がある。それは街の建物のデザインに見られ，街の音楽にも聞くことができる。観光客は，ニューオーリンズとその近郊から生まれた**料理を味わう**ことでも，その文化を経験することができる。例えば，観光客はジャンバラヤのような料理を食べることで，街を知

ることができる。これは肉，魚介類，野菜，米，それにスパイスからできている。

2 ニューオーリンズはまた，ベニエと呼ばれるお菓子でも有名だ。ベニエは穴のない
ドーナツのようなものだ。ベニエはふつう，朝食として食べられる。しかし，街のフレン
チ・クォーターと呼ばれる地域のカフェでは一日中提供されている。カフェ・デュ・
モンドはその中で最も有名だ。その店には**シンプルなメニュー**がある。実際，そこでは
ベニエと飲み物しか出さないのだ。

3 ニューオーリンズの人々はたいていベニエと共にカフェオレと呼ばれる種類のコー
ヒーを飲む。これを作るには温めたミルクと特別な種類のコーヒーを用いる。ずっと
昔，コーヒー豆は非常に高価だった。人々はコーヒーのような味がする安いものを探
し，チコリという植物を発見した。この植物の根はコーヒー**に似た風味を持つ**。やが
て，ニューオーリンズの人々はコーヒー豆と乾燥させたチコリの根を混ぜたものから作
られたコーヒーの味を愛するようになった。

📖 WORDS&PHRASES

- □ **get to know** —— 〜と知り合う，〜を知るようになる　　□ **root** —— 根
- □ **over time** —— 時間と共に，そのうちに　　□ **come to 〜** —— 〜するようになる
- □ **mixture** —— 混ぜたもの

意味と解説

(28) 選択肢は「物語を聞くこと」「人々に会うこと」「車を運転すること」「料理を味わうこと」。
第1段落はニューオーリンズの独特な文化について述べている。空所の前の文では建物
のデザインや音楽について触れ，空所を含む文に続く文では「ジャンバラヤのような料理
を食べることでも街を知ることができる」とある。これらのことから，「料理を味わうこと」と
入れると文脈が整う。**4** が正解。

(29) 選択肢は「最も高値」「特別なテーブルといす」「シンプルなメニュー」「たった一人のウェ
イター」。第2段落はベニエについて説明している。空所に続く文に「実際，そこではベ
ニエと飲み物しか出さない」とあるので，メニューがシンプルだとするとうまくつながる。**3**
が正解。

(30) 選択肢は「〜よりもビタミンを多く含む」「〜に似た風味を持つ」「〜の袋の中でよく育つ」
「〜のためのカップとして使える」。空所を含む文の前の文に，「人々はコーヒーのような
味がする安いものを探し，チコリという植物を発見した」とあるので，味について述べてい
る **2** が最適。

4

[A]

本文の意味

差出人：ジェニー・スミス<jennysmith_060529@ezmail.com>
宛先：アイ・タナカ<atanaka-1102@tomomail.co.jp>
日付：6月5日
件名：博物館訪問

こんにちは, アイ

① 日本はどう？ (31)先月，あなたが海のそばで楽しんでくれたなら私はうれしいわ。泳いだり，友達と砂浜で遊んだりするのがあなたは大好きだものね。私もすばらしい休暇を過ごしたの。先週，ペンシルバニアの叔母と叔父のところに泊まったの。彼らはピッツバーグという都市から50キロくらいのところにある農場に住んでいるのよ。兄[弟]と私は自然の中, 屋外で遊ぶのを楽しんだわ。

② ある日, 雨が降っていたので, 私たちは街に出て, そこの自然史博物館を見ることにしたの。博物館には恐竜の骨がたくさんあって，すばらしかったわ。色鮮やかな岩の驚くべきコレクションもある。(32)でも, 私のお気に入りのパートは「パレオ・ラボ」（古代研究室）だったよ。そこでは, 科学者たちが博物館のために恐竜やほかの動物たちの古い骨を準備するの。科学者たちは大きな窓のある特別室で作業するから，博物館の来館者は彼らを見ることができるのよ。

③ ここシカゴにも自然史博物館があるって母が言っているわ。(33)あなたが来月アメリカに来たときに，母があなたと私と兄[弟]を連れていってくれると言っていたよ。早く行けば，丸一日博物館で過ごせるわ。興味があるかどうか知らせてね。(33)あなたに会うのが待ちきれないわ！

あなたのペンパル,

ジェニー

WORDS&PHRASES

□ **vacation** ── 休暇　□ **cool** ── すばらしい, すごい　□ **dinosaur** ── 恐竜　□ **bone** ── 骨

□ **amazing** ── 驚くほどの, すごい　□ **colorful** ── 色彩豊かな　□ **pen pal** ── 文通友達

意味と解説

----

(31) 先月，アイは

1 浜辺で時を過ごした。

2 水泳のレッスンを受け始めた。

3 ピッツバーグにいる家族を訪ねた。

076

4 兄 [弟] と外で遊んだ。

☑ 設問文より，ポイントは，先月アイがしたこと。それが書かれているのは，第1段落第2文「（アイが）先月，海のそばで楽しんでくれたなら私はうれしいわ」。したがって，**1**が正解。

(32) 博物館についてジェニーは何が一番気に入ったか？

1 科学者たちが博物館のために骨を準備するのを見ること。

2 ある恐竜の骨についてのすばらしい講演を聞くこと。

3 色鮮やかな岩の驚くべきコレクション。

4 窓が大きく，多くの光を取り込んでいたこと。

☑ まず，博物館の話題は第2段落に書かれていることを押さえる。ジェニーが最も気に入ったことは，第4～5文に書かれている。My favorite part was the "PaleoLab," though. There, scientists prepare old bones from...「でも，私のお気に入りのパートは『パレオ・ラボ』（古代研究室）だったよ。そこでは，科学者たちが…の古い骨を準備するの」とある。prepare を get ～ ready で言い換えた**1**が正解。

(33) 来月アイは何をするつもりか？

1 家族と一緒にシカゴに引っ越す。

2 ジェニーに会いに海外旅行をする。

3 イベントに参加するために早起きをする。

4 歴史博物館で働き始める。

☑ 来月のことについては第3段落で触れられている。第2文の後半にwhen you come to visit the United States next month「あなたが来月アメリカに来たときに」，また最終文に I can't wait to see you!「あなたに会うのが待ちきれないわ！」とあるので，この内容に一致する**2**が正解。

[B]

① オオカミはpack（群れ）と呼ばれる集団で暮らす知的な動物だ。はるか昔，オオカミの群れはドイツを含む多くのヨーロッパ諸国で見られた。しかし，(34)オオカミは時に農場経営者が飼う羊を殺したため，農場経営者たちはオオカミを狩った。また娯楽としてオオカミを狩る人々もいた。19世紀までにはドイツにはオオカミは一頭も残っていなかった。しかしこの20年の間に，オオカミはドイツに戻り始めた。

② 1980年代と1990年代に，ヨーロッパの国々は野生生物を守る法律を作り，野生動物のための特別区域を設けた。同時に，(35)海外で職につくために多くの人々が東欧にある農場を離れた。その結果，人が少なくなり，オオカミが好んで食べるシカやそのほかの動物たちのための安全な場所が増えた。そうした動物の数が増加するのに伴い，オオカミの数も増えた。オオカミは西に散らばり，2001年には再びドイツに生息しているのが見つかった。

③ ドイツには今では120以上のオオカミの群れがあるが，そのすべてが野生動物のための特別区域に暮らしているわけではない。多くのオオカミたちは，軍隊が訓練に使っている場所を好む。それはこうした場所がオオカミにとって安全だからだと専門家は考えている。どうやらドイツでは禁止されているにもかかわらず，オオカミを狩っている人々がいるらしいのだ。しかし，(36)こうした人々は捕まるかもしれないので，軍隊の訓練場に入ることを恐れている。

④ 珍しい鳥を含めたほかの動物たちも，軍隊の訓練場に守られている。かつてヨーロッパには多くの軍隊の訓練場があった。しかし，中にはもはや必要とされないものもある。(37)2015年，ドイツ政府は62か所の古い軍隊の訓練場から野生生物のための公園を造った。このことがドイツ国内のこうした公園の総面積を25パーセント増加させた。現在，こうした公園に馬や野牛，そのほかの野生動物を連れ戻す計画もある。

▐▌ WORDS&PHRASES

□ **return** —— 帰還　　□ **pack** —— 群れ　　□ **sport** —— 気晴らし，娯楽　　□ **wildlife** —— 野生生物

□ **increase** —— 増える，〜を増やす　　□ **spread** —— 広がる（過去形・過去分詞形も spread）

□ **It seems that 〜.** —— 〜であるらしい。　　□ **even though 〜** —— 〜であるにもかかわらず

□ **bison** —— 野牛，バイソン（単複同形）

意味と解説 ┄┄┄

(34) ドイツからオオカミが消えた理由の1つは何か？

　　1　オオカミが農場の動物を殺すのを止めるために狩られた。

　　2　オオカミが食べる動物たちがすべて農場経営者に殺された。

　　3　ドイツの農場経営者たちは羊の代わりに牛を飼い始めた。

　　4　オオカミが暮らしていた場所に人々が農場を造った。

☑️ オオカミがドイツから消えた理由は第1段落で述べられている。第3文に「オオカミは時に農場経営者が飼う羊を殺したため、農場経営者たちはオオカミを狩った」とあるので、**1**が正解。

(35) 1980年代と1990年代に、東欧の多くの人々が農場を離れたのはなぜか？
1 野生動物のための区域を造るために彼らの農場が買われたから。
2 オオカミやそのほかの動物たちの数が突然増えたから。
3 ヨーロッパ諸国の新しい法律に、彼らは去らなければならないとあったから。
4 彼らにはほかの国々に移って働くチャンスがあったから。

☑️ 設問文の in the 1980s and 1990s は第2段落の冒頭にあるので、そのあとを注意して読んでいく。第2文に many people left their farms in eastern Europe to take jobs abroad「海外で職につくために多くの人々が東欧にある農場を離れた」とあるので、**4**が正解。

(36) 多くのオオカミが軍隊の訓練場にすむことを好むのは
1 訓練場の兵隊たちがキッチンから彼らに食べ物を与えるからである。
2 オオカミを狩る人々は、あまりに恐れて訓練場に入ってこないからである。
3 多くの人々が野生動物のための特別区域を訪れるからである。
4 ドイツのほかの地域よりも道路が少ないからである。

☑️ 設問文の army training centers については、第3段落第2文に places that the army uses for training という形で登場している。続く第3文に、Experts think this is because these places are safe for the wolves.「こうした場所がオオカミにとって安全なためだろうと専門家は考えている」とあり、続けて、狩猟禁止のオオカミを狩る人々がいるが、「捕まるのを恐れて軍隊の訓練場には入らない」(同段落最終文)とあるので、**2**が正解。

(37) ドイツ政府は
1 62の新しい軍隊の訓練場を開設することを計画している。
2 保護するために珍しい鳥たちを移した。
3 2015年に公園に馬と野牛を持ち込んだ。
4 野生動物のために、より多くの土地を供給した。

☑️ 設問文の the German government は第4段落第4文に登場しており、それ以降の文をしっかり理解したい。第4〜5文に、「ドイツ政府は62か所の古い軍隊の訓練場から野生生物のための公園を造った。これがドイツ国内のこうした公園の総面積を25パーセント増加させた」とあるので、**4**が正解。

22年度 第1回 筆記

079

ライティング

5

問題の意味

質問

人々がインターネットを使って料理の仕方を学ぶのはよい考えだと思いますか？

解答例1

Yes, I do. I have two reasons. First, they can find a recipe for whatever they want to make. Second, there are free cooking videos on the Internet. Following the process shown in those videos, even beginners can cook. Moreover, videos help people understand how to use kitchen goods such as kitchen knives. （53語）

解答例1の意味

はい，そう思います。理由は2つあります。第一に，作りたいどんなもののレシピでも見つけることができます。第二に，インターネットには無料の料理動画があります。そうした動画の手順に従えば，初心者でも料理することができます。さらに，動画は包丁などのキッチン道具の使い方を理解するのにも役立ちます。

▨ まず，第1文で質問に対して賛成か反対か自分の意見を述べる。語数に余裕があれば第2文で I have two reasons.「理由は2つあります」と述べ，第3文以降でその理由を挙げて，補足を加えながら説明するという展開にすると説得力のある文章になる。

それぞれの理由を挙げるときは，First, ...「第一に，まず」，Second, ...「第二に，つぎに」などの表現を使うとわかりやすい。ほかに，To begin with「まずはじめに」やalso「さらに」といった表現を使って列挙してもよい。理由を述べたあとは補足説明を加えるようにする。理由を詳しく説明したり，For example, ...「例えば」を使って具体例を述べたりしてもよい。この解答例では「人々がインターネットを使って料理の仕方を学ぶのはよい考えだと思う」に賛成の立場で自分の意見を述べている。「作りたいどんなもののレシピでも見つけることができる」，「無料の料理動画の手順に従えば，初心者でも料理することができる」という2つの理由を挙げている。

そのほかの理由としては，「いつでも探したいときにレシピを探すことができる（People can search for recipes anytime they want.）」，「さまざまなキーワードを使ってレシピを検索できる（People can search for recipes using various keywords.）」，「動

画や写真を見ることで料理の工程がイメージしやすくなる（People can imagine the process of cooking more easily by watching videos or photos.）」などが考えられる。

解答例2

No, I don't. First, it is impossible to get a basic knowledge of cooking just by watching videos on the Internet. Also, people cannot get advice when they cook, so it is not so good especially for beginners. For these reasons, I think it's better for people to learn cooking directly from someone who knows how to cook.（58語）

解答例2の意味

いいえ，そうは思いません。まず，インターネットで動画を見るだけでは料理の基礎知識を身につけることは不可能です。また，人々は料理をしているときに助言を得られないので，特に初心者にとってはあまりよくないです。これらの理由から，人々は料理の仕方を知っている人から直接料理を学ぶほうがよいと思います。

✎ この解答例では，「人々がインターネットを使って料理を学ぶことはよい考えだ」に反対の立場で，2つの理由を挙げている。「インターネットで動画を見るだけでは料理の基礎知識を身につけることは不可能だ」，「料理をしているときに助言を得られないため，特に初心者にとってあまりよくない」と述べている。just by watching は「見るだけで」という意味。
そのほかの理由としては，「インターネットにはレシピが多くありすぎて，よいものを見つけるのは容易でない［時間がかかるかもしれない］（There are too many recipes on the Internet, and it is not easy [it might take time] to fine good ones.）」などが考えられる。

リスニングテスト

第1部

No. 1

A：Let's go on the roller coaster again!

B：We've already ridden that twice today. Let's do something else.

A：OK. But should we go get lunch first?

1　Well, I can't go to the amusement park today.

2　No. I don't like roller coasters.

3　Good idea. I'm really hungry.

- -

A：もう一度ジェットコースターに乗ろうよ！

B：今日はもう二回も乗ったわよ。何かほかのことをしましょうよ。

A：わかった。でも，まずランチを買いに行ったほうがいいかな？

1　それが，今日は遊園地に行けないの。

2　いいえ。私，ジェットコースターは好きじゃないの。

3　いいわね。私，おなかがぺこぺこよ。

- -

✔　ジェットコースターにもう一度乗ろうという男性（A）に対して，女性（B）は「何かほかのことをしよう」と言っている。男性は同意したうえで，「まずランチを買いに行ったほうがいいかな」と提案しているので，「いいわね」と賛成する **3** が正解。

No. 2

A：Thanks for choosing Speedy Taxi. Where are you going to?

B：Could you take me to Hartford Airport?

A：Certainly, ma'am. Are you traveling somewhere for vacation?

1　No. I'm afraid of flying.

2　No. I'm going on a business trip.

3　No. I don't have a guidebook.

- -

A：スピーディー・タクシーをご利用いただきありがとうございます。どちらまで？

B：ハートフォード空港まで行ってくれますか？

A：かしこまりました，お客さま。休暇でどこかにお出かけですか？

1　いいえ。私，飛ぶのはこわいの。

2　いいえ。出張に行くんです。

3　いいえ。ガイドブックは持っていません。

- -

✔　タクシー運転手（A）と乗客（B）の会話。「空港まで」と言う客に運転手（A）が「休暇で出かけるのですか」と問いかけているので，「いいえ。出張です」と答えている **2** が正解。

No.3

A：Excuse me, sir. How do I get to City Hall?

B：Well, you can take the No.9 bus. It stops over there.

A：Oh, really? How long does the bus ride take?

1　Next to City Hall.

2　The bus is coming soon.

3　About half an hour.

A：すみません。市役所へはどうやって行けばいいでしょうか?

B：ええと，9番バスで行けますよ。あちらに止まります。

A：あ，そうなんですか?　バスに乗っている時間はどのくらいですか?

1　市役所の隣です。

2　バスはまもなく来ます。

3　30分くらいです。

📝　女性 (A) が市役所への行き方をたずねると，男性 (B) がバスで行けると教える。さらに女性 (A) が乗車時間を聞いたので，「30分くらい」と時間を答えている 3 が正解。

No.4

A：Central Station. This is the lost-and-found office.

B：Hello. I think I left my textbook on a bench on Platform 5 this morning.

A：OK. I'll take a look. What's the title?

1　It's called *Basic French*.

2　I need it for my homework.

3　It was the eight o'clock train.

A：セントラル駅です。こちらは遺失物係です。

B：もしもし。今朝5番ホームのベンチに教科書を忘れたと思うのですが。

A：わかりました。調べてみます。本の題名は何ですか?

1　『基礎フランス語』です。

2　宿題をするのに必要なのです。

3　それは8時の電車でした。

📝　駅の遺失物係の職員 (A) に男性 (B) が本を置き忘れたと連絡している。「本の題名は?」と聞かれての返答なので，1 が正解。

No.5

A：What movie do you want to watch?

B：Hmm. I'm not sure. There are so many. How about *Happy Puppy*?

A：But that movie is for children.

1　OK, but it's three hours long.

2　Yeah, thanks for asking.

3　I know, but I still want to see it.

A：君はどの映画を見たい？

B：うーん。わからないわ。たくさんありすぎて。『ハッピー・パピー』はどう？

A：でもあの映画は子ども向けだよ。

1　いいわ，でもそれ，長さが3時間よ。

2　そうね，聞いてくれてありがとう。

3　わかっているけど，それでもそれを見たいの。

📝　どの映画を見るかについての会話。いろいろあって悩んだ女性（B）が『ハッピー・パピー』はどうか，と言うと，男性（A）がそれは子ども向けだと指摘する。「わかっているけど，それでも見たい」と答える **3** が正解。

No.6

🔊　A：Eddie, I hear you're going to Spain next month.

B：Yeah. I'm really excited. I love Spanish food.

A：I have a guidebook you can borrow if you like.

1　We arrived in Spain yesterday.

2　That's very kind of you.

3　I didn't go with you.

A：エディ，来月スペインに行くそうね。

B：そう。すごくわくわくしているよ。スペイン料理が大好きなんだ。

A：もしよければ，ガイドブックを貸してあげられるわよ。

1　僕らは昨日スペインに着いたよ。

2　ご親切にどうもありがとう。

3　僕は君と一緒に行かなかったよ。

📝　スペインに行くことになったエディ（B）に対し，女性（A）はガイドブックを貸そうかと申し出る。それに対するエディの返答としては，「ご親切にどうもありがとう」と礼を言っている **2** が正解。

No.7

🔊　A：Hello?

B：Hi, Colin. It's Hailey. How was your vacation in Florida last week?

A：We had a great time at the beach. Where are you going for your vacation?

1　I haven't decided yet.

2　I saw you in Florida.

3　I went there last year.

A：もしもし？

B：こんにちは，コリン。ヘイリーよ。先週のフロリダでの休暇はどうだった？

A：ビーチで楽しい時を過ごしたよ。君は休暇にどこに行くの？

1　まだ決めてないの。

2　あなたをフロリダで見たわ。

3　そこには去年行ったわ。

✍　コリン（A）とヘイリー（B）が電話で休暇について話している。コリン（A）に「休暇にどこに行くか？」と聞かれたので，「まだ決めていない」と答える **1** が正解。

No. 8

🔊 A：You look really sleepy this morning, Joe.

B：I am, Cindy. I stayed up late to watch the football game on TV. It finished at 1 a.m.

A：Oh, really? Was it a good game?

1　Well, it was canceled.

2　Yeah, it was exciting.

3　No, it was expensive.

A：今朝はすごく眠そうね，ジョー。

B：そうなんだ，シンディ。テレビでフットボールの試合を見て夜更かししてね。終わったのが午前1時だったから。

A：あら，本当？　いい試合だった？

1　それが，中止になったよ。

2　ああ，おもしろかったよ。

3　いや，高かったよ。

✍　シンディ（A）とジョー（B）の会話。ジョーが眠そうなのはテレビでフットボールの試合を見ていたせいだと聞いて，シンディはいい試合だったかと問いかける。「ああ，おもしろかったよ」と答えている **2** が正解。

No. 9

🔊 A：Dana, I heard that you are worried about today's game?

B：Yeah, Coach Jackson. I'm afraid I'll make a mistake.

A：Don't be nervous. Just do your best and have fun.

1　OK. I'll try to relax.

2　OK. I'll be late for practice.

3　OK. I'll bring my own ball.

A：ダナ，今日の試合を心配しているんだって？

B：そうなんです，ジャクソン・コーチ。ミスをするんじゃないかと心配で。

A：緊張しないで。ベストを尽くして楽しみなさい。

1　わかりました。リラックスするようにしてみます。

2　わかりました。練習に遅れます。

3　わかりました。自分のボールを持っていきます。

✎　ジャクソン・コーチ（A）と教え子のダナ（B）の会話。不安そうなダナに対して，コーチは緊張せずベストを尽くして楽しむようにと助言している。「リラックスするようにしてみる」と答える**1**が正解。

No. 10

A：Hi. Do you need any help?

B：Well, I'm looking for some new sunglasses. Are any of these on sale?

A：Yes. These are now only $100. Would you like them?

1　No, it's really hot outside today.

2　No, we're going on vacation soon.

3　No, that's still too expensive.

A：こんにちは。何かお手伝いいたしましょうか？

B：ええ，新しいサングラスを探しているんです。これらの中でセールになっているものはありますか？

A：はい。こちらは今たったの 100ドルです。いかがですか？

1　いいえ，今日は外がすごく暑いです。

2　いいえ，私たちはまもなく休暇に行きます。

3　いいえ，それはまだ高すぎます。

✎　店員（A）とセールになっているサングラスを探している女性（B）の会話。100ドルのサングラスを勧める店員に対し，「まだ高すぎる」と答える**3**が正解。

第 2 部

No. 11

A：Larry, do you want to study for the history test this afternoon?

B：I can't. I have to look after my little sister today.

A：OK. How about tomorrow?

B：No, I can't tomorrow, either. I have soccer practice. Maybe we should just study by ourselves.

Question　What does the boy suggest that the girl do?

A：ラリー，今日の午後，歴史のテスト勉強をしない？

B：できないんだ。今日は妹の面倒をみなきゃならなくて。

A：わかった。明日はどう？

B：いや，明日もできない。サッカーの練習がある。<u>自分で勉強したほうがいいかもね。</u>

❷ 男の子は女の子にどうするよう提案しているか？

1 彼のために歴史のレポートを書く。

2 彼の妹を彼と共に訪ねる。

3 一人でテスト勉強をする。

4 彼と一緒にサッカーの試合に行く。

☑ ラリー（B）は2回目の発言で「自分で勉強したほうがいいかもしれない」と言っているので，**3** が正解。by ourselves は「自分たち自身で，独力で」の意味。

No. 12

A：Welcome to the Seafood Grill.　Do you have a reservation?

B：No, I don't.　Is there a table open?

A：<u>Not at the moment, actually.　But if you'd like to wait here in the waiting area, I'll call you when a table becomes available.</u>

B：<u>Thank you.　I'll do that.</u>

Question｜ What will the man do next?

A：シーフード・グリルにようこそ。ご予約はされていますか？

B：いいえ，していません。空いているテーブルはありますか？

A：それが，今は空いていません。ただ，<u>こちらの待ち合いエリアでお待ちいただければ，テーブルが空きましたら，お呼びします。</u>

B：ありがとう。そうします。

❷ 男性は次にどうするか？

1 予約する。

2 待ち合いエリアで待つ。

3 食事を注文する。

4 別のレストランに電話する。

☑ レストランの受付係（A）と予約していない客（B）の会話。受付係は，満席なので待ち合いエリアで待つことを勧めている。それに対して客（B）は「ありがとう。そうします」と答えているので，**2** が正解。

No. 13

A：Hello?

B：Adam, it's Carol.　Where are you?

A：At home.　I'm watching the hockey game on TV.　Why?

B：It's two o'clock!　<u>We're supposed to meet at the library today to work on our report.</u>

A：Oh no! I forgot all about it. I'm really sorry. I'll get my books and come right away.

Question What did Adam forget to do?

A：もしもし？

B：アダム，キャロルよ。どこにいるの？

A：家だよ。テレビでホッケーの試合を見ているんだ。どうして？

B：2時よ！　今日は図書館で会って，私たちのレポートをやるはずだったでしょう。

A：ああ，しまった！　すっかり忘れていた。本当にごめん。本を持ってすぐに行くよ。

❓ **アダムは何をするのを忘れていたか？**

1　図書館の本を返却する。

2　キャロルと一緒にレポートに取り組む。

3　ホッケーの試合に行く。

4　テレビ番組を録画する。

📝　アダム（A）とキャロル（B）の電話での会話。キャロルに「図書館で会って，レポートをやるはずだった」と言われて，アダムは「ああ，しまった！　すっかり忘れていた」と言っている。したがって，**2** が正解。

No.14 ▮▮▮▮▮▮▮▮▮▮▮▮▮▮▮▮▮▮▮▮▮▮▮▮

🔊 A：Welcome home, honey. Hey, what happened to your jacket? It's so dirty.

B：Oh, I fell off my bicycle on my way home.

A：Oh no. Were you hurt?

B：No, I'm fine. I'll take my jacket to the dry cleaner's on the weekend.

Question What happened to the man?

A：おかえりなさい，あなた。あら，ジャケットをどうしたの？　すごく汚れているわ。

B：ああ，帰る途中に自転車から落ちたんだよ。

A：あら，やだ。けがをしたの？

B：いや，大丈夫。週末にジャケットをドライクリーニングに出すよ。

❓ **男性に何が起こったか？**

1　災難にあった。

2　違う自転車を持ってきた。

3　ジャケットをなくした。

4　具合が悪くなった。

📝　妻（A）にジャケットが汚れていると指摘され，夫（B）は「帰る途中に自転車から落ちた」と説明している。したがって，**1** が正解。

No.15 ▮▮▮▮▮▮▮▮▮▮▮▮▮▮▮▮▮▮▮▮▮▮▮▮

🔊 A：Welcome to the Showtime Theater.

B : Hi. Are you still showing the movie *Bubbles the Dancing Bear*? I didn't see the title on the sign. My grandson and I would like to see it.

A : Sorry, sir. <u>We stopped showing that movie two weeks ago.</u>

B : <u>Oh, that's too bad.</u> I guess we'll have to wait for the DVD.

Question　Why is the man disappointed?

A : ショータイム劇場にようこそ。

B : こんにちは。映画の『踊る熊バブルス』はまだやっていますか？　看板にそのタイトルがなかったのですが。孫と私はそれを見たいのです。

A : 申し訳ありません，お客さま。<u>その映画は 2 週間前に上映を終了しました。</u>

B : わあ，それは残念。DVD が出るのを待たなきゃならないようだな。

❓ 男性はなぜがっかりしているのか？

1　見たかった映画を見ることができない。

2　孫のために DVD を借りることができなかった。

3　『踊る熊バブルス』は退屈だった。

4　ショータイム劇場がもうじき閉まる。

☑　劇場のチケット売り場の係（A）と男性客（B）の会話。男性は映画の『踊る熊バブルス』を見たかったが「2 週間前に上映を終了した」と言われて，「わあ，それは残念」と答えている。したがって，1 が正解。

No.16

A : Do you have any copies of the magazine *Sporting Life*?

B : Well, usually we do, but I think we've sold all of this month's copies.

A : Oh. <u>Do you think you might have some at one of your other stores?</u>

B : Well, I can check for you. <u>Give me a minute to make some calls.</u>

Question　How will the woman try to help the man?

A : 『スポーティングライフ』誌はありますか？

B : それが，いつもはあるのですが，今月号はすべて売り切れたと思います。

A : わあ。<u>そちらのほかの店舗にはあると思いますか？</u>

B : そうですね，お調べできますよ。<u>何本か電話しますので，少しお時間をください。</u>

❓ 女性はどのように男性を手助けしようとしているのか？

1　別の店舗への行き方を彼に教えることで。

2　値引きの受け方を彼に教えることで。

3　『スポーティングライフ』を一冊注文することで。

4　別の店舗に連絡することで。

☑　男性（A）は書店で雑誌『スポーティングライフ』を探しているが，あいにく売り切れている。ほかの店舗にはあるか，と男性がたずねると，店員の女性（B）は「何本か

電話をかけて調べる」と答えている。したがって，**4** が正解。

No. 17

🔊 A：Why are there so many people at this department store, Jenny?

B：Well, Hiroshi, it's Friday night for one thing. It's the busiest time of the week. And it looks like there's a sale.

A：Oh, I see. Maybe I can find the DVD I want for a low price.

B：Actually, the sale is only for clothes.

> Question　What is one reason why the department store is crowded?

- -

A：このデパートにはどうしてこんなに大勢の人がいるんだい，ジェニー？

B：それはね，ヒロシ，一つには金曜日の夜だからよ。週のうち一番混むときなの。それに，セールもあるようだし。

A：そうか，なるほど。欲しいと思っている DVD を安値で見つけられるかもしれないね。

B：実は，セールは衣料品だけよ。

❓ **デパートが混雑している理由の一つは何か？**

1　金曜日の夜である。

2　DVD がセール中である。

3　開店したばかりだ。

4　有名な歌手が来る。

- -

📝　ヒロシ（A）とジェニー（B）がデパートに来ている。なぜこんなに混雑しているのかと問うヒロシに，ジェニーは「一つには金曜日の夜だから。週のうち一番混むときだ」と説明している。したがって，**1** が正解。

No. 18

🔊 A：Are you OK, honey?　You don't look very good.

B：I've got a headache again.　I just took some medicine.

A：That's your third headache this week.　I think you should go and see a doctor.

B：I agree.　I've already made an appointment for this afternoon.

> Question　What is the man's problem?

- -

A：大丈夫，あなた？　具合がよくなさそうだけど。

B：また頭痛がするんだ。薬を飲んだところだよ。

A：今週，頭痛は 3 回目よ。医者に行ったほうがいいと思うわ。

B：そうだね。今日の午後にもう予約を入れてあるよ。

❓ **男性の問題は何か？**

1　薬を持っていない。

2　予約が取れない。

3　ずっと頭痛がしている。

4 今日の午後にすることがたくさんある。

✅ 男性 (B) が最初の発言で「また頭痛がする」と言うと，女性 (A) が今週3回目だと指摘しているので，**3** が正解。

No.19

🔊 A：Dad, look at this pretty doll. I want to get it as a gift for my friend.

B：Jenny, it's still the beginning of the trip. If you use all your money now, you won't be able to buy anything later.

A：I know, but I think my friend will really like it.

B：OK.

Question　What does the girl want to do?

A：パパ，このかわいいお人形を見て。お友達へのお土産に買いたいな。

B：ジェニー，まだ旅は始まったばかりだよ。今お金を全部使ってしまったら，あとで何も買えなくなるぞ。

A：わかってるけど，お友達はこれをすごく気に入ると思うの。

B：わかった。

❓ **女の子は何をしたいか？**

1　友達のために人形を買う。

2　ほかのお土産を探す。

3　お金を借りる。

4　長い旅行に出る。

✅ 女の子 (A) は最初の発言で，人形を友達へのお土産に買いたいと言っている。「旅が始まったばかりなのにお金を使ってしまうとあとで何も買えない」と父親に指摘されても，「わかっているが，友達はこれを気に入ると思う」と主張している。**1** が正解。

No.20

🔊 A：Honey, what do you think of this green sofa?

B：Well, it looks comfortable, but it's quite expensive. How about this red one?

A：Hmm. I don't really like that style. Let's go look at some other sofas in that store beside the bank.

B：OK. Good idea.

Question　What do the man and woman decide to do?

A：あなた，この緑色のソファをどう思う？

B：ええと，快適そうだが，かなり高いな。この赤いのはどうだい？

A：うーん。そのスタイルはあまり好きじゃないわ。銀行の横のあの店に，ほかのソファを見に行きましょうよ。

B：わかった。いい考えだ。

❷ **男性と女性はどうすることに決めているか?**

1　銀行からお金を引き出す。

2　緑色の毛布を探す。

3　赤いソファを買う。

4　違う店に行く。

📝　男性 (B) と女性 (A) が家具店でソファを見ている。女性が2回目の発言で「銀行の横のあの店に, ほかのソファを見に行きましょう」と言うと, 男性も同意しているので, 二人はほかの店に行くことにしたとわかる。したがって, 4 が正解。

第 3 部

No. 21

🔊　Wendy dropped her smartphone at a bookstore yesterday, and its case broke. She was upset because she liked the case very much. Luckily, one of Wendy's friends was shopping with her, and he showed her some cool cases online. Wendy ordered one of them, and to thank her friend, she bought him a cup of coffee in a café.

> Question　How did Wendy find a new case for her smartphone?

　ウェンディは昨日書店でスマートフォンを落とし, ケースが壊れた。そのケースがすごく気に入っていたので, 彼女は動揺した。幸いなことに, 友人の1人がウェンディと一緒に買い物をしていて, 彼がインターネットに出ているすてきなケースを見せてくれた。ウェンディはその1つを注文し, 友達にお礼するためにカフェでコーヒーをおごった。

❷ **ウェンディはどうやってスマートフォンの新しいケースを見つけたか?**

1　店の雑誌で見た。

2　友人がインターネットでいくつか見せてくれた。

3　近くの書店にあった。

4　カフェに安いのがあった。

📝　中盤で, 「友人の1人がウェンディと一緒に買い物をしていて, インターネットに出ているすてきなケースを見せてくれた」と述べられているので, 2 が正解。

No. 22

🔊　In Alaska, there is a type of frog called a wood frog. Wood frogs live in areas with many tall trees. They eat other small animals on the ground and hide under leaves there. When it gets very cold, they can stop their hearts from beating. However, the frogs do not die. They go to sleep, and when it becomes warmer, they wake up and start to move again.

> Question　What can wood frogs do when it is very cold?

アラスカには，ウッドフロッグと呼ばれる種類のカエルがいる。ウッドフロッグは高い木がたくさんある地域にすむ。彼らは地面にいるほかの小動物を食べ，そこの木の葉の下に隠れる。とても寒くなると，彼らは心臓の鼓動を止めることができる。しかし，カエルは死ぬわけではない。彼らは眠りにつき，暖かくなると目を覚まして再び活動し始めるのだ。

❓ とても寒いとき，ウッドフロッグは何ができるか？

1　小動物の代わりに木の葉を食べる。

2　高い木々の中に隠れる。

3　心臓を止める。

4　暖かい地域に移動する。

📝　中盤で，When it gets very cold, they can stop their hearts from beating「とても寒くなると，彼らは心臓の鼓動を止めることができる」とあるので，**3** が正解。

No. 23

🔊　Nathan went to look for a motorcycle in a shop. He saw a red one that looked too small for him because its seat was low. However, he really liked the sound of its engine, so he wanted to buy it. The salesman took a picture of Nathan on the motorcycle and showed it to him. The motorcycle did not look too small after all, so Nathan decided to buy it.

Question　Why did Nathan want to buy the motorcycle?

ネイサンは店にバイクを探しに行った。シートが低いので彼には小さすぎるように見える赤いバイクを見つけた。しかし，エンジン音をとても気に入ったので，彼はそれを買いたかった。販売員はバイクに乗ったネイサンの写真を撮り，それを彼に見せた。結局，バイクは小さすぎるようには見えなかったので，ネイサンはそれを買うことに決めた。

❓ ネイサンはなぜそのバイクを買いたかったか？

1　エンジンの音が気に入った。

2　色がすばらしいと思った。

3　フロントライトの高さが完璧に見えた。

4　販売員が値引きしてくれた。

📝　中盤で，he really liked the sound of its engine, so he wanted to buy it「エンジン音をとても気に入ったので，それを買いたかった」と述べられているので，**1** が正解。選択肢2の色については「すばらしい」とは述べていない。3, 4については本文にない。

No. 24

🔊　Patricia had a math test on Friday. She was upset because her score was bad even though she had studied on the bus every morning for two weeks. After school, she spoke to her math teacher. He gave her some homework to help her. He said that he would check it on Monday and try to explain the difficult parts to her.

> Question   Why was Patricia upset?

パトリシアは金曜日に数学のテストがあった。2週間，毎朝バスに乗っているときに勉強したにもかかわらず点が悪かったので，彼女は動揺した。放課後，彼女は数学の先生に話をした。彼はパトリシアを助けるために宿題を出してくれた。月曜日にチェックして，彼女にとって難しいところを説明してみるつもりだと先生は言った。

❓ パトリシアはなぜ動揺したのか？

1　彼女のバスがまた遅れた。

2　テストの点がよくなかった。

3　宿題ができなかった。

4　違うテストの勉強をした。

☑　序盤から中盤にかけて She was upset because her score was bad even though she had studied on the bus every morning for two weeks.「2週間，毎朝バスに乗っているときに勉強したにもかかわらず点が悪かったので，彼女は動揺した」と述べているので，**2** が正解。

No. 25

🔊　Welcome to Saver's Palace Supermarket. We are now open until 10 p.m. every day. Today, we have special discounts on fresh fruit, which you can find near the entrance. Pineapples and mangoes are half-price, and you can buy three apples for the price of one. The staff would like to remind all shoppers to keep bags and wallets safe at all times.

> Question   Why is this announcement being made?

セイバーズ・パレス・スーパーマーケットにようこそ。現在，毎日午後10時まで開店しています。今日は入口付近で，新鮮な果物を特別割引しております。パイナップルとマンゴーは半額，リンゴは3個を1個のお値段でお買い上げいただけます。お買い物のお客さまは，常にかばんとお財布を安全に保つようお願いいたします。

❓ このアナウンスはなぜ行われているか？

1　入口付近でかばんが見つかった。

2　新しいスタッフを募集している。

3　果物が安く売られている。

4　店はまもなく閉店する。

☑　中盤で Today, we have special discounts on fresh fruit, which you can find near the entrance.「今日は入口付近で，新鮮な果物を特別割引しております」と述べ，続けてパイナップル，マンゴーの値段が半額であることなどを述べている。これを知らせ

ることがアナウンスの目的なので，**3** が正解。

No. 26

Yumi went to Australia for three months last year. She stayed with a family who had a big dog named Barney. At first, Yumi was scared of Barney because of his size, but later, she found out that he was very gentle. She even began to play with him. Yumi threw a ball, and Barney went running to pick it up.

| Question | Why was Yumi scared at first?

ユミは昨年3か月間オーストラリアに行った。彼女は，バーニーという大きな犬を飼っている家族のところに滞在していた。最初，ユミはバーニーの大きさのせいで彼が怖かったが，あとになってバーニーがとてもやさしいことがわかった。バーニーと遊び始めさえした。ユミがボールを投げ，バーニーが走ってボールを取りに行った。

❓ 最初，ユミはなぜ怖かったのか？

1   犬がとても若かった。

2   犬が彼女のところに走ってきた。

3   犬が彼女のボールを取った。

4   犬が大きかった。

☑ 中盤で At first, Yumi was scared of Barney because of his size「最初，ユミはバーニーの大きさのせいで彼が怖かった」と述べているので，**4** が正解。

No. 27

🔊

Tony has been taking piano lessons for 10 years. He loves jazz and sometimes plays for his friends. Last week, his piano teacher invited him to perform in a small concert at a restaurant next Sunday. Tony accepted her invitation, but he is very nervous because he has never played in front of people he does not know.

| Question | What is Tony going to do?

トニーは10年間ピアノのレッスンを受けている。彼はジャズが好きで，時々友人たちのために演奏する。先週，ピアノの先生が，来週の日曜日にレストランで開かれる小さなコンサートで演奏するようにと彼を招いた。トニーは彼女の招待を受け入れたが，知らない人々の前で演奏したことがないので，とても不安になっている。

❓ トニーは何をするつもりか？

1   日曜日に友達と会う。

2   ジャズのレッスンを受け始める。

3   ピアノの弾き方を人々に教える。

4   レストランで演奏する。

☑ 中盤に Last week, his piano teacher invited him to perform in a small concert at a restaurant next Sunday.「先週，ピアノの先生が，来週の日曜日にレストランで開か

れる小さなコンサートで演奏するようにと彼を招いた」とあり，トニーが彼女の招待を
受け入れたと述べているので，**4** が正解。

No. 28

    Long ago, in Central America, <u>there were people called Aztecs. They used
chicle, a type of natural chewing gum.</u> Researchers have found that the Aztecs had
rules about chicle. Children and single women could chew it in public. On the other
hand, men and married women could only chew it secretly to clean their teeth and
make their breath smell good.

> Question What did researchers find out about the Aztecs?

    はるか昔，中央アメリカにアステカ族と呼ばれる人々がいた。<u>彼らは天然のチューイ
ンガム，チクルを使った。</u>研究者たちは，アステカ族にはチクルについてのルールがあっ
たということを発見した。子どもたちや独身女性は，人前でチクルをかむことができた。
一方，男性と既婚女性は，歯をきれいにし，息をいい匂いにするためにひそかにかむこ
としかできなかった。

❓ アステカ族について研究者が発見したのは何か？

1　アステカ族の子どもたちはルールがあるゲームをした。
2　アステカ族の女性たちは男性よりずっとたくさん食べた。
3　アステカ族にはある種のチューインガムがあった。
4　アステカ族は簡単な歯ブラシを作った。

☑　序盤から中盤にかけて They used chicle, a type of natural chewing gum.「彼らは
天然のチューインガム，チクルを使った」と述べているので，この内容に一致する **3**
が正解。

No. 29

    You're listening to *Radio Music FM*, and we have a competition coming up. Are
you a fan of the band the Boaties? <u>Call us now at 555-8877 and answer three simple
questions about the band.</u> You can win two tickets to the band's concert at Louisville
Stadium next month. Hurry! The lines are now open!

> Question How can listeners win a prize?

    ラジオ・ミュージックFM をお聞きの皆さん，もうすぐ，ある競争があります。あなた
はあのバンド，ボウティーズのファンですか？　<u>今すぐ 555-8877 に電話して，バンド
についての 3 つの簡単な質問に答えましょう。</u>来月ルイビル・スタジアムで開催される
バンドのコンサートのチケットが 2 枚当たるかもしれません。お急ぎください！　ただ今，
回線が開通しました！

❓ リスナーはどのようにして賞品を勝ち取れるか？

1　電話をかけて質問に答えることで。

2 スタジアムのチケット売り場に急ぐことで。

3 アナウンサーに E メールを送ることで。

4 ボウティーズの歌を歌うことで。

☑ 中盤で Call us now at 555-8877 and answer three simple questions about the band.「今すぐ 555-8877 に電話して，バンドについての 3 つの簡単な質問に答えましょう」と述べている。そうすれば来月のコンサートのチケットが当たるかもしれない，と言っているので，この内容を言い換えた **1** が正解。

No. 30

🔊　Oliver's grandparents live far away. He only meets them once a year. This year, Oliver's grandfather sent him some money for his birthday, and his grandmother made him a nice birthday card. Oliver decided to make a video of himself and send it to his grandparents. In the video, he said that he was very happy to get their gift and card.

　Question　What did Oliver decide to do?

　オリバーの祖父母は遠くに住んでいる。彼は祖父母に年 1 回しか会えない。今年，オリバーの祖父は彼の誕生日にお金を送ってくれ，祖母はすてきなバースデーカードを作ってくれた。オリバーは自分のビデオを作り，それを祖父母に送ろうと決めた。ビデオの中で，贈り物とカードをもらってとてもうれしかったと彼は言った。

❓ **オリバーは何をしようと決めたか?**

1 祖父母に贈り物を頼む。

2 新しいゲームを買う。

3 ビデオメッセージを録画する。

4 バースデーカードを作る。

☑ 終盤で Oliver decided to make a video of himself and send it to his grandparents.「オリバーは自分のビデオを作り，それを祖父母に送ろうと決めた」と述べているので，**3** が正解。

英検準2級

一次試験・筆記 [P.100 ~ P.113]

1
(1)	1	(2)	2	(3)	2	(4)	2	(5)	1	(6)	3	(7)	4	(8)	1
(9)	3	(10)	2	(11)	1	(12)	2	(13)	2	(14)	1	(15)	3	(16)	2
(17)	2	(18)	4	(19)	2	(20)	1								

2
(21)	2	(22)	4	(23)	4	(24)	1	(25)	2

3A
(26)	4	(27)	1

3B
(28)	2	(29)	4	(30)	3

4A
(31)	2	(32)	4	(33)	4

4B
(34)	3	(35)	3	(36)	1	(37)	2

5　P. 112~P. 113参照。

一次試験・リスニング [P.114 ~ P.129]

第1部
[No.1]	3	[No.2]	2	[No.3]	1	[No.4]	3	[No.5]	3
[No.6]	1	[No.7]	2	[No.8]	3	[No.9]	1	[No.10]	3

第2部
[No.11]	3	[No.12]	4	[No.13]	3	[No.14]	2	[No.15]	3
[No.16]	1	[No.17]	2	[No.18]	1	[No.19]	2	[No.20]	3

第3部
[No.21]	1	[No.22]	2	[No.23]	4	[No.24]	1	[No.25]	3
[No.26]	3	[No.27]	1	[No.28]	2	[No.29]	3	[No.30]	2

1

(1) ２人の指導者は自分たちの国の間の戦争をやめようと決めた。彼らは自国民に，**平和に**なるだろうと約束した。

> ☑ 選択肢は peace「平和」，faith「信念」，honor「名誉」，matter「問題」。戦争をやめようとしている指導者たちが国民に約束するものとしては「平和」が適切なので **1** が正解。

> 📖 WORDS&PHRASES
> □ **leader** ── 指導者

(2) トロイの足は今年とても大きくなったので，彼の靴がどれも彼**に合わ**ない。彼の母が今日，新しい靴を買うために彼を買い物に連れていく。

> ☑ 選択肢は sew「〜を縫う」，fit「〜に合う」，cure「〜を治す」，gain「〜を得る」。足が大きくなると，当然靴が合わなくなる。したがって，**2** が正解。

> 📖 WORDS&PHRASES
> □ **none** ── どれも〜ない

(3) 幼い少女は猫と遊びたかった。だが, 彼女が猫に**近づく**といつも猫は逃げた。

> ☑ 選択肢は celebrated「〜を祝った」，approached「〜に近づいた」，separated「〜を引き離した」，researched「〜を調べた」。whenever は「〜するときはいつも」という意味。猫と遊びたい子が何をすると猫に逃げられるかを考えて，「近づくといつも逃げる」とすると文意が通じる。**2** が正解。

> 📖 WORDS&PHRASES
> □ **whenever** ── 〜するときはいつも，〜するたびに

(4) モモコは東京に住んでおり，そこは日本の**東部**にある。毎年夏に，彼女は列車に乗って，西側にある大阪に住む祖父を訪ねる。

> ☑ 選択肢は relative「相対的な」，eastern「東の」，smooth「なめらかな」，brave「勇敢な」。「日本の（　）部」に入る語としては選択肢のうち eastern（東の）が適切。2 文目の最後の in the west と対比となることもヒントになる。**2** が正解。

(5) シャンは重い**病気**のために２週間仕事に行けなかった。彼女は薬をたくさん飲み，何度も医者に行かなければならなかった。

> ☑ 選択肢は illness「病気」，facility「（ふつう複数形で）施設」，decade「10 年」，

immigration「移住」。2文目に，薬を飲んで医者に何度も行かなければならなかったとあるので，「病気」だったと考えるのが自然。**1**が正解。

> □ **serious** ── 重篤な，重い　　□ **medicine** ── 薬

(6) ヤスコは東京の新しいアパートに引っ越す前に，**家具**を数点買った。しかし，引っ越してみると，テーブルとベッドを置くのに十分なスペースがなかった。

☑ 選択肢は atmosphere「雰囲気，大気」，religion「宗教」，furniture「家具」，poverty「貧困」。「〜を買った」の目的語としては furniture（家具）が適切。**3**が正解。2文目に「テーブルとベッドを置くスペース」とあることもヒントになる。

> □ **move** ── 引っ越す

(7) 近年，人口が非常に**急速に**増えたため，市は多くの新しい道路と学校を建設しなければならなかった。

☑ 選択肢は exactly「正確に，まさに」，pleasantly「楽しく」，fairly「いくぶん，公平に」，rapidly「急速に」。空所の直前には「人口が増えた」とあるので，その増え方を形容する副詞としては rapidly「急速に」が適切。**4**が正解。

> □ **population** ── 人口

(8) 車はオートバイより安全だが，オートバイの**長所**はガソリンの消費量がより少ないことだ。

☑ 選択肢は advantage「長所，メリット」，destruction「破壊」，laboratory「実験室」，concentration「集中」。ガソリンの消費量が少ないことは「長所」と言える。したがって，**1**が正解。

> □ **motorcycle** ── バイク，オートバイ　　□ **gasoline** ── ガソリン

(9) 地図上の色は時として大地の異なる特徴を示す。青は水を**表す**のに用いられ，緑は森林を示すのによく用いられる。

☑ 選択肢は develop「〜を開発する」，exchange「〜を交換する」，represent「〜を表す」，guide「〜を案内する」。「（地図で）青は水（　）ために使われる」に入る語としては represent（〜を表す）が適切。**3**が正解。

> □ **feature** ── 特徴，特色

(10) 私の両親が若かったころは現在では郵便配達員が私たちに手紙を**配達する**のとちょうど同じように，牛乳屋さんが毎日家に牛乳を運んできた。

☑ 選択肢は balance「〜のバランスを取る」，deliver「〜を配達する」，operate「〜

を操作する」，replace「〜を取り替える」。just like から，郵便配達員と牛乳屋さんは同じようなことをしていると考えられるので deliver が適切。したがって，**2** が正解。

(11) A：ブライアン，学校の転校生はとても魅力的だと思うけど，名前がわからないの。
　　 B：彼は僕の体育の授業にいるよ。君のために彼の名前を調べるね。

- -

☑ 選択肢は副詞または前置詞。find out 〜で「〜を突き止める，調べる」の意味になる。したがって，**1** が正解。

(12) A：絵画の授業を取っているのですが，私の絵はいつもひどいのです！
　　 B：努力し続けることですね。そういう技能を身につけるには長い時間がかかります。

- -

☑ 選択肢はすべて句動詞で，それぞれ turn on 〜「(テレビなど) をつける」，keep on 〜「(あとに〜ing を続けて)〜し続ける」，bring up 〜「〜を育てる」，sit up「起き上がる」という意味。絵を描く技能を身につけるには「努力し続けなさい」とすると会話が成り立つ。**2** が正解。

(13) アンドリューは3つの仕事に応募して，今はその会社のうち1社でも彼と面接したいと思っているかどうか連絡を待っているところだ。

- -

☑ 選択肢はすべて前置詞。apply for 〜で「〜に応募する」の意味になる。したがって，**2** が正解。

(14) リサが毎週両親と電話で話すのは，彼女は遠くに住んでおり，両親が恋しいからだ。彼女は電話を切ったあと，すぐにまた両親が恋しくなり始める。

- -

☑ 選択肢はすべて句動詞でそれぞれ hangs up「電話を切る」，carries out 〜「〜を実行する」，puts away 〜「〜を片付ける」，goes ahead「前進する」という意味。1 文目に「電話で話す」とあるので，それに対応している **1** の「電話を切る」が正解。

(15) シャロンは本当にクモが怖い。先日，彼女の寝室に1匹いた。それを見て彼女は飛び上が

り，叫んで，そしてトイレに隠れた。

✓ 選択肢は空所直後のofと組み合わせてfor the life of「どうしても」，in the light of ～「～を考慮して」，at the sight of ～「～を見て」，on the point of ～「今にも～しようとして」。クモが怖いシャロンが，飛び上がってトイレに隠れたのは「クモを見たから」と考えるのが自然。**3** が正解。

📖 WORDS & PHRASES
□ **be scared of** ── ～を怖がる　　□ **spider** ── クモ　　□ **scream** ── 叫ぶ
□ **hid** ── hide (隠れる) の過去形

(16) シモンズ先生は生徒たちにピアノの弾き方を教えるだけでなく，歴史上最も有名なピアニストたちの人生についても**詳しく**話す。

✓ 選択肢はすべて名詞だが，それぞれ空所の直前にあるinと組み合わせて in case「念のため」，in detail「詳細に」，in hand「手にして」，in touch「連絡して」という意味になる。tell them in detail about ～で「～について彼らに詳しく話す」となり文意が通じるので，**2** が正解。

(17) デイジーは大学にいたとき，何通りかの方法で**お金を稼**ごうとした。大学の図書館とカフェテリアで仕事をし，美術の授業のモデルとして働きさえした。

✓ 選択肢は take pride「誇りを持つ」，make money「お金を稼ぐ」，give birth「出産する」，lose speed「失速する」。2文目で，さまざまな仕事をしていたことを述べているので，「お金を稼ぐ」とすると文意が通る。したがって **2** が正解。

📖 WORDS & PHRASES
□ **in several ways** ── 何通りかの方法で　　□ **art class** ── 美術の授業

(18) ジェーンの姉 [妹] には4人息子がいる。1人は高校生で，**ほかの子たち**は小学生だ。

✓ 選択肢はそれぞれ another と other を使った語句。another は「ほかの不特定の1つ (の)」を表すので，1と2は除外できる。the others は「ほかの (残りの) 全部」を表すので，**4** が正解。the other は「2つ (2人) のうちのもう一方」を指す。

📖 WORDS & PHRASES
□ **elementary school** ── 小学校

(19) サンドラはペットの犬のチャーリーが新しいジャケット**を着る**ととてもかわいいと思った。彼女は何枚か彼の写真を撮り，オンラインで友人と共有した。

✓ 選択肢はすべて前置詞。「新しいジャケット (　) とてもかわいい」とあるので，「～を着て」という意味がある in が適切。**2** が正解。

📖 WORDS & PHRASES
□ **share** ── ～を共有する　　□ **online** ── オンラインで，インターネット上に

(20) バルセロナはスペインで**2番目に大きい**都市だ。より大きいのはマドリッドだけである。

  ☑ 選択肢は「序数second＋最上級」「序数second＋比較級」「基数two＋比較級」「基数two＋最上級」の組み合わせ。2文目の「（バルセロナより）もっと大きいのはマドリッドだけ」という内容も手がかりに考えると，空所には「2番目に最大の→2番目に大きい」という意味の形容詞 second-largest を入れるのが適切。**1**が正解。

2

(21) A：サッカーの練習はふだん午後5時に終わるけど，スティーブンス・コーチが今日の練習は6時に終わるって言っていたよ。

    B：本当？　彼がそう言っていた？　聞いていなかったな。母に電話して，**いつもより遅く迎えに来る**よう頼んだほうがいいな。

    A：僕の電話を使う？

    B：ありがとう！　1時間も待たなきゃならなかったら，うちの母は怒るだろうから。

  ☑ 選択肢は「僕のサッカーシューズを持ってくる」「いつもより遅く迎えに来る」「スティーブンス・コーチと話す」「夕食を温めておく」。Aが最初の発言で「ふだんのサッカーの練習は5時に終わるが今日は6時に終わる」と言っていて，Bが最後に「もし1時間待たなければならないなら母は怒るだろう」と言っていることから，迎えに来るのを遅くしてもらうとすると会話の流れがうまくつながる。**2**が正解。

  📖 WORDS&PHRASES

    □ **normally** —— ふだんは，いつもは

(22) A：すみません。庭づくりについての本を探すのを手伝っていただけませんか？

    B：いいですよ。役立つ本が何冊かあります。**花，それとも野菜を育てる**つもりですか？

    A：うーん。じゃがいもやにんじんのような，食べられるものから始めると楽しそうだと思っています。

    B：それなら，この本があなたにぴったりですよ。

  ☑ 選択肢は「それを誰かほかの人といっしょにする」「1冊以上買う」「よく図書館に来る」「花，それとも野菜を育てる」。Bの質問に対して，Aは「食べられるものから始めると楽しそう」と答えているので，「花，それとも野菜を育てるつもりか」と聞けば会話が成り立つ。**4**が正解。

(23) A：明日の会議後の昼食にソーセージピザを何枚か頼みましょう。4枚で十分よね。

    B：待って。ピートとサラは肉を食べないよ。

A：確かにそうね。彼らのためにも何か取ったほうがいいわね。

B：ソーセージピザ3枚とベジタリアンピザ1枚を頼もう。

✓ 選択肢は「ソーセージピザ2枚とチキンピザ2枚」「特大チキンピザ4枚」「ソーセージピザ1枚とベジタリアンピザ1枚」「ソーセージピザ3枚とベジタリアンピザ1枚」。Aの最初の発言で，ピザを4枚頼もうとしているとわかる。そのあと，肉を食べない人のために何か取るという話になっている。選択肢の中で，肉を食べない人のためのピザを含むのは3と4だが，3は数が足りないので，不適。**4**が正解。

ℿ WORDS&PHRASES

□ **vegetarian** ── 菜食主義（者）の

(24・25)

A：テイラー先生，クラス発表にどんな話題を選べばよいかわからないです。助けていただけますか？

B：いいですよ。今年私たちが授業で勉強したことを考えてみて。何か気に入ったことはあった？

A：ええと，**海の生物**について学ぶのがとても楽しかったです。

B：それはいい話題だ。例えば，深海で生きる変わった魚について話すこともできるね。

A：それはとてもよい考えですね！ それらについて教科書にも何か載っていると思います。

B：よろしい，だけど，**ほかの情報も探す**べきだよ。

A：図書館で何が見つけられるか確かめてみます。それに，インターネットも見られますね。

B：もっと助けが必要なら，いつでも僕のところに話しに来なさい。

✓ (24)の選択肢は「海の生物」「有名な旅行者たち」「金属リサイクル」「恒星と惑星」。空所を含むAの発言を受けてBが「例えば，深海で生きる変わった魚について話すこともできる」と言っているので，Aが海の生物について学ぶのが楽しかった，と言ったとすると会話がつながる。**1**が正解。

(25)の選択肢は「パートナーと作業する」「ほかの情報を探す」「発表を練習する」「両親に話す」。空所を含むBの発言を受けて，Aが「図書館で調べる」「インターネットを見る」と言っていることから，Bは「ほかの情報も探すべきだ」とアドバイスしたと考えられる。**2**が正解。

ℿ WORDS&PHRASES

□ **presentation** ── 発表　　□ **anything** ── （疑問文で）何か

□ **take a look** ── 調べる，見てみる

3

[A]

1 毎年，オーストラリアのブリスベンのボランティアたちは，海辺を清掃するために集まる。今年，ジョンと彼の父親はそのグループに加わった。彼らは午前中いっぱい，ごみを集めて一生懸命働いた。お昼近くになって，ジョンは浜にガラス瓶があることに気づいた。瓶は古くて汚かった。その中に何か入っているように見えた。ジョンは瓶を拾って父親に渡した。父は瓶を開けて，一片の紙を取り出した。彼はそれがあるメッセージであるとジョンに告げた。

2 ジョンの父親はジョンにそのメッセージを見せた。それには「僕の名前はポールで，10歳です。僕はカナダ出身です。フェアスターという船に乗ってオーストラリアに旅をしている途中です。どうぞこの住所宛てで僕に手紙を書いてください」と書いてあった。帰り道に，ジョンと父はポールに送るはがきを買った。数週間後，彼らは返事を受け取った。ポールは今50歳で，こんなに長い時間がたってからジョンが彼のメッセージを見つけたのは驚きだと書いてあった。

WORDS&PHRASES

□ **clean up 〜** ── 〜を清掃する　　□ **beach** ── 浜，海辺　　□ **garbage** ── ごみ，がらくた

□ **notice** ── 〜に気づく　　□ **reply** ── 返事　　□ **amazing** ── 驚くべき

意味と解説

(26) 選択肢は「それは最近作られた」「それは赤ワインでいっぱいだった」「近くにもっと瓶があるかもしれない」「中に何か入っていた」。空所のあとに父が瓶を開けて一片の紙を取り出したとあることから，**4** が正解。

(27) 選択肢は「この住所宛てで僕に手紙を書いて」「休暇を楽しんで」「僕の家族にこの瓶を持っていって」「僕が故郷に帰るのを助けて」。空所のあとの文に，ジョンと父がポールに送るはがきを買った，とあることから，**1** が正解。

[B]

1 人間が野生動物に与える影響はますます大きくなっている。その結果，自然を保護するために新しい法律や特別な公園が作られている。いくつかの変化は非常に成功している。例えば，1980年，中国雲南省には170頭ほどの野生の象がいた。最近では，そこにはおよそ300頭の象がいると専門家は考えている。

しかしながら，象たちがすめる場所は狭くなっている。都市が大きくなり，人々を養うためにより多くの農場が必要となっているため，象のような動物のための場所は以前ほど多くはない。

2 大きな動物は人間にとって大きな問題を引き起こす可能性がある。保護地域に十分な食べ物がないので，象たちは農場から食べ物を取るためにそうした地域をしばしば離れるのだ。実際に，雲南省の14頭ほどの象の群れは，2020年から2021年の間，食べ物を求めて500キロの旅に出た。象たちは時には食べ物を見つけようと町を通り抜けることもあった。象たちはテレビニュースやインターネットに現れた。その結果，彼らは中国で大きな関心を集めた。人々は，彼らに今度は何が起こるだろうと知りたがった。

3 結局，象の群れは雲南省の保護地域に戻った。しかしながら，将来の同じような冒険を防ごうと，専門家たちは象のための特別な「フードコート」を計画した。フードコートは建設に1500万ドルかかり，およそ67万平方メートルの広さがある。象が水を飲める池が5つと，健康を維持するのに食べる必要がある植物をすべて植えてある。専門家は象を地域内にとどめておくのにこれが十分であることを願っている。

📖 WORDS&PHRASES

□ **hiker** ── ハイカー，徒歩旅行者　　□ **effect** ── 効果，影響　　□ **protect** ── 〜を保護する，守る

□ **expert** ── 専門家　　□ **feed** ── 〜を養う　　□ **leave** ── 〜から離れる，〜を出る

□ **prevent** ── 〜を防ぐ，阻む　　□ **design** ── 〜を設計する，計画する

□ **food court** ── フードコート(セルフサービス形式の食事用屋内型広場)　　□ **square meter** ── 平方メートル

意味と解説

(28) 選択肢は「人間に会う機会が少なく(なって)」「すめる場所は狭く(なって)」「以前より短命に(なって)」「赤ちゃんの数が少なく(なって)」。空所の直前の文に「その付近にはおよそ300頭の象がいると専門家は考えている」とあるが，空所を含む文はHoweverで始まっているので，逆の内容がくる。そのあとの文にも「象のような動物のための場所は以前ほど多くない」とあることから，**2** が正解。

(29) 選択肢は「〜の食べ物を試した」「〜の外の動物園で飼われた」「〜に旅することを決めた」「〜で大きな関心を集めた」。空所の直前の文では象がニュースやインターネットに登場したと説明されており，空所のあとの文にも人々は象が今度はどうなるのかを知りたがったとあるので，**4** が正解。

(30) 選択肢は「より多くの観光客を引きつける」「人々が動物を殺すのを止める」「象を地域内にとどめておく」「象を眠くさせる」。最終段落は，象がえさを求めて保護地域からさまよい出るのを防ぐためのフードコートについて述べている。水飲み場としての5つの池，象に必要な植物，十分な広さがある，と説明したあとの空所なので，**3** の「象を地域内にとどめておく」が正解。

4

[A]

差出人：アラン・レズニック <alanreznick@bmail.com>
宛先：ジェフ・ティーナウェイ <jeff.t@wmail.com>
日付：10月9日
件名：映画祭

やあ、ジェフ

1 君の『燃える拳』のDVDを貸してくれてありがとう。とてもわくわくする映画だね。ヒーローがかっこいいバイクに乗って、悪者に追いかけられるシーンがすごく気に入ったよ。(31)先週土曜日にそれを見たあと、母が書店に連れていってくれた。『燃える拳』についての本を見つけてそれを買ったよ。とても面白いよ。読み終わったら君に貸してあげるね。

2 書店にいる間に、アクション映画祭のポスターを見たんだ。エルムストリート地下鉄駅の近くのオールド・ローレンス・シアターで来月開かれるよ。(32)去年、君の誕生日に僕たちが行ったメキシコ料理店の近くだよ。『燃える拳』の監督がフェスティバルに来るとポスターに書いてあったよ。彼女は自分の映画についてのファンの質問に答えて、次の映画についても話すって。

3 (33)フェスティバルでは2日間にわたって、8本の映画が上映される予定なんだ。全部『燃える拳』の監督が選んだ作品だよ。何本かは1980年代と1990年代の古いアクション映画。何本か新しい映画もあるよ。面白そうだから、僕は絶対にフェスティバルのチケットを買うつもりだよ。君の分も買っておく？

またね、
アラン

意 味 と 解 説

----

(31) 先週の土曜日アランは何をしたか？

　　1　ジェフと一緒に書店に行った。

　　2　映画についての本を買った。

　　3　友人のかっこいいバイクに乗った。

4 ジェフに自分のDVDの1本を貸した。

☑ 質問文のlast Saturdayは第1段落第4文にある。母親が書店に連れていって
くれたとあり，続く第5文に「『燃える拳』についての本を見つけて買った」
とあるので，**2**が正解。1はwith Jeffの部分が間違い。

(32) 去年, ジェフとアランは
1 初めてメキシコ料理を食べてみた。
2 オールド・ローレンス・シアターで映画を見た。
3 『燃える拳』の監督に会った。
4 ジェフの誕生日にレストランに行った。

☑ 質問文のLast yearが解答を探すためのキーワード。第2段落第3文にon your
birthday last yearという形で登場しており，同文は「去年，君の誕生日に僕た
ちが行ったメキシコ料理店の近くだ」という内容なので，**4**が正解。

(33) フェスティバルについてアランが言っていることの1つは何か？
1 彼はすでにそのチケットを買った。
2 映画はすべて古いアクション映画だ。
3 映画は地元の映画ファンによって選ばれた。
4 開催日は1日以上である。

☑ アランがフェスティバルについて説明しているのは第2, 3段落。数や固有
名詞などを押さえながらしっかりと読み取る。第3段落の冒頭に「フェスティ
バルでは2日間にわたって，8本の映画が上映される予定」とあるので，これ
を「開催日は1日以上」と言い換えた**4**が正解。

[B]

本文の意味 ピリッとするソーダ

① ジンジャー・エールはピリッとした味のする清涼飲料だ。それは1850年代
にアイルランドで発明された。しかしながら，今日最も人気のある種類はカナ
ダのトロントに住んでいたジョン・マクローリンという男性によって作られ
た。彼はカナダの大学を卒業後，ニューヨーク市に勉強しに行った。彼は学び
ながらドラッグストアでアルバイトをした。(34)彼は，多くの人が店でソーダ水
を買って，それを別のフルーツ風味と混ぜていることに気づいた。

② マクローリンは1890年にトロントに戻り，ソーダ水会社を始めた。会社は
とても成功した。1つの理由は，(35)彼が，市が供給する水は危険で，病気を引き
起こすと宣伝したせいだ。彼はその代わりに自分が作ったフルーツ風味のソー
ダ水を飲むことを人々に推奨した。彼はさらに，ソーダ・ファウンテンと呼ばれ

る機械を作った。人々はマクローリンの飲料を買うためにそれらを使うことができた。機械は，特に夏の暑い日には，混み合うデパートの買い物客に人気になった。

③ (36)マクローリンは健康状態が悪かったので，自分の会社の経営者であることをやめざるをえなかった。しかし，彼は新しい飲料を開発し続けた。アイルランドのジンジャー・エールのことは知っていたが，客の多くはその甘い風味を好まなかった。マクローリンは3年を費やして，完ぺきな種類のジンジャー・エールを作ろうと試みた。ようやく1904年までに，彼はより軽くよりピリッとした味の飲料を作り上げた。マクローリンの妻はとても気に入り，「ジンジャー・エールのシャンパン」だと言った。

④ マクローリンの"カナダドライ・ペール・ジンジャー・エール"はヒットした。それだけで飲んでもおいしいのに加えて，ほかの飲料と混ぜることもできた。(37)ビールやそのほかのアルコール飲料よりも好んで飲む人もいる。さらに，胃痛やのどの痛みを抱える人には，しょうがが利く。カナダドライ・ペール・ジンジャー・エールが発明されて100年以上たつ。その間に，その人気はカナダからアメリカを通って，世界中に広まった。

WORDS&PHRASES

☐ **spicy** —— 香辛料を入れた，ピリッとした　　☐ **ginger ale** —— ジンジャー・エール (飲み物)

☐ **soft drink** —— （アルコールを含まない）ソフトドリンク，清涼飲料

☐ **part-time** —— パートタイムで　　☐ **drugstore** —— ドラッグストア (薬のほか日用雑貨なども売る)

☐ **flavor** —— 風味　　☐ **successful** —— 成功した　　☐ **advertisement** —— 広告，宣伝

☐ **disease** —— 病気　　☐ **recommend** —— ～を薦める，推奨する　　☐ **instead** —— 代わりに

☐ **soda fountain** —— ソーダ・ファウンテン　　☐ **shopper** —— 買い物客

☐ **have poor health** —— 健康状態が悪い　　☐ **manager** —— 経営者

☐ **sore throat** —— 痛むのど (のどの痛み)　　☐ **popularity** —— 人気

意味と解説

(34) ジョン・マクローリンはニューヨーク市にいる間に何に気づいたか？

1　アイルランド出身の人々はジンジャー・エールを飲むことを好んだこと。

2　そこで仕事を見つけるのは，カナダより簡単だったこと。

3　ソーダ水に異なる風味を加えるのが一般的だったこと。

4　そこのドラッグストアはトロントのドラッグストアより多くのものを売っていたこと。

📝　マクローリンがニューヨーク市に勉強に行ったことは第1段落の第4文に述べられている。続く第5文でドラッグストアでアルバイトをしていたと述べられ，第6文では多くの人が店でソーダ水を買い，そして mixing it with different fruit flavors「それを別のフルーツ風味と混ぜている」ことに気づいた

とあるので，**3**が正解。

(35) マクローリンの飲料を人々が買った1つの理由は何か？

1 ソーダ水は時に病気を引き起こしうるということを聞いたこと。

2 1890年に異常に暑い夏があったこと。

3 マクローリンがトロントの水は安全ではないと彼らに言ったこと。

4 マクローリンが混み合ったデパートの外で自分の飲料を売ったこと。

- -

☑　マクローリンが会社を作ってソーダ水を売っていたことは第2段落の冒頭からわかる。同段落第3文に One reason was that his advertisements said the water provided by the city was dangerous and caused diseases.「1つの理由は，彼が，市が供給する水は危険で，病気を引き起こすと宣伝したせいだ」とあるので，**3**が正解。1は，soda water の部分が間違い。

(36) マクローリンのすぐれない健康状態の結果の1つは何か？

1 経営者としての職を辞した。

2 アイルランドに旅をした。

3 もっと多くしょうがを食べ始めた。

4 シャンパンを飲むのをやめた。

- -

☑　質問文にある poor health は第3段落冒頭に Mclaughlin had poor health という形で登場しており，マクローリンの健康状態が悪かったために何があったかということについては同文の後半で説明されている。he had to stop being the manager of his company.「自分の会社の経営者であることをやめざるをえなかった」とあるので，**1**が正解。

(37) 一部の人々が"カナダドライ・ペール・ジンジャー・エール"を飲むことを好むのは

1 ほかの飲料では胃が痛くなるからだ。

2 ビールやワインなどの飲料の代わりだ。

3 ほかの国に旅行に行ったときだ。

4 仕事や勉強をしなくてはならないときに起きているためだ。

- -

☑　マクローリンのジンジャー・エールがヒットした理由は第4段落に述べられている。理由はいくつか挙げられているが，第3文に Some people like to drink it rather than beer or other alcoholic drinks.「ビールやそのほかのアルコール飲料よりも好んで飲む人もいる」とあるので，これに一致する**2**が正解。

ライティング　意味と解答例

5

問題の意味

質問

勉強をしているときにスマートフォンを使うのは、人々にとってよいと思いますか？

解答例1

I think it is good for people to use smartphones while studying. First, they can search the Internet for what they want to know. It would help people save time because they wouldn't have to look in dictionaries or study guides. Second, friends can help each other or solve problems together while talking online.（54語）

解答例1の意味

私は，勉強をしているときにスマートフォンを使うのは，人々にとってよいと思います。第一に，知りたいことをインターネットで調べることができます。辞書を引いたり，参考書を調べたりしなくてよいので，時間を節約する助けになります。第二に，友人たちはオンラインで話しながら，互いに助け合ったり一緒に問題を解いたりすることができます。

☑ まず，質問に対して賛成か反対か自分の意見を述べる。第2文以降でその理由を具体的に説明していく。語数によっては，最後にもう一度自分の意見を繰り返して締めくくってもよい。

2つの理由は First, ...「第一に，はじめに」，Second, ...「第二に，つぎに」という形で挙げていくとわかりやすい。ほかに，To begin with「まずはじめに」や also「さらに」といった表現を使って列挙してもよい。理由の補足説明をするときは，別の言葉で言い換えたり，For example, ...「例えば」を使って具体例を述べたりするとよい。

この解答例では「勉強をしているときにスマートフォンを使うこと」に賛成の立場で自分の意見を述べている。まず「知りたいことをインターネットで調べることができる」と理由を述べている。さらに，「辞書を引いたり，参考書を調べたりしなくてよいので，時間を節約する助けになる」と補足している。また，2つ目の理由として「友人たちはオンラインで話しながら，互いに助け合ったり一緒に問題を解いたりすることができる」ことを挙げている。

そのほかの理由としては，「問題の解き方を教えてくれる動画がある（There are

videos that teach them how to solve problems.）」や，「言語を勉強するとき，スマートフォンのアプリやインターネットを使ってリスニングの練習が手軽にできる。（When you study languages, it is easy to practice listening to languages by using apps on a smartphone or the Internet.）」などが考えられる。

解 答 例 2

I don't think it's good for people to use smartphones while studying. First, people should develop the habit of thinking for themselves, which they cannot if they automatically access information on the Internet. Second, it is dangerous to put too much trust in the Internet. There are too many sites that provide false information. (54語)

解 答 例 2 の 意 味

私は，勉強をしているときにスマートフォンを使うのは，人々にとってよいことだとは思いません。第一に，人々は自分で考える習慣をつけるべきであり，それはインターネットで無意識的に情報にアクセスしていると身につけることはできません。第二に，インターネットを信じすぎるのは危険です。偽の情報を提供するサイトも多くあるのです。

この解答例では，まず「私は，勉強をしているときにスマートフォンを使うのは，人々にとってよいことだとは思わない」と自分の意見を述べている。続けて，「自分で考える習慣をつけるべきだ」，「インターネットを信じすぎるのは危険だ」という2つの理由を挙げ，それぞれに補足説明を加えている。

勉強をしているときにスマートフォンを使うべきではないと思うほかの理由として，「スマートフォンを触っているとついゲームをしてしまいがちな人もいる（Some people tend to play games when they touch a smartphone.）」などが考えられるだろう。

リスニングテスト

No. 1

A : Hi, Mom. I'm at the mall looking for a Father's Day present for Dad.

B : What are you going to get him?

A : I don't know yet. I thought you could give me some ideas.

1　I don't need a present.

2　It's his birthday tomorrow.

3　He might like a necktie.

A : もしもし，ママ。モールでパパのための父の日のプレゼントを探しているんだ。

B : 何を買ってあげるつもりなの？

A : まだわからない。ママからいくつかアイデアをもらえるかと思って。

1　私はプレゼントはいらないわ。

2　明日はパパの誕生日よ。

3　パパはネクタイがいいかもしれないわ。

✓　父の日のプレゼントを買いにモールに来た息子（A）が母（B）に電話をかけて，何を買ったらよいかアイデアが欲しいと言っている。それに対する母の返答としては，「彼（パパ）はネクタイがいいかもしれない」とアイデアを出している **3** が最適。

No. 2

A : Here you are, ma'am, one large coffee. Would you like anything to eat?

B : No, thanks. Just the coffee, please.

A : Are you sure? Our blueberry muffins are half price today.

1　Oh really? I'll have a cup of coffee, then.

2　Oh really? I'll take one, then.

3　Oh really? I'll hurry home, then.

A : はいどうぞ，お客さま，ラージサイズのコーヒーです。食べ物はいかがですか？

B : いいえ，ありがとう。コーヒーだけで結構よ。

A : そうですか？　今日は当店のブルーベリーマフィンが半額ですよ。

1　あら本当に？　それじゃ，コーヒーを1杯いただくわ。

2　あら本当に？　それじゃ，1ついただくわ。

3　あら本当に？　それじゃ，急いで家に帰るわ。

✓　カフェでコーヒーを頼んだ女性（B）が，店員（A）にブルーベリーマフィンが半額だと勧められている。それに対する返答なので，I'll take one, then.「それでは，1つもらいます」と答えている **2** が正解。

No. 3

A：Sir, you dropped your wallet!

B：Thank you for telling me.

A：Sure! I'm glad I was here to see it.

1 It was very kind of you to help me.

2 I work very near here.

3 You're a little taller than me.

A：もしもし，お財布を落としましたよ！

B：教えてくれてありがとうございます。

A：いえいえ！　ここにいて気づいたからよかったです。

1 ご親切に助けてくれてありがとうございます。

2 私はここのすぐ近くで働いています。

3 あなたは私より少し背が高いです。

財布を落とした男性（B）と，それに気づいて「落としましたよ」と教えた女性（A）との会話。「ご親切に」と再度礼を言う **1** が適切。

No. 4

A：Carlton's Computer Repair.

B：Hello. My computer has stopped working. I'd like to know how much it will cost to fix.

A：Well, that depends. Can you bring it in?

1 Well, it stopped working this morning.

2 Hmm. That's more than I'd like to pay.

3 Sure. I'll stop by this afternoon.

A：カールトン・コンピューター・リペアです。

B：もしもし。私のコンピューターが動かなくなったんです。修理にどのくらいお金がかかるか知りたいのですが。

A：そうですね，場合によりけりですね。それを持ってこられますか？

1 ええと，今朝止まりました。

2 うーん。それは払いたい額より高いな。

3 もちろんです。今日の午後に立ち寄ります。

コンピューターの修理を頼みたい男性（A）が，修理会社（B）に電話している。そのコンピューターを会社に持ってこられるかと聞かれての返答なので，Sure. I'll stop by this afternoon.「もちろんです。今日の午後に立ち寄ります」と答えている **3** が正解。

No. 5

A：Do you want to watch a movie this weekend?

B：That sounds fun. What do you want to see?

A：How about a horror film?

1　No, weekends are usually more fun.

2　Well, movies cost a lot of money.

3　Sure, I love to watch scary movies.

A：今週末，映画を見たくない？

B：いいわね。何を見たいの？

A：ホラー映画はどう？

1　いいえ，週末はいつももっと楽しいの。

2　ええと，映画はすごくお金がかかるわ。

3　いいわよ，怖い映画を見るのは大好きよ。

✅ 男性（A）が女性（B）を映画に誘っている。ホラー映画はどうかという男性の提案に答えるので，「怖い映画を見るのは大好きだ」と答えている **3** が正解。

No.6

A：Hi, Janice. How was the hockey game you went to?

B：It was great. Oh, and I saw your friend Adam there.

A：Really? Was he sitting near you?

1　Yes, he was two seats behind me.

2　Yes, he watched the game on TV.

3　Yes, he wished he could have come.

A：やあ，ジャニス。君が行ったホッケーの試合はどうだった？

B：すごかったわよ。ああ，そこであなたの友だちのアダムに会ったわ。

A：本当かい？　君の近くに座っていたの？

1　ええ，彼は私の2つ後ろの席にいたわ。

2　ええ，彼はテレビでその試合を見ていたわ。

3　ええ，彼は行けたらよかったのにって思っていたわ。

✅ 男性（A）にホッケーの試合の感想を聞かれた女性（B）が，男性の友人に会った，と告げている。男性にその友人はそばに座っていたか，と聞かれての返答なので，「2つ後ろの席にいた」と答えている **1** が最適。

No.7

A：You had one phone call while you were out, Ms. Johnson.

B：Did you take a message?

A：Yes. Mr. Smith called to ask you some things about the new software.

1　Well, we should try again sometime.

2　Oh. I just talked to him on my smartphone.

3 Sure, I'll call you back this afternoon.

A：ジョンソンさん，お出かけの間にお電話が1本ありました。

B：伝言を受けましたか？

A：ええ。スミス氏が，新しいソフトウェアについて聞きたいことがあってお電話してこられました。

1 そうですね，いつかもう一度試してみるべきですね。

2 ああ。さっきスマートフォンで彼と話したばかりです。

3 はい，今日の午後にあなたに折り返しお電話します。

📝 男性（A）から留守中に電話があったと知らされた女性（B）が，伝言を受けたかたずねている。スミス氏が新しいソフトウェアについて聞きたいと言っていたという男性の発言を聞いての返答なので「さっきスマートフォンで彼と話したところだ」と答える **2** が適切。3 は you の部分が間違い。

No. 8

🔊 A：Hawthorne Lake Campground. How can we help you?

B：Hello. I was wondering if you'll be open next month.

A：Sorry, ma'am, but we close this weekend. We won't open again until after the winter.

1 OK. See you tomorrow.

2 OK. We'll go fishing, too.

3 OK. Maybe we'll come then.

A：ホーソーン湖キャンプ場です。どのようなご用件ですか？

B：もしもし。来月営業しているかどうかと思いまして。

A：申し訳ありませんが，お客さま，今週末閉めるんです。冬が終わるまで再開しません。

1 わかりました。明日会いましょう。

2 わかりました。私たちも釣りに行くつもりです。

3 わかりました。それでは，そのころ行くかもしれません。

📝 女性（B）がキャンプ場に電話で問い合わせをしている。来月は営業しているかと聞くと，受付の男性（A）は今週末で閉めて来春まで再開しないと答えている。それを受けての返答としては，Maybe we'll come then. がふさわしい。**3** が正解。then は「冬が終わって営業を再開したころ」の意味。

No. 9

🔊 A：I like your jacket, Adam. Did you buy it at the big sale at Huntsville Mall?

B：Sale? I bought it online.

A：That's too bad. You could have saved some money.

1 Oh no. I would have gone to it.

2　Oh no. I worry about online shopping.

3　Oh no. I forgot to get a jacket.

- -

A：あなたのジャケットいいわね，アダム。ハンツビルモールの大売り出しで買ったの？

B：大売り出し？　オンラインで買ったんだよ。

A：それは残念。お金を節約できたかもしれないのに。

1　しまった。僕はそれに行っただろうに。

2　しまった。オンラインショッピングのことが心配だよ。

3　しまった。ジャケットを買うのを忘れた。

- -

📝　男性（B）のジャケットが話題。オンラインで買ったと聞いた女性（A）は「（モールの大売り出しで買えば）お金を節約できたのかもしれないのに」と言っている。それに対する男性の返答としては，Oh no. I would have gone to it.「しまった。（知っていれば）それに行っただろうに」が最適。**1** が正解。

No.10

🔊　A：Thomas, it's Kate's birthday on Saturday.

B：That's right! I forgot to get her a gift. What should I get her?

A：She likes flowers and chocolate.

1　You may have to go by yourself.

2　She might have a party.

3　I'll get her some roses.

- -

A：トーマス，土曜日はケイトの誕生日よ。

B：そうだね！　プレゼントを買うのを忘れていた。何を買ったらいいかな？

A：彼女は花とチョコレートが好きよ。

1　君は自分自身で行かなければならないかもしれないね。

2　彼女はパーティーを開くかもしれないね。

3　彼女に何本かバラを買うことにするよ。

- -

📝　友人の誕生日プレゼントを買うのを忘れていた男性（B）が，何を買ったらよいか女性（A）にアドバイスを求めている。女性は彼女の好きなものは花とチョコレートだと答えており，それに対する応答としては I'll get her some roses.「彼女にバラを買うことにする」が適切。よって，**3** が正解。

第2部

No.11

🔊　A：Alison, I want to invite my girlfriend out for dinner. Can you recommend a good restaurant?

B：Sure. What kind of place are you looking for?

A：Well, something a little different would be good. I want our meal to be special.

B：There's a great new Italian restaurant downtown on Third Street. You could go there.

Question   What is the man asking the woman about?

- -

A：アリスン，恋人を夕食に誘いたいんだ。いいレストランを推薦してくれる？

B：いいわよ。どういうところを探しているの？

A：そうだな，ちょっと変わったところがいいな。特別な食事にしたいんだ。

B：繁華街のサードストリートに，すごくいい新しいイタリア料理店があるわよ。そこに行けばいいわ。

❓ 男性は女性に何についてたずねているか？

1　買うべきパスタの種類。

2　サードストリートのパン店。

3　ディナーに行くべき場所。

4　繁華街のスーパーマーケット。

🔖　男性（A）が最初の発言で，「恋人を誘うのにどこかいいレストランを推薦してくれるか」と言っている。つまりたずねているのは「ディナーにいい場所」なので，**3** が正解。

No. 12 ▮▮▮▮▮▮▮▮▮▮▮▮

🔊 A：Hello?

B：Hi, Erica. This is your neighbor, Frank. I'm going away this weekend. Could you feed my cat for me?

A：Sorry, but I'm going camping this weekend.

B：Oh. Could you ask your sister if she can do it?

A：Sure. She's not home now, but I'll ask her later.

Question   What will Erica do this weekend?

- -

A：もしもし？

B：やあ，エリカ。君の隣人のフランクです。今週末，留守にします。私の代わりにうちの猫にえさをやっていただけませんか？

A：申し訳ないのですが，私は今週末キャンプに行くのです。

B：そうですか。君の妹さん［お姉さん］がやってくれるかどうか聞いてみていただけませんか？

A：いいですよ。今，妹［姉］は家にいないのですが，あとで聞いてみます。

❓ 今週末エリカは何をするか？

1　妹［姉］を訪ねる。

2　隣人の猫にえさをやる。

3　家にいる。

4 キャンプに行く。

> ✎ エリカ（A）は隣人のフランク（B）から猫の世話を頼まれたが，Sorry, but I'm going camping this weekend.「申し訳ないのですが，私は今週末キャンプに行くのです」と答えている。したがって，**4** が正解。

No. 13

A：Hello, sir. How can I help you today?

B：Hi. I'd like to mail this letter to my friend in Italy.

A：OK. That will be three dollars and fifty cents. Do you need any stamps?

B：Yes. I'll take a sheet of the regular 50-cent stamps, too, please.

Question What is the man doing?

A：こんにちは，お客さま。ご用件をうかがいます。

B：どうも。この手紙をイタリアにいる友人に出したいのです。

A：わかりました。3ドル50セントになります。切手は必要ですか？

B：はい。ふつうの 50セント切手のシートも 1枚ください。

❓ **男性は何をしているか？**

1　銀行でお金を引き出している。

2　衣料品店で買い物をしている。

3　郵便局の局員と話をしている。

4　旅行代理店で旅行を予約している。

> ✎ 男性（B）が I'd like to mail this letter to my friend in Italy.「この手紙をイタリアにいる友人に出したい」と言い，女性（A）は That will be three dollars and fifty cents. Do you need any stamps?と質問している。手紙にかかる郵便料金を教えて，切手がいるかと聞いているので，郵便局の窓口での会話と考えるのが自然。したがって，**3** が正解。

No. 14

A：Excuse me. I'm a new student at this school. Can you tell me where the cafeteria is?

B：Sure. I'll take you, but we have to hurry. It's Wednesday – that's pizza day! It's the only day we get to eat pizza.

A：That's great! My old school never served that. It always served burgers, pasta, and salads.

B：We get those, too, but Wednesday is definitely my favorite day of the week.

Question Why does the girl like Wednesdays?

A：すみません。僕はこの学校の新入生なんだ。カフェテリアはどこか教えてもらえるかな？

B：もちろん。連れていってあげるけど，急がないといけないわよ。今日は水曜日で，ピザの日なの！　ピザが食べられる唯一の日なのよ。

A：それはすごい！　前の学校では出なかったよ。ハンバーガーとパスタとサラダばっかりで。

B：そういったものも食べられるけど，水曜日は間違いなく週で私がいちばん好きな日なの。

❷ なぜ女の子は水曜日が好きなのか？

1　学校のランチにサラダがある。

2　カフェテリアがピザを出す。

3　彼女の母親が夕食にハンバーガーを作る。

4　料理の授業がある。

✅　女の子（B）は最初の発言で It's Wednesday - that's pizza day! It's the only day we get to eat pizza.「今日は水曜日で，ピザの日なの！　ピザが食べられる唯一の日なのよ」と言っている。**2** が正解。

No. 15

🔊 A：Hello.

B：Hello, Mrs. Harris. Is Karen home from school yet?

A：No, she's not. She's at her piano lesson. Is this Bryan?

B：Yes. I wanted to tell her that I found her math book at my house.

A：I'll let her know where it is. Thank you.

　　Question　What is one thing the boy says?

- -

A：もしもし。

B：もしもし，ハリスさん。カレンはもう学校から帰っていますか？

A：いいえ，帰っていないわ。彼女はピアノのレッスンに行っているの。そちらはブライアンかしら？

B：はい。僕の家に彼女の数学の本があったと知らせたかったんです。

A：どこにあるか，彼女に知らせるわ。ありがとう。

❷ 男の子が言っていることの1つは何か？

1　彼は数学のテストがよくできた。

2　彼はピアノのレッスンを受けたい。

3　彼はカレンの数学の本を見つけた。

4　彼はカレンを自宅に招く。

- -

✅　男の子（B）は2回目の発言で I wanted to tell her that I found her math book at my house.「僕の家に彼女の数学の本があったと知らせたかった」と言っている。この発言の内容に一致する **3** が正解。

22年度　第2回　リスニング

121

A：This chicken is delicious, Joe! Where did you learn how to make it?

B：I found the recipe in a cookbook this morning.

A：My grandmother used to make a similar dish. I saw a television show called *Best Chefs* where they made a dish like this, too.

B：I love that cooking show!

Question How did the man learn to make the meal?

- -

A：このチキンはおいしいわ，ジョー！　作り方をどこで習ったの？

B：今朝，料理の本でレシピを見つけたんだ。

A：うちの祖母が以前に同じような料理を作っていたわ。『ベストシェフ』っていう，こういう料理を作っていたテレビ番組も見たわ。

B：僕はその料理番組が大好きだよ!

❓ **男性はどのようにその料理の作り方を学んだか？**

1　料理の本を読んで。

2　何年も練習して。

3　『ベストシェフ』を見て。

4　彼の祖母から習って。

- -

🗹　料理の作り方をどこで習ったか聞かれた男性（B）は，I found the recipe in a cookbook this morning.「今朝，料理の本でレシピを見つけた」と言っている。したがって，**1** が正解。

A：Mr. Franklin, I really enjoyed today's lesson on space travel.

B：Thank you, Carol. I try to make each lesson interesting by telling stories.

A：Well, I'm interested in any story that is about space.

B：Really? I have a very good book about space. You can borrow it if you want to.

Question Why does Mr. Franklin include stories in his lessons?

- -

A：フランクリン先生，宇宙旅行についての今日の授業，とても楽しかったです。

B：ありがとう，キャロル。物語を語ることで授業を毎回面白いものにしようとしているんだよ。

A：まあ，私は宇宙に関するものならどんな物語でも興味がありますけど。

B：本当かい？　宇宙に関するとてもいい本を持っているんだ。もし読みたいなら貸してあげよう。

❓ **フランクリン先生はなぜ授業に物語を盛り込むのか？**

1　生徒たちが話さないようにするため。

2　授業を面白くするため。

3　生徒たちの宿題を手伝うため。

4　生徒たちに旅行の心構えをさせるため。

✒️ フランクリン先生（B）は授業が楽しかったと言われて，I try to make each lesson interesting by telling stories.「物語を語ることで授業を毎回面白いものにしようとしている」と答えている。この内容に一致する **2** が正解。

No.18

🔊 A：Mom, do we have any more lemons? I found three in the refrigerator.

B：There are some in the bowl on the dining table, too. What do you need them for?

A：I'm making lemonade for the barbecue this afternoon.

B：Oh, that sounds good. I can go to the grocery store if you need more.

Question　What is the boy doing?

A：ママ，レモンもっとある？　冷蔵庫に3つは見つけたのだけど。

B：ダイニングテーブルのボウルの中にもいくつかあるわよ。何のためにそれらが必要なの？

A：今日の午後のバーベキューのためにレモネードを作っているんだよ。

B：あら，おいしそう。もっと必要なら，食料品店に行ってもいいわ。

❓ **男の子は何をしているか？**

1　レモンで飲み物を作っている。

2　バーベキューで食べ物を料理している。

3　昼食のためにダイニングテーブルを用意している。

4　食料品店のためのリストを作っている。

✒️ 母（B）に「どうしてレモンがいるのか」と聞かれて，男の子（A）は I'm making lemonade for the barbecue this afternoon.「今日の午後のバーベキューのためにレモネードを作っている」と答えている。making lemonade を言い換えた **1** が正解。

No.19

🔊 A：Hello. How is your stomach feeling today? Is it still painful?

B：Well, Dr. Schneider, it feels much better than last week. But it still hurts a little bit.

A：I see. Well, I'll give you some more medicine. You should feel better in no time.

B：Thank you, Doctor.

Question　What is the man's problem?

A：こんにちは。今日は胃の調子はどうですか？　まだ痛みますか？

B：それが，シュナイダー先生，先週よりはずっとよくなりました。でもまだ少し痛みます。

A：わかりました。では，もう少しお薬を出しましょう。すぐよくなるはずですよ。

B：ありがとうございます，先生。

❓ **男性の問題は何か？**

1　よい医師が見つけられない。

2 　胃が痛い。

3 　薬の味がよくない。

4 　彼の仕事はとてもストレスが多い。

📝 　病院での会話。医師（A）が How is your stomach feeling today?「今日は胃の調
子はどうか」とたずね，男性（B）は it feels much better than last week. But it still
hurts a little bit.「先週よりはずっといいが，まだ少し痛む」と答えている。つまり男性
の問題は胃痛なので，**2** が正解。

No. 20

🔊 　A：Hello. Brenda's Bakery.

　　B：Hi. Do you have any chocolate cakes?

　　A：I'm sorry, but we're sold out. We have other cakes, though. If you want to order
a chocolate cake, we could make one for you by tomorrow.

　　B：No, that's OK. I'll come by your shop and take a look at your other cakes.

　　Question 　What does the man decide to do?

　　A：もしもし。ブレンダズ・ベーカリーです。

　　B：こんにちは。チョコレートケーキはありますか?

　　A：申し訳ございませんが，売り切れです。でもほかのケーキはございます。チョコレー
トケーキをご注文なさりたければ，明日にはお作りできます。

　　B：いいえ，それは大丈夫です。お店に行って，ほかのケーキを見てみます。

　❓ **男性はどうすることにするか?**

1 　チョコレートケーキを注文する。

2 　ブレンダにケーキを売る。

3 　ベーカリーに行く。

4 　自分でケーキを作る。

📝 　男性（B）がベーカリーに電話をして，チョコレートケーキがあるかどうかをたずねてい
る。チョコレートケーキはないがほかのケーキはある，チョコレートケーキは注文すれ
ば明日には作れると説明されたが，最後に I'll come by your shop and take a look at
your other cakes. と答えている。come by は「立ち寄る」という意味なので，**3** が正解。

第 3 部

No. 21

🔊 　After working until late last night, Sophia fell asleep on the train and missed her
stop. She woke up when the train arrived at the last station. There were no more
trains, so she had to walk home with her heavy bag. It took more than one hour.

Her co-workers could see that she was tired this morning.

Question What is one reason Sophia was tired this morning?

　昨晩遅くまで仕事をしたあと，ソフィアは電車で寝入って乗り過ごしてしまった。彼女は電車が終着駅に着いたときに目を覚ました。もう電車はなかったので，重たいバッグを持って家まで歩いて帰らなければならなかった。1時間以上かかった。今朝，彼女が疲れているのが同僚たちにはわかった。

❓ ソフィアが今朝疲れていた1つの理由は何か？

1　長時間歩かなければならなかった。

2　テレビを見て夜更かしした。

3　電車がとても混んでいた。

4　会社が彼女の家から遠い。

☑　前半で，ソフィアは遅くまで働いて電車で寝過ごし，終着駅で目を覚ました，と説明がある。中盤では ... she had to walk home with her heavy bag. It took more than one hour.「彼女は重たいバッグを持って家まで歩いて帰らなければならなかった。1時間以上かかった」と言っているので，**1** が正解。

No. 22

🔊　Veronika Dichka and Archie became friends in 2021. Archie is a brown bear who used to live in a safari park. The park could not keep Archie anymore, so Veronika offered to take care of him. On weekends, she took the bear to a lake to go fishing. Pictures of Veronika and Archie became well-known on the Internet.

Question How did Veronika Dichka spend her weekends with Archie?

　ヴェロニカ・ディチカとアーチーは2021年に友達になった。アーチーはかつてはサファリパークにすんでいたヒグマだ。サファリパークではもうアーチーを飼えなくなったので，ヴェロニカが彼の世話をすると申し出たのだ。毎週末，彼女はそのクマを連れて湖に釣りに行った。ヴェロニカとアーチーの写真はインターネット上で有名になった。

❓ ヴェロニカ・ディチカはアーチーとの週末をどのように過ごしたか？

1　一緒に自然の絵を描いた。

2　一緒に魚を釣りに行った。

3　アーチーを彼女の家族に会わせに連れていった。

4　サファリパークにアーチーを訪ねた。

☑　中盤で On weekends, she took the bear to a lake to go fishing.「毎週末，彼女はそのクマを連れて湖に釣りに行った」と言っている。したがって，**2** が正解。

No. 23

🔊　Rachel and her friends had to do a lot of math homework. Rachel finished it on time, but her teacher wanted to speak to her about it. The reason was that Rachel had answered the questions from the wrong page of her textbook. The teacher gave Rachel some more time to answer the correct questions.

> Question What was the problem with Rachel's homework?

レイチェルと友人たちは数学の宿題を大量にしなければならなかった。レイチェルは予定通りに終わらせたが，先生はそれについて彼女と話したがった。その理由は，レイチェルが教科書の間違ったページの設問に答えたからだ。先生は，正しい設問に答えるためにレイチェルにさらに時間を与えた。

❷ レイチェルの宿題にある問題は何だったか?

1　古い教科書を使った。   2　遅れて終わらせた。

3　友達の答えを写した。   4　違う設問をした［終わらせた］。

📝 レイチェルの宿題に関する問題は中盤の The reason was that Rachel had answered the questions from the wrong page of her textbook. に説明されている。「その理由はレイチェルが教科書の間違ったページの設問に答えたからだ」ということなので，**4** が正解。

No. 24 ▉▉▉▉▉▉▉▉▉▉▉▉▉▉▉▉▉▉▉▉▉▉▉▉

🔊

We will return to this afternoon's sports program, *Golf Plus*, after this emergency weather warning. This is a safety announcement. Heavy rain and strong winds are expected to hit the city this evening. Everyone is advised to stay indoors and keep away from windows until the storm is over.

> Question Why is this announcement being made?

本日午後のスポーツ番組『ゴルフプラス』は，この緊急気象警報のあとにお伝えします。これは安全のためのお知らせです。今日の夕方，豪雨と強風が市を襲う見込みです。嵐が収まるまで屋内にとどまり，窓から離れているように勧められています。

❷ この告知はなぜ行われているか?

1　その日のもっとあとに嵐がやってくる。   2　スポーツ番組は中止される。

3　午前中に強風が吹いた。   4　夕方に面白い映画がある。

📝 アナウンスの主旨は何かを聞き取ることが重要。冒頭に，本来の番組はのちほど放送すると知らせ，This is a safety announcement. と前置きしたあとで本題に入っている。Heavy rain and strong winds are expected to hit the city this evening.「今日の夕方，豪雨と強風が市を襲う見込みです」ということを伝えるのがこの告知の目的。この内容に一致する **1** が正解。

No. 25 ▉▉▉▉▉▉▉▉▉▉▉▉▉▉▉▉▉▉▉▉▉▉▉▉

🔊

At school yesterday, Maki's friend Larry told her that he got a new pet dog. He also said that he ran with it in the park last weekend. Maki is excited because Larry invited her to come to the park to see it this weekend.

昨日学校で，マキの友人のラリーが，新しいペットの犬を迎えたと彼女に告げた。彼は先週末，公園で犬と走ったとも言った。ラリーが今週末，公園に犬を見に来るよう誘ってくれたので，マキはわくわくしている。

❓ マキはなぜ今週末公園に行くのか？

1　友人たちと昼食を食べるため。　　2　走って運動をするため。

3　友人の犬を見るため。　　4　自分の新しいペットと遊ぶため。

☑　前半ではマキの友人のラリーが犬を飼い始め，公園で犬と走ったとマキに言ったと述べている。そして後半で Maki is excited because Larry invited her to come to the park to see it this weekend.「ラリーが今週末，公園に犬を見に来るよう誘ってくれたので，マキはわくわくしている」と言っている。see it の it は彼の a new pet dog のこと。したがって，3 が正解。

No. 26

🔊　Nana has been on skiing trips with her family since she was little.　Last weekend, her friends invited her to go to the mountains.　Nana took her skis, ski boots, and poles, but when she got there, all her friends had snowboards.　They said snowboarding was cool.　Nana decided to rent a snowboard and boots so that she could try it.

Question　Why did Nana start snowboarding?

　ナナは幼いころから家族とスキー旅行をしてきた。先週末，友人たちが山に行こうと誘ってくれた。ナナはスキー，スキー靴，ストックを持っていったが，そこに着くと，友人たちはみなスノーボードを持っていた。スノーボードはすばらしいと彼らは言った。ナナはそれをやってみるために，スノーボードとブーツを借りることにした。

❓ ナナはなぜスノーボードを始めたか？

1　スキーのストックを1本折ってしまったので。

2　スキーを家に忘れたので。

3　すばらしいと友人たちが言ったので。

4　家族がレッスン代を払ってくれたので。

☑　山にスキーの道具を持っていったナナだが，ナナ以外は全員スノーボードをするつもりであることがわかる。友人の (They said) snowboarding was cool.「スノーボードはすばらしい（と彼ら［友人たち］は言った）」という発言を受けて，ナナもスノーボードをレンタルすることにしたので，3 が正解。

No. 27

🔊　In the Middle East, there is a sweet dessert called baklava.　It is made with a lot of sugar, butter, flour, and nuts.　In the past, baklava was eaten at important events.

Even today, people in Turkey sometimes say, "I'm not rich enough to eat baklava every day." This saying tells us that baklava was a special treat.

Question   When was baklava eaten in the past?

中東にはバクラバと呼ばれる甘いデザートがある。それはたくさんの砂糖，バター，小麦粉，ナッツで作られる。昔は，バクラバは重要なイベントの際に食べられた。今日でも，トルコの人々は時々，「毎日バクラバを食べられるほど私は金持ちじゃない」と言う。この言い習わしから，バクラバが特別なごちそうだったことがわかる。

❓ 昔，バクラバはいつ食べられていたか？

1 特別なイベントで。　　　　　2 気分が悪いときに。
3 午前中の中ごろに。　　　　　4 お金が欲しいときに。

🗹 最初に中東にバクラバという甘いデザートがあると述べたあと，中盤で In the past, baklava was eaten at important events. 「昔は，バクラバは重要なイベントの際に食べられた」と説明している。1 が正解。

No. 28

🔊 For Jack's third birthday, his parents took him to a toy store to choose a present. Jack's favorite color is yellow, so they thought that he would choose a yellow toy car or airplane. However, he chose a toy tea set with cups and plates because it was in a yellow box. His parents enjoy watching Jack playing with his new toys.

Question   Why did Jack choose the tea set?

ジャックの3歳の誕生日に，両親はプレゼントを選ばせようと彼をおもちゃ店に連れていった。ジャックの好きな色は黄色なので，黄色いおもちゃの車か飛行機を選ぶだろうと両親は思っていた。しかし，ジャックはカップとお皿のあるおもちゃのティーセットを選んだ。それが黄色い箱に入っていたからだ。両親は，ジャックが新しいおもちゃで遊ぶのを見るのを楽しんでいる。

❓ ジャックはなぜティーセットを選んだか？

1 ほかのおもちゃより安かった。
2 その箱が彼の好きな色だった。
3 両親が同じようなものを持っていた。
4 車の絵がついていた。

🗹 序盤に，3歳のジャックは黄色が好きだという説明があり，ティーセットを選んだ理由については，he chose a toy tea set with cups and plates because it was in a yellow box. 「彼はカップとお皿のあるおもちゃのティーセットを選んだ。なぜならそれが黄色い箱に入っていたからだ」と言っているので，2 が正解。

No. 29

🔊 Steve's sister practices breakdancing every day. Last Saturday, she was in a performance at a nearby park. Steve and his parents went to watch. At first, Steve was bored. He was glad he brought his pet dog with him. However, when he saw his sister dancing, he started to enjoy it. He thought she was great after practicing so hard.

Question　Why did Steve go to the park on Saturday?

- -

スティーブの姉［妹］は毎日ブレイクダンスを練習している。先週の土曜日，彼女は近くの公園でパフォーマンスをした。スティーブと両親は見に行った。最初，スティーブは退屈だった。ペットの犬を連れてきてよかったと思った。しかしながら，姉［妹］が踊っているのを見たとき楽しくなってきた。姉［妹］は一生懸命練習していたので，とても上手だと思った。

❓ **スティーブはなぜ土曜日に公園に行ったか？**

1　ペットを散歩させるため。　　2　ブレイクダンスをやってみるため。

3　パフォーマンスを見るため。　　4　姉［妹］の練習を手伝うため。

☑️　冒頭で，姉［妹］がブレイクダンスを練習しているとあり，続いて Last Saturday, she was in a performance at a nearby park. Steve and his parents went to watch. 「先週土曜日,彼女は近くの公園でパフォーマンスをした。スティーブと両親は見に行った」と言っているので，**3** が正解。

No.30

🔊　Attention, passengers. This train has just made an emergency stop between Basinville Station and Coltswood Station. A tree has fallen on the tracks. Our engineers are working on the problem. The doors will remain closed, and we will continue to Coltswood Station as soon as we get a message that it is safe to move forward. We are sorry for the inconvenience.

Question　Why did the train make an emergency stop?

- -

乗客の皆さまにお知らせします。この列車はただいまベイスンビル駅とコルツウッド駅の間で緊急停車いたしました。線路に木が倒れています。当社の技術者が問題に取り組んでいるところです。ドアは閉めたままにしておき，進んでも安全だという知らせが届き次第，コルツウッド駅に向かって走行を続けます。ご不便をおかけして申し訳ございません。

❓ **列車はなぜ緊急停車したか？**

1　駅で事故があった。

2　線路上で問題があった。

3　ドアが閉まらなくなった。

4　無線がうまく機能していなかった。

- -

☑️　冒頭の Attention, passengers. This train ... から，乗客向けの列車内のアナウンスだとわかる。列車が緊急停止した理由は A tree has fallen on the tracks. 「線路に木が倒れました」と説明している。よって，**2** が正解。

英検準 **2** 級

2022年度・第3回　解答と解説

一次試験・筆記 [P.132 ～ P.147]

1
(1) 3 (2) 1 (3) 3 (4) 1 (5) 3 (6) 3 (7) 4 (8) 2
(9) 2 (10) 1 (11) 2 (12) 2 (13) 3 (14) 4 (15) 2 (16) 3
(17) 3 (18) 2 (19) 2 (20) 2

2
(21) 4 (22) 1 (23) 3 (24) 2 (25) 1

3A
(26) 2 (27) 1

3B
(28) 3 (29) 1 (30) 2

4A
(31) 2 (32) 3 (33) 4

4B
(34) 3 (35) 1 (36) 3 (37) 4

5
P.146～P.147参照。

一次試験・リスニング [P.148 ～ P.163]

第1部
[No.1] 1 [No.2] 2 [No.3] 2 [No.4] 3 [No.5] 3
[No.6] 1 [No.7] 2 [No.8] 3 [No.9] 2 [No.10] 3

第2部
[No.11] 3 [No.12] 4 [No.13] 3 [No.14] 2 [No.15] 2
[No.16] 1 [No.17] 2 [No.18] 4 [No.19] 3 [No.20] 1

第3部
[No.21] 2 [No.22] 1 [No.23] 4 [No.24] 1 [No.25] 3
[No.26] 2 [No.27] 4 [No.28] 1 [No.29] 4 [No.30] 2

1

(1) ホテルのプールの監視員は，泳いでいる人たちにプールは深さが十分でないのでそこに**飛び込ま**ないようにと言った。

> ☑ 選択肢は flow「流れる」，melt「溶ける」，dive「飛び込む」，announce「～を発表する」。because のあとに「深さが十分でない」とあるので，飛び込むことは危険だと考えられる。したがって，「飛び込まないように」という意味になる **3** が適切。

> **▮▮ WORDS&PHRASES**
> □ **lifeguard** ── （プールなどの）監視員

(2) グレッグは来週末テニスのトーナメントに出る予定だ。彼は3か月間しかやっていないので，とても勝て**そうにない**。

> ☑ 選択肢は unlikely「（事が）起こりそうもない」，traditional「伝統的な」，similar「同様の」，honest「正直な」。「3か月間しかやっていない」とあるので，グレッグはまだテニスを始めたばかり。*be* unlikely to win で「勝てそうにない」という意味になる **1** が適切。

> **▮▮ WORDS&PHRASES**
> □ **tournament** ── トーナメント，勝ち抜き試合

(3) ジェニーの夢は有名な作家になることだ。彼女は，大好きな**作家**のようになりたいと思っていて，その作家というのは，10冊以上のベストセラー小説を書いてきた。

> ☑ 選択肢は astronaut「宇宙飛行士」，accountant「会計士」，author「作家」，athlete「運動選手」。1文目に a famous writer「有名な作家」になるのが夢だとあるので，ジェニーがなりたいのは **3** と考えるのが適切。

> **▮▮ WORDS&PHRASES**
> □ **best-selling novels** ── ベストセラー小説

(4) 犬がリンダの帽子を取ったとき，リンダはそれを取り戻すために公園中その犬を**追いかけ**なければならなかった。

> ☑ 選択肢は chase「～を追いかける」，greet「～にあいさつする，～を出迎える」，hire「～を雇う」，share「～を共有する」。空所の直後の it と get it back の it がそれぞれ何を指しているかを考える。「それ（＝帽子）を取り戻すために」リンダは「それ（＝犬）を追いかける」と考えると文意が通る。**1** が正解。

📖 WORDS&PHRASES

□ **get ～ back** ── ～を取り戻す

(5) 大阪や福岡のような大都市では, あちこち移動するのは容易である, というのも電車やバスの交通網があるからだ。

☑ 選択肢はstruggles「闘争」, recordings「記録したもの」, networks「網, ネットワーク」, purposes「目的」。「あちこち移動するのが容易」なのは, 電車やバスの「ネットワーク(交通網)」があるからとすると文意が通るので, **3**が適切。

📖 WORDS&PHRASES

□ **get around** ── あちこちに移動する

(6) 教師は, 課題のアイデアを話し合うことができるようにクラスを小さなグループに分けた。

☑ 選択肢はaccepted「～を受け取った, 受け入れた」, warmed「～を温めた」, divided「～を分けた」, injured「～を傷つけた」。「話し合うことができるように」とあるので, 「クラスを小さなグループに分けた」という意味になる**3**が正解。divide *A* into *B*で「AをBに分ける」という意味。

📖 WORDS&PHRASES

□ **discuss** ── ～について話し合う　　□ **project** ── 学習課題, 事業計画

(7) サヤカと彼女の父親は, 税金や環境のような問題に関して非常に異なる意見を持っている。

☑ 選択肢はdegrees「程度」, partners「パートナー」, responses「反応」, issues「問題」。空所のあとのsuch as ...は「…のような」という意味。「…」の部分にtaxes and the environment「税金と環境」とあるので, これらを表す単語を選択肢から探すと, **4**が適切だとわかる。

📖 WORDS&PHRASES

□ **tax** ── 税金　　□ **environment** ── 環境

(8) オースティンはガールフレンドが自分の元を去って悲しかった。けれども, 彼はすぐに彼女のことを忘れ, 今はまた上機嫌である。

☑ 選択肢はcontests「競技会, コンテスト」, spirits「気分, 精神」, arguments「議論, 口論」, decisions「決断」。「悲しかった」のあとHowever「しかしながら」と続くので, sadとは逆の心理状態のin good spirits「上機嫌で」とするとうまくつながる。**2**が適切。

(9) A:これらの花を育てるのは難しいですか?
B:全くそんなことはありません。ただ土の中に種を植えて忘れずにたっぷりの水をあげるだけです。

☑ 選択肢はloudly「大声で」，simply「ただ（〜だけ）」，shortly「すぐに」，finally「最後に，ついに」。Bは最初にNot at all.「（花を育てるのは）全然難しくない」と答えているので，「ただ種を植えて水をあげるだけ」という意味になる**2**が適切。

📖 WORDS&PHRASES

□ **seed** ── 種　　□ **make sure** ── 忘れずに〜する

(10) カールは野球のボールで隣の家の窓ガラスを割ったことをとても申し訳なく思った。彼は謝りに隣の家に行った。もっと気をつけるという約束もした。

☑ 選択肢はapologize「謝罪する」，export「〜を輸出する」，limit「〜を制限する」，nod「うなずく」。窓ガラスを割ってとても申し訳なく思ったカールが隣の家に行ったのは「謝罪する」ためだと考えるのが自然なので，**1**が正解。

📖 WORDS&PHRASES

□ *be* **sorry for** 〜 ── 〜を申し訳なく思う

(11) A：アシュレー，私はどっちのドレスを買うべきかな？

B：わからないなあ。それらは私にはそっくりに見える。同じボタンが付いているし，どちらも青い。

☑ 選択肢はlook ahead「将来を見越す」，look alike「そっくりだ」，catch on「流行する」，catch up「追いつく」。Bは「（どちらを買えばいいのか）わからない」，「どちらも同じボタンで青い」と答えているので，**2**の「そっくりだ」が適切。

(12) マイケルはテントで眠りにつく前にキャンプファイヤーを消さなければならなかった。彼は川に行って水をくみ，それを火にかけた。

☑ 選択肢はcome out「出てくる」，put out 〜「（明かりや火など）を消す，〜を外へ出す」，fill up 〜「〜をいっぱいにする」，back up 〜「〜を支援する，（流れ）を止める」という意味。2文目に「川に行って水をくみ火にかけた」とあるので，「キャンプファイヤーを消さなければならなかった」という意味になる**2**が適切。

📖 WORDS&PHRASES

□ **throw** 〜 **on a fire** ── たき火に〜を投げる

(13) 困っている人々を助けるにはさまざまな方法がある。例えば，お金や衣服，食べ物を十分に持たない人たちに与えることができる。

☑ 選択肢はon end「直立して，続けて」，by heart「暗記して」，in need「困っている」，of use「役に立って」。2文目に「お金や衣服，食べ物を十分に持たない人たちに与える」とあるので，1文目では「困っている人々を助ける」とすると文意が通る。**3**が適切。

📖 WORDS&PHRASES

□ **clothes** ── 衣服

(14) トニーは高校卒業後，電車運転士として就職した。彼はほぼ50年間鉄道会社に勤めた。彼は65歳になったときに退職した。

☑ 選択肢は came over ～「～を越えてきた」，took after ～「～に似ていた」，brought up ～「～を育てた」，worked for ～「～に勤めていた」。「高校卒業後，電車運転士として就職した」から「65歳で退職した」という流れなので，「ほぼ50年間勤めた」という意味になる **4** が適切。

📖 WORDS&PHRASES
□ **get a job** ── 仕事に就く　　□ **railway company** ── 鉄道会社

(15) A：どのくらいの間ダイエットしているんだい？
B：2か月前に始めたの。今までのところ5キロぐらい減ったわ。

☑ 選択肢は for a change「気晴らしに」，on a diet「ダイエット中で」，in place「適切な位置に」，with time「時がたつにつれて」という意味。Bが「5キロぐらい減った」と体重を答えていることから，Aはダイエットについて聞いていると考えられる。よって，**2** が正解。

📖 WORDS&PHRASES
□ **so far** ── 今までのところ

(16) ある種類の鳥は長い距離を旅すると知られている。例えば，キョクアジサシは毎年およそ9万キロの旅をする。

☑ 選択肢は jealous of ～「～をねたんで」，belonged to ～「～に属していた」，known to *do*「～すると知られている」，true of ～「～に当てはまる」。空所のあとの travel は動詞なので，be known to *do*「～することが知られている」の意味になる **3** が適切。ほかの選択肢では意味が通らない。なお，「（人など）に知られている」という場合も be known to ～で表すが，この場合は to のあとに動詞ではなく人を表す名詞などがくる。

📖 WORDS&PHRASES
□ **make a journey** ── 旅をする

(17) ケリーは海が大好きだが，ずっと海から離れたところに住んできた。彼女の夢は退職したあと海に近い家に引っ越すことだ。

☑ 選択肢は certain of ～「～を確信して」，fit for ～「～にふさわしい」，close to ～「～に近い」，poor at ～「～が下手で」。1文目にケリーは「海が大好きなのにずっと海から離れたところに住んできた」とあるので，ケリーの夢は「海の近くに住むこと」だと考えて，**3** が適切。

📖 WORDS&PHRASES
□ **retire** ── 退職する

(18) クーパースビルでは3か月ごとに大きな市が開催される。前回の市は12月に開催されたので, 次回の市は3月に開催される。

☑ 選択肢は all「すべての」, every「～ごとに」, with「～と一緒に」, some「いくつかの」。「前回の市は12月で」「次回は3月」とあることから,「3か月ごとに」という意味になる **2** が適切。

📖 WORDS&PHRASES
□ **market** ── 市, マーケット

(19) ビリーは最新の音楽を聴きたいので, ソニックFMというラジオチャンネルをよく聴いている。ソニックFMは通常, 直近2, 3か月の歌しか流さない。

☑ 選択肢は highest「最高の」, latest「最新の」, fastest「最速の」, earliest「最古の, 初期の」。2文目に「直近2, 3か月の歌」とあるので,「最新の音楽」という意味になる **2** が適切。

📖 WORDS&PHRASES
□ **past** ── 過去の

(20) ケニーは両親から寝なさいとか, 野菜を食べなさいとか言われると腹を立てる。彼は幼い子どものように扱われることを嫌っている。

☑ 選択肢は treat「～を扱う」のさまざまな形。ケニーは「子どものように扱われること」が嫌いだという意味にするのが適切なので, 受動態 be treated (扱われる) を動名詞の形にした **2** が正解。

📖 WORDS&PHRASES
□ **get angry** ── 怒る

2

(21) A：こんばんは, お客さま。ご注文はもうお決まりですか?
B：シーフードパスタはまだ提供していますか?
A：以前あったのですが, 最近メニューを変えたのです。
B：それは残念だな。私はあの料理が大好きでした。

☑ 選択肢は「前より遅く開店し始めた」「数名の新しいスタッフを雇った」「いくつかの新しいいすを買った」「メニューを変えた」。Bは「シーフードパスタはあるか」とたずねているので,「メニュー」について答えている **4** が適切。「営業時間」「スタッフ」「いす」はいずれもBの質問とは無関係のことなので, 適さない。

📖 WORDS&PHRASES
□ **serve** ── (食事) を出す　　□ **shame** ── 残念なこと

(22) A：お父さん，理科の宿題を手伝ってくれる？

B：いいよ，クレア。何をしないといけないんだい？

A：**植物の絵を描か**ないといけないの。それから，それに色を塗って，いろいろな部分の名前を書き込まないといけない。

B：それは面白そうだね。庭にある植物を選びに行こう。

- -

✓ 選択肢は「植物の絵を描く」「教科書の問題に答える」「宇宙に関する情報を得る」「私の頭の大きさを測る」。Aは空所のあとで「それに色を塗っていろいろな部分の名前を書き込まないといけない」と言っているので，「植物の絵を描く」という意味の**1**が適切。

> 📖 WORDS&PHRASES
> □ **part** ── (植物などの) 器官，部位

(23) A：どのような服をお探しですか，お客さま？

B：こちらのセールのことを聞いたのです。古いスーツを持ってきたら**新しいスーツを半額で買う**ことができるのですか？

A：はい。ですが，今日がその割引を受けられる最後の機会です。

B：わかりました。すぐに戻ってきます！

- -

✓ 選択肢は「新車を25％引きにしてくれる」「私に新しい領収書を出してくれる」「新しいスーツを半額で買う」「新しいテレビを安く手に入れる」。最初にAが「どのような服をお探しですか」とたずねているので，服に関する内容の**3**が適切。

> 📖 WORDS&PHRASES
> □ **get a discount** ── 割引を受ける

(24・25)

A：お母さん，今週末に友だちのジャンがうちに泊まりに来てもいい？

B：うーん，どうかしら。二人とも**するべき宿題**はないの？

A：今週のテストのあと，今週末は勉強しなくていいって先生が言っていたよ。

B：そう。あなたの部屋はどうなっているの？　掃除はした？

A：まだだけど，木曜日の夜にすると約束する。

B：それならいいわ。ジャンがうちに泊まってもいいか確かめるために，まず私がジャンのお母さんと話したほうがいいわね。

A：ありがとう，お母さん。ジャンに**お母さんの電話番号**を送ってくれるよう頼むね。

B：実は，もう持っていると思う。アドレス帳を調べさせて。

- -

✓ (24)の選択肢は「出席すべき会合」「するべき宿題」「部活動」「医師の予約」。空所(24)のあとでAは「先生が今週末は勉強しなくていいと言った」と言っているので，「勉強しなくていい」と関係のある**2**の「宿題」が適切。「会合」「部活動」「医師の予約」などは勉強と関係のない話題なので，適さない。(25)の

選択肢は「彼女のお母さんの電話番号」「彼女のおばあさんのクッキーのレシピ」「テストのための本」「彼女の家族の写真」。空所 (25) の前でBが「まず私がジャンのお母さんと話したほうがいい」と言っているので,「ジャンのお母さんの電話番号を送ってもらう」という意味の応答になる**1**を入れると自然な流れになる。

📖 WORDS&PHRASES

□ **make sure that ...** ── …を確かめる　　□ **actually** ── 実は

3

[A]

本文の意味　　**仮装パーティー**

[1] 先日,ライアンはヘザーを誕生日パーティーに招いた。ライアンはそれは仮装パーティーだと言った。彼はヘザーに好きな漫画のキャラクターの仮装をするように頼んだ。ヘザーの好きなキャラクターはほうきに乗って郵便物を配達する魔法使いだ。彼女は青いドレスを着て髪に赤いリボンをつけている。ヘザーは青いドレスを持っていなかったが,彼女の母親は青い布を持っていた。ヘザーの母親は代わりに青いドレスを作ることができるとヘザーに言った。ヘザーは母親を手伝い,まもなくして,その魔法使いが着ているのとそっくりなドレスができた。

[2] ライアンのパーティーの日,ヘザーはほうきも必要であることを思い出した。彼女は母親にたずねたが,うちにはないと言われた。そのとき,ヘザーは隣のジョーンズさんが庭を掃くためにほうきを使っているのを見たことを思い出した。ヘザーはジョーンズさんの家に走って行って,それを借りられないかとたずねた。幸いなことに,ジョーンズさんはいいよと言ってくれた。衣装が完成したので,ヘザーはとてもうれしかった。

📖 WORDS&PHRASES

□ **costume party** ── 仮装パーティー　　□ **cartoon** ── 漫画

□ **character** ── キャラクター,登場人物　　□ **witch** ── 魔法使い　　□ **cloth** ── 布

□ **neighbor** ── 隣人　　□ **sweep** ── ～を掃く　　□ **yard** ── 庭　　□ **complete** ── 完全な

意味と解説

(26) 選択肢は「彼女は家にいるべきだと」「彼女たちはそれ(=青いドレス)を作ることができると」「緑のを着るように」「別のキャラクターを選ぶように」。空所の前文が「母親は青い布を持っていた」で,空所のあとの文が「魔法使いそっくりなドレスができた」というつながりから,**2**が適切。

(27) 選択肢は「それを借りる」「そこに隠れる」「彼を手伝う」「彼女のボールを得る」。ほうきを探していたヘザーは,「ジョーンズさんがほうきを使っているのを見たことを思い出した」という流れから,「それ (=ほうき) を借りる」となる **1** が適切。ほかの選択肢はほうきとは無関係で, 空所に適さない。

[B]

本文の意味　**エッシャーの驚くべき芸術**

　[1] マウリッツ・コルネリス・エッシャーは1898年にオランダで生まれた。高校を出たあと, 彼は建物を設計する方法を学ぶために大学に通った。しかしながら, 彼はすぐに自分は建築に興味がないことを悟った。それどころか, 彼は建てることができないものの図案を描くのが好きだった。彼は代わりにグラフィックアートを勉強することに決めた。グラフィックアーティストは, 想像力, 数学, そして定規のような道具を使って絵を生み出す芸術家である。

　[2] エッシャーは卒業後, 長期間イタリアを旅した。彼は田園地方やそこにある古い建物がとても好きだった。そこで見た場所をしばしば絵に描いた。スペインも訪れた。そこでは, 壁が興味深い模様で埋め尽くされた城に行った。それらは彼に独自の模様のアイデアを与え, 彼は時々それらのデザインに動物の形を使った。これらの2つの国での経験は, 彼の芸術に非常に大きな影響を与えた。

　[3] エッシャーの絵はしばしば実世界ではあり得ないものを見せる。『上昇と下降』という絵では, 人々は階段を上るが, その階段はスタートした場所に戻る。『描く手』では, 2つの手が鉛筆を持って互いの手を描いている。エッシャーの風変わりな芸術は世界中で人気がある。例えば, 2018年の東京における彼の作品展は約20万人が見に行った。多くの国の人々が彼の絵を好むのは, それらが美しくそして人々に考えさせるものだからだ。

◖◗ WORDS&PHRASES

□ **design** ── ～を設計する, ～の図案を描く　　□ **graphic art** ── グラフィックアート

□ **imagination** ── 想像力　　□ **ruler** ── 定規　　□ **countryside** ── 田園地方, 田舎

□ **pattern** ── 模様　　□ **effect** ── 影響　　□ **real life** ── 実世界　　□ **stairs** ── 階段

□ **unusual** ── 普通ではない　　□ **exhibition** ── 展覧会

意味と解説

(28) 選択肢は「創造的な人物」「賢い教師」「建築に興味がある」「描画が得意」。空所のある文の前には「建物を設計する方法を学ぶために大学に通った」とあり, 続いて逆接を表す however がきて, そのあとに「自分は (　　　) ないことを悟った。建てられないものの図案を描くのが好きだった」と続いているので,「建築に興味がなかった」という内容になる **3** が適切。

(29) 選択肢は「これら2つの国での」「彼の幼少期からの」「父親と働いた」「新しい言語を学ぶ間」。第2段落では空所の前まででイタリアとスペインでの経験について述べられているので，**1**が適切。「彼の幼少期」「彼の父親」「新しい言語」などに関連した記述はないので，これらは答えに適さない。

(30) 選択肢は「すべて1か所に保管されて」「世界中で人気がある」「もう売られていない」「見るべきよさはない」。空所のあとの文に「東京では約20万人が作品展に行った」とあるので，「世界中で人気がある」という**2**が適切。

4

[A]

本文の意味

差出人：アリアナ・スミス <arianaariana@peacemail.com>
宛先：ジェーン・ジョーンズ <jane_j30101@thismail.com>
日付：1月22日
件名：料理クラブのレシピ

親愛なるジェーン，

①　コミュニティセンターで週に1度行われる料理クラブの会は本当に楽しいです。会員はみんなとても優しいです。(31)会員がお互い順番にレシピを教え合うのがよいですね。自分が教える番のときは緊張しますが，そのあとはいつもうれしい気持ちになります。それに，私はこうやって本当に多様な料理の作り方を学んできました。料理の先生が1人だけいるよりずっといいです。

②　友だちのデービッドに私たちの会のことを話しました。デービッドは本を出版する会社で写真家およびデザイナーとして働いています。(32)彼は，料理クラブの会員でお気に入りのレシピの本を作ってはどうかと提案しました。彼は私たちがそれをするのを手伝うと言いました。私たちの会の記念になるものを作れるかもしれません。レシピ本は友人や家族にとってのすばらしい贈り物にもなるでしょう。

③　私は彼の考えをとても気に入っています。あなたはどう思いますか？　会員それぞれに，軽食，サラダ，スープ，メインディッシュ，そしてデザートのレシピを準備するようにお願いするのはどうでしょう。そうすれば，一番よさそうなものを選んで，会の時間中に作ることができます。(33)デービッドは喜んで私たちの料理の写真を撮りに来ると言っていました。彼は試食もしたがっています！

あなたの友だち，

アリアナ

□ recipe ── レシピ   □ community center ── コミュニティセンター

□ take turns *doing* ── 順番に〜する   □ get nervous ── 緊張する   □ afterward ── あとで

□ company ── 会社   □ publish ── 〜を出版する   □ suggest ── 〜を提案する

□ snack ── 軽食   □ try ── 〜を試食する

意味と解説

(31) アリアナは料理クラブの会について何と言っているか？

1 彼女は料理の先生がとても優しいと思っている。

2 彼女は会員が互いに教え合うやり方が好きだ。

3 新しい会員が加わると彼女は緊張する。

4 彼女は会がコミュニティセンターに移ってほしいと思っている。

✓ 質問文にある cooking club meetings という語句は第1段落第1文に登場している。第3文に「会員がお互い順番にレシピを教え合うのがよい」という記述があり、これを言い換えた**2**が正解。第2文に「ほかの会員」のことを優しいと書いてあるが、先生が優しいとは書いていないので1は不適切。また、第4文から、アリアナが緊張するのは「自分がレシピを教える順番」のときなので、3も不適切。4のような内容は本文にない。

(32) アリアナの友人のデービッドは何を提案したか？

1 料理クラブの会で作った食べ物は売れる。

2 友人は料理クラブの会を見ることを許されるべきだ。

3 料理クラブの会員は本を作るべきだ。

4 彼の出版社でアリアナは仕事を得ることができる。

✓ 質問文にある David が登場するのは第2段落の冒頭。質問文にもある suggest は「〜を提案する」という意味。He suggested ... で始まる第3文に、デービッドが「本を作ってはどうかと提案した」と書いてあるので、**3**が適切。1, 2, 4のような内容は本文にない。

(33) デービッドは…と申し出た。

1 料理クラブの新しいレシピを考える

2 料理コンテストで一番よい料理を選ぶ

3 アリアナとジェーンにいろいろな料理の作り方を教える

4 料理クラブのために食べ物の写真を撮る

✓ 質問文にあるofferは「〜を申し出る」という意味。デービッドが自ら料理クラブのためにすると申し出ていることを探すと、第3段落第5文に「デービッドは喜んで料理の写真を撮りに来ると言った」とあるので、**4**が適切。1, 2, 3のような内容は本文にない。

[B]

① ナマケモノは中南米のジャングルにすむ動物の一種である。ナマケモノはサルのように見え，ほとんどの時間を木の枝の上で過ごす。しかしながら，(34) サルと違って，ナマケモノは独りで生活し，とてもゆっくり動き，そしてほとんど音を立てない。彼らは1日に最長20時間眠り，夜の間だけ目覚めている。

② ナマケモノの怠惰な生活スタイルは，彼らが生き残るのに役立っている。(35) ほとんどの時間を寝て過ごし，ゆっくり動くことで，ナマケモノはあまり多くのエネルギーを使う必要がない。長い距離を移動する必要はないし，また食べ物を得るために速く走る必要もない。木の高いところには，おいしい葉っぱがわずか数センチ先にいつでもある。葉は多くのカロリーを含まないが，ナマケモノは目覚めている短い間中ずっと食べていることによって，必要とするカロリーのすべてを得る。

③ 驚いたことに，ゆっくり動くことはナマケモノを空腹の肉食動物から守ってもいる。ナマケモノと同じジャングルにはワシやネコ科の大きな動物がすんでいる。しかし，(36) これらのハンターたちは動きを探すので，しばしばナマケモノに気づかない。また，ナマケモノは自らの毛を完全にはきれいにしない。その結果，その中で小さな植物が育ち，それらが毛を緑色に見せる。地上や空から見ると，木の枝の中にいるナマケモノは，ワシやネコ科の大きな動物が食べたいものというよりむしろ植物のように見える。

④ ナマケモノにはつま先に長くて硬いつめがある。(37) 通常，彼らは枝にしがみつくためにそのつめを使う。しかし，もし攻撃されたら，ナマケモノは身を守るためにそのつめを使うことができる。ナマケモノのつめはとても長いので，ナマケモノは地面を歩くのが難しい。そのため，ナマケモノは普通，週に1度くらいしか枝から降りてこない。

📖 WORDS&PHRASES

□ **sloth** ─ ナマケモノ　　□ **jungle** ─ ジャングル　　□ **branch** ─ 枝

□ **make no noise** ─ 物音を立てない　　□ **up to 〜** ─ （最高で）〜まで　　□ **lazy** ─ 怠惰な

□ **survive** ─ 生き残る　　□ **energy** ─ エネルギー　　□ **distance** ─ 距離　　□ **tasty** ─ おいしい

□ **leaf** ─ 葉　　□ **contain** ─ 〜を含む　　□ **calorie** ─ カロリー　　□ **surprisingly** ─ 驚いたことに

□ **protect A from B** ─ AをBから守る　　□ **meat eater** ─ 肉食動物　　□ **eagle** ─ ワシ

□ **cat** ─ ネコ科の動物　　□ **search for 〜** ─ 〜を探す　　□ **fur** ─ 毛皮

□ **as a result** ─ その結果　　□ **tiny** ─ とても小さい　　□ **rather than 〜** ─ 〜というよりむしろ

□ **claw** ─ つめ，かぎづめ　　□ **toe** ─ つま先　　□ **hang on to 〜** ─ 〜にしがみつく

□ **attack** ─ 〜を攻撃する　　□ **defend** ─ 〜を守る

(34) ナマケモノがサルと異なる1つの点は何か？

1　ナマケモノは北米で見られる。

2　ナマケモノはしばしば大きな騒音を発する。

3　ナマケモノはたいてい独りで生活する。

4　ナマケモノは日中だけ目覚めている。

✔　質問文にある monkeys は第1段落第2文に登場している。次の第3文に unlike monkeys「サルと違って」との記述があるので，この続きを正確に読み取る。「サルと違って，ナマケモノは独りで生活し，とてもゆっくり動き，そしてほとんど音を立てない。彼らは1日に最長20時間眠り，夜の間だけ目覚めている」と書かれている。この中で一致する選択肢は**3**。2は「ほとんど音を立てない」と逆の内容。4は「夜の間だけ目覚めている」と逆の内容。1は同段落第1文の「中南米のジャングルにすむ」と合わない。

(35) ナマケモノがゆっくり動く1つの理由は何か？

1　使うエネルギーの量を減らすため。

2　とても長い距離を移動することができるように。

3　食べたい物を捕まえるため。

4　ほかの動物が作った穴に落ちないようにするため。

✔　質問文にある move slowly は第1段落第3文に登場するが，第2段落でそれがどのようにナマケモノの生存に役立っているかが示されている。第2段落を読むと，第2文に「ゆっくり動くことであまりエネルギーを使う必要がない」とあるので，これに一致する**1**が正解。2は第3文の「長い距離を移動する必要はない」と合わない。また，第3文に「食べ物を得るために速く走る必要がない」とはあるが，食べたい物を捕まえるためにゆっくり動くのではないので3も不適。4のような内容は本文にない。

(36) ワシやネコ科の大きな動物は

1　毛がおいしくないのでナマケモノを食べない。

2　肉を見つけられなければ植物を食べる。

3　動物の動きを探すことによって狩りをする。

4　ナマケモノがすむジャングルに近づかない。

✔　質問文にある Eagles and big cats は第3段落第2文に登場している。続く第3文に「これらのハンターたち（＝ワシやネコ科の大きな動物）は動きを探す」とあるので，これに一致する**3**が正解。1，2のような内容は本文にない。4は第2文「ナマケモノと同じジャングルにはワシやネコ科の大きな動物がすんでいる」に合わない。

(37) ナマケモノは…ためにその長いツメを使う。

1 木になるフルーツを切って開く
2 木の中にすむ昆虫を捕る
3 木から木へと飛び移る
4 枝にしがみつくのを助ける

◢ claws については第4段落に書かれている。第2文に「彼らは枝にしがみつくためにそのつめを使う」とあるので，これに一致する **4** が適切。1，2，3のような内容はいずれも本文にない。

ライティング 意味と解答例

5

問題の意味

質問

図書館はもっと子ども向けの本のイベントをするべきだと思いますか？

解答例1

I think libraries should have more book events for children. First, there are many books in the library. Book events are good chances for children to come across a variety of books. Second, some children don't usually read books. If they participate in book events, they will realize that it is interesting to read books.（55語）

解答例1の意味

私は図書館はもっと子ども向けの本のイベントをするべきだと思います。第一に，図書館にはたくさんの本があります。本のイベントは子どもたちがさまざまな本に出会うよい機会です。第二に，ふだん本を読まない子どもたちもいます。もし彼らが本のイベントに参加したら，本を読む面白さに気づくでしょう。

まず，質問に対して賛成か反対か自分の意見を述べる。この解答例では，「図書館はもっと子ども向けの本のイベントをするべきだと思う」と自分の意見を述べたうえで，2つの理由を挙げている。理由を2つ挙げるようなときは，First, ...「第一に，はじめに」，Second, ...「第二に，次に」という形で挙げていくとよい。ここでは「図書館にたくさんの本がある」ことによって「さまざまな本に出会うよい機会になる」が1つ目の理由。come across ～は「（偶然）～に出くわす」という意味。2つ目の理由は，「ふだん本を読まない子どもたち」のことを取り上げ，「本のイベントに参加すれば本を読む面白さに気づく」と述べている。そのほかの理由としては「イベントではよく大人が子どもたちに本を読み，それは彼ら［子どもたち］にとってよい経験になる（At a book event, adults often read books to children, and that is a good experience for them[children].）」，「子どもたちはそのようなイベントで新しい友だちを作ることができる（Children can make new friends through such events.）」などが考えられる。

I don't think libraries should have more book events for children. I have two reasons. First, many people go to libraries, and some want to read books silently. Book events might break the silence. Second, children are busy studying and playing sports after school or on weekends. I think it would be difficult to attract children to book events. （59語）

図書館がもっと子ども向けの本のイベントをするべきだとは思いません。理由は2つあります。第一に，多くの人が図書館に行き，中には静かに本を読みたい人たちがいます。本のイベントは静寂を破るかもしれません。第二に，子どもたちは放課後や週末は勉強やスポーツで忙しいです。本のイベントに子どもたちを集めるのは難しいと思います。

■ この解答例では，「図書館はもっと子ども向けの本のイベントをするべきだとは思わない」と述べて，I have two reasons.「理由は2つある」と前置きしている。1つ目の理由は，「静かに本を読みたい人たちもいる」ので，図書館で本のイベントをすると「静寂を破るかもしれない」というもの。2つ目の理由は，「子どもたちは忙しい」ので，「本のイベントに子どもたちを集めるのは難しい」というものである。busy *doing* は「～するのに忙しい」，attract *A* to *B* は「A を B に呼び寄せる」という意味。図書館での本のイベントに反対する理由としてはほかに「多くの本のイベントを行うと図書館スタッフの仕事が増える（Having a lot of book events would increase the library staff's work.）」なども考えられる。

リスニングテスト

No. 1

A：June, have you finished writing your sales presentation yet?

B：No, I haven't, Mr. Begley.

A：Well, please finish it today.　I want to check it before the meeting tomorrow.

1　OK. I'll finish it this afternoon.

2　Hmm, I don't like presentations.

3　Well, I showed it to you yesterday.

- -

A：ジューン，販売プレゼンテーションはもう書き終わりましたか？

B：いいえ，まだです，ベグリーさん。

A：それなら，今日終わらせてください。明日の会議の前に確認したいので。

1　わかりました。今日の午後に終わらせます。

2　うーん，プレゼンテーションは好きではありません。

3　ええと，昨日あなたに見せましたよ。

- -

📝　職場での会話。ジューン（B）は「（販売プレゼンテーションは）まだ書き終わっていない」と言っている。それに対してベグリーさん（A）が「明日の会議の前に確認したい」と言っているので，「今日の午後終わらせる」と答える **1** が正解。

No. 2

A：Excuse me, ma'am.　Could you tell me where I can find the library's history section?

B：It's just over there, behind the magazines.

A：OK, thanks.　Are there any books about Egypt?

1　No, the library is closed today.

2　Yes, there are a lot of them.

3　Well, I used to live there.

- -

A：すみません。図書館の歴史セクションはどこにあるか教えていただけますか？

B：すぐそこの，雑誌の裏側にあります。

A：わかりました，ありがとうございます。エジプト関連の本はありますか？

1　いいえ，今日図書館は閉館しています。

2　はい，たくさんありますよ。

3　そうですね，私は以前そこに住んでいました。

- -

📝　図書館に来た男性（A）と図書館のスタッフ（B）の会話。男性が「エジプト関連の本はありますか？」とたずねているのだから，「たくさんありますよ」と答えている **2** が正解。

No. 3

A：Arnold, would you like to go to the new Italian restaurant tonight?

B：That would be wonderful, Janine. Can you reserve a table for us?

A：Sure. I'll make a reservation for 7 p.m.

1　I'm sorry, but I'm really busy.

2　Great. I'll see you this evening.

3　I think I'll bring some food.

A：アーノルド，今晩新しいイタリアンレストランに行かない？

B：それはいいね，ジャニーン。テーブルを予約してくれる？

A：いいよ。午後7時で予約しておく。

1　残念だけど，僕はとても忙しい。

2　いいね。今夜会おう。

3　食べる物を持っていくよ。

今晩の夕食についての会話。2人は「新しいイタリアンレストラン」に行こうと話しているので，**2**が適切。男性（B）が「予約してくれる？」と言っているのはレストランに行けるからなので，1は不自然。また，2人はレストランに行くので，3も答えに適さない。

No. 4

A：Are you going to the grocery store today, honey?

B：Yes. We need milk and cheese.

A：Can you buy a few bananas and apples?

1　OK. I'll be back next week.

2　Maybe. I'll have to join first.

3　Sure. I'll get some for you.

A：あなた，今日スーパーに行く？

B：うん。牛乳とチーズが必要だ。

A：バナナとリンゴをいくつか買ってきてくれる？

1　わかった。来週帰ってくるよ。

2　たぶんね。私はまずは参加しなければならない。

3　いいよ。買ってきてあげる。

2人はスーパーで買う品物について話している。女性（A）は「バナナとリンゴを買ってきて」と言っているので，**3**が適切。買い物に行くのだから，1と2は答えとして不自然。

No. 5

A：Hey, Gina. Do you know the name of the new girl in our science class?

B：It's Dorothy Farmer. Why?

A : She introduced herself to me, but I forgot her name. She seems nice.

1　I can't remember, either.

2　That's a good idea.

3　Yeah. She's really friendly.

A : やあ，ジーナ。科学のクラスの新入生の女の子の名前を知っている？

B : ドロシー・ファーマーよ。どうして？

A : 自己紹介してくれたんだけど，名前を忘れてしまって。いい子みたいだね。

1　私も思い出せない。

2　それはいい考えだね。

3　ええ。彼女はとても気さくだよ。

☑　新入生の女の子に関する会話。男の子（A）は女の子（B）に名前を教えてもらって，「（新入生は）いい子みたいだね」と言っている。その応答として適切なのは「彼女はとても気さくだよ」と答える **3**。

No.6

A : Good afternoon, sir. Can I help you find something?

B : I hope so. Do you sell used musical instruments here?

A : Yes, we do. What instrument are you looking for?

1　I want to get a violin.

2　I need to buy it today.

3　I learned to play the piano.

A : こんにちは，お客さま。お探し物のお手伝いをしましょうか？

B : お願いします。ここは中古の楽器を売っていますか？

A : はい，売っています。どんな楽器をお探しですか？

1　バイオリンが欲しいです。

2　今日それを買う必要があります。

3　私はピアノを弾くことを学びました。

☑　店員（A）と客（B）の会話。店員は「どんな楽器をお探しですか？」とたずねているので，「バイオリンが欲しい」と答えている **1** が正解。3 は「探している楽器」の話をしていないので，答えとして不適切。

No.7

A : Hello.

B : Hi, Dad, it's me. I'm at the mall, but I lost my bicycle key. Could you come pick me up?

A : Sure. Where will you be?

1　I've been here since early afternoon.

2　I'll wait at the North Entrance.

3　I looked everywhere for the key.

A：もしもし。

B：もしもし，お父さん，私よ。モールにいるのだけど，自転車のカギをなくしてしまっ
　　たの。迎えに来てもらえない？

A：いいよ。どこにいるつもりだい？

1　午後の早い時間からここにいるの。

2　北口で待つことにする。

3　あちこちカギを探したよ。

📄　父親（A）と娘（B）の会話。父親は娘に「迎えに行く場所」をたずねているのだから，
　　「場所」を答えている **2** が適切。

No. 8

🔊　A：Dr. Smith's office. How may I help you?

　　B：I'd like to make an appointment for Thursday.

　　A：The doctor can see you at 9 a.m.

　　1　Sure. I'll see you later today.

　　2　OK. I'll tell her to call.

　　3　That's fine. I'll come then.

A：スミス医師のオフィスです。どうされましたか？

B：木曜日に予約をしたいのですが。

A：医師は午前9時に診察できます。

1　もちろんです。今日このあと伺います。

2　わかりました。彼女に電話するように伝えます。

3　それで大丈夫です。そのときに行きます。

📄　クリニックの受付係（A）と予約の電話をしている患者（B）の会話。受付係は「（木
　　曜日の）9時に診察できます」と言っているのだから，**3** が適切。

No. 9

🔊　A：Did you get a good score on the exam?

　　B：It was OK, but it could have been better.

　　A：You'll just have to study more next time.

　　1　Well, it was in the morning.

　　2　You're right. I will.

　　3　Yes. The test is next week.

A：テストでいい点がとれた？

22
年
度

第
3
回　リスニング

B：まあまあだったけど，本当ならもっといい点がとれてもよかったかもしれない。

A：次はもっと勉強しないとね。

1　ええと，それは午前中だった。

2　そうだね。そうするよ。

3　うん。テストは来週だよ。

✓　テストの結果についての会話。女性 (A) は男の子 (B) に対して「次はもっと勉強しないと」と言っているので，「そうだね。そうするよ」と答える **2** が正解。

No.10

A：Would you like to see our dessert menu, sir?

B：No, thanks. I'm full. Everything was great.

A：How about something to drink, then?

1　By credit card, please.

2　Just some cake, please.

3　I'll have a cup of tea, please.

A：デザートのメニューをご覧になりますか，お客さま？

B：いいえ，結構です。おなかがいっぱいです。どれもおいしかったです。

A：では，何か飲み物はいかがですか？

1　クレジットカードでお願いします。

2　ケーキだけお願いします。

3　紅茶をお願いします。

✓　レストランのスタッフ (A) と客 (B) の会話。スタッフは「何か飲み物はいかがですか」とたずねているので，**3** が正解。客は最初にデザートのメニューを勧められて「（おなかがいっぱいなので）結構です」と答えているので，2 は不適。

第2部

No.11

A：Dad, can we go to the zoo next week?

B：Sure, Lisa, I love the zoo. What animals do you want to see?

A：Well, there's going to be a special show at the dolphin exhibit. That's what I want to see the most.

B：Oh, great. That sounds like fun.

Question　What is one thing the girl says about the zoo?

A：お父さん，来週動物園に行かない？

B：いいよ，リサ，動物園は大好きだ。どんな動物を見たい？

A：そうね，イルカの展示館で特別なショーがあるの。それが一番見たいものだよ。

B：ああ，いいね。楽しそうだ。

❓ **女の子が動物園について言っていることの1つは何か?**

1　新しいイルカがいる。

2　ほとんど動物がいない。

3　特別なショーをする予定だ。

4　来週閉館する予定だ。

- -

📝　娘（A）と父親（B）の会話。娘は2番目の発言で「イルカの展示館で特別なショーがある」と言っているので，**3**が正解。

No. 12

🔊　A：Here, I can take your plate for you, ma'am. How was your meal?

B：It was fantastic, thank you. I especially liked the pasta.

A：I'm glad you enjoyed it. Can I get you anything else?

B：No, I'll just take the check, please.

Question　What does the customer ask the waiter to do?

- -

A：さあ，お皿をお下げいたしましょう。お食事はいかがでしたか?

B：すばらしかったです，ありがとう。特にパスタが好きだったわ。

A：喜んでいただけてよかったです。何かほかにお持ちしましょうか?

B：いいえ，お勘定だけお願いします。

❓ **客はウェイターに何をするように求めているか?**

1　料理を温める。

2　パスタをもっと持ってくる。

3　新しい料理について彼女に話す。

4　伝票を持ってくる。

- -

📝　レストランの客（B）とウェイター（A）の会話。「何かほかにお持ちしましょうか」とたずねられた客は，最後の発言で「お勘定だけお願いします」と答えているので，**4**が適切。check は「（レストランなどの）伝票，勘定書」という意味。

No. 13

🔊　A：Hi, Emily. How was your trip to New York?

B：It was great! We stayed at a nice hotel and did a lot of sightseeing.

A：That sounds nice. What kind of things did you go to see?

B：We took a tour of the city and visited some museums.

Question　What is one thing Emily says about her trip to New York?

- -

A：やあ，エミリー。ニューヨークの旅行はどうだった?

B：すごくよかったよ！　すてきなホテルに泊まったし，観光もたくさんしたの。

A：いいね。どんなものを見物したの？

B：街を回るツアーに参加して美術館をいくつか訪れたよ。

❷ **エミリーがニューヨークへの旅行に関して言っていることの1つは何か？**

1　彼女はホテルを出ることができなかった。

2　彼女はどの美術館にも行かなかった。

3　彼女は観光ツアーに出かけた。

4　彼女は郊外に滞在した。

☑ エミリー（B）のニューヨーク旅行に関する会話。エミリーは最後の発言で「ツアーに参加して美術館をいくつか訪れた」と言っているので，3 が正解。

No.14

🔊 A：Hello, I'm Erin, and I'll be your server this afternoon. Would you like anything to drink?

B：Actually, I'm ready to order my meal. Can I get a grilled cheese sandwich and potato chips?

A：Sure. Anything else?

B：No, thank you. I have to be at a meeting in about 20 minutes, so please bring it as soon as you can.

> Question　What do we learn about the man?

A：こんにちは，エリンです。今夜は私が給仕をいたします。お飲み物はいかがですか？

B：実はすぐに食事を注文したいのです。グリルしたチーズサンドイッチとポテトチップをもらえますか？

A：かしこまりました。ほかに何かございますか？

B：いいえ，結構です。あと約20分で会議に出なくてはならないので，できるだけ早く持ってきてください。

❷ **男性について何がわかるか？**

1　サンドイッチにサラダをつけてほしい。

2　まもなくレストランを出る必要がある。

3　友だちのために注文している。

4　今日はとてもおなかがすいている。

☑ レストランのスタッフ（A）と男性客（B）の会話。B は最後に「約20分で会議に出なくてはならないので，できるだけ早く持ってきてください」と言っているので，レストランにはあまり長くいられないことがわかる。2 が適切。

No.15

🔊 A：What are your plans this weekend?

B：I'm going to a wedding at a church in the mountains. My aunt is getting married.

A：Wow! That sounds nice. Make sure to say hello to her for me.

B：I will. She still remembers you from when we played table tennis at my grandma's house.

Question　What will the girl do this weekend?

A：今週末は何か予定がある？

B：山の教会での結婚式に行く予定だよ。私のおばが結婚するの。

A：わあ！ それはすてきだね。おばさんによろしく伝えて。

B：伝えるね。おばあちゃんの家で一緒に卓球をしたときから，おばは今もあなたを覚えているのよ。

❓ **女の子は今週末何をする予定か？**

1　祖母の家を訪れる。

2　山での結婚式に行く。

3　男の子と湖への旅行を計画する。

4　おばと卓球をする。

✅　今週末の予定に関する会話。女の子（B）は最初に今週末の予定を聞かれて「山の教会での結婚式に行く」と答えているので，**2** が正しい。

No. 16

🔊 A：Dad, did you eat all the chicken soup? It was in the refrigerator.

B：I threw it out. It looked pretty old.

A：But I just made it yesterday! I was going to have soup for lunch.

B：Well, I have to drive your brother to his music lesson, but I'll buy you something to eat afterwards.

Question　What will the man do next?

A：お父さん，チキンスープを全部食べたの？ 冷蔵庫に入っていたんだけど。

B：捨てたよ。とても古そうに見えたから。

A：でも私が昨日作ったばかりだったんだよ！ お昼にスープを食べるつもりだったのに。

B：ええと，兄さん［弟］を音楽教室に車で送っていかないといけないけど，そのあと何か食べるものを買ってくるよ。

❓ **次に男性は何をするか？**

1　息子を教室に連れていく。

2　チキンスープを作る。

3　冷蔵庫を掃除する。

4　ごみを出す。

✅　父親（B）と娘（A）の会話。父親は「（君の）兄さん［弟］を音楽教室に車で送っ

ていかないといけない」と言っている。娘にとって兄さん［弟］なら，お父さんにとっ
ては息子。**1** が正解。

No. 17

A：Welcome to Lee's Department Store, sir. Can I help you find anything?

B：Yes. I'm looking for a new pair of sneakers.

A：The shoe department is on the second floor. Take the elevator upstairs, and you'll see it on your left.

B：OK. Thank you for your help.

Question　Why is the man at the department store?

- -

A：リーズデパートへようこそ。何かお探しですか？

B：ええ。新しいスニーカーを探しています。

A：くつ売り場は2階です。エレベーターで上がると，左側に見えます。

B：わかりました。助けてくれてありがとう。

❓ 男性はなぜデパートにいるのか？

1　服を返さなければならない。

2　新しいくつが必要だ。

3　プレゼントを買わなければならない。

4　セールがあると聞いた。

- -

🔲 デパートの店員（A）と客（B）の会話。最初に「何かお探しですか」と声をかけら
れた客が「新しいスニーカーを探している」と答えているので，**2** が正解。

No. 18

A：What do you want to do for your birthday this year, Greg? Should we go to another restaurant?

B：Hmm. I think it would be fun to go to a concert.

A：What type of concert would you like to go to?

B：Well, I borrowed a rock music CD from Danny, and I really liked it, so going to a rock concert would be great!

Question　What does Greg want to do for his birthday?

- -

A：グレッグ，今年の誕生日は何をしたい？　違うレストランに行きましょうか？

B：うーん。コンサートに行くのが楽しそうだな。

A：どんなコンサートに行きたいの？

B：そうだなあ，ダニーからロックのCDを借りたんだけど，それがとても気に入ったか
ら，ロックコンサートに行けたら最高だな！

❓ グレッグは誕生日に何をしたいのか？

1　新しい音楽CDを入手する。

2 家でパーティーをする。

3 コンサートで演奏する。

4 ロックコンサートに行く。

✔ グレッグ (B) の誕生日に何をするかという会話。誕生日に「何をしたい?」とたずねられたグレッグは, 最後の発言で「ロックコンサートに行くのがいい」と答えているので, **4** が正解。

No.19

🔊 A : The coffee shop up the street has closed.

B : Really? I go there all the time!

A : Yeah, there was an advertisement in the newspaper that said the space is for rent.

B : Oh no! That was one of my favorite places to study.

Question Why is the woman upset?

A : 通りの先にあるコーヒーショップが閉店したよ。

B : 本当に? 私はいつもそこに行っているのに!

A : うん, あの場所は貸し出し中という広告が新聞に出ていた。

B : ああ, 残念! お気に入りの勉強場所の 1 つだったのに。

❓ なぜ女性は動揺しているのか?

1 彼女はその場所を借りたかった。

2 彼女はコーヒーを買う時間がなかった。

3 彼女はコーヒーショップで勉強するのが好きだった。

4 彼女は新聞を見つけられなかった。

✔ コーヒーショップについての会話。「コーヒーショップが閉店した」と聞いて, 女性 (B) が最後に「そこはお気に入りの勉強場所の 1 つだった」と言っているので, **3** が正解。

No.20

🔊 A : Napoli Pizza House. Can I help you?

B : Hi. I have a question. Does your restaurant only serve pizza?

A : No, sir. We have a wide variety of other Italian dishes, too. Actually, our pasta dishes are quite popular.

B : Oh, that's great. Thank you so much for your time.

Question Why is the man calling the restaurant?

A : ナポリピザハウスです。ご用件は何ですか?

B : こんにちは。1 つ質問があります。そちらのレストランではピザしか提供していませんか?

A : いいえ, お客さま。当店にはほかにもさまざまなイタリア料理があります。実際, パスタ料理はとても人気があります。

B：ああ，それはすばらしいですね。お時間をありがとうございました。

❓ 男性はなぜレストランに電話をしているのか？

1　レストランのメニューについてたずねるため。

2　レストランまでの道順を教えてもらうため。

3　夕食の予約をするため。

4　特別料理を注文するため。

📝　レストランの店員（A）と客（B）の会話。客は最初に「質問があります」と言って，「そちらのレストランではピザしか提供していませんか」と店のメニューについてたずねているので，1 が正解。

第3部

No. 21

🔈　Mary's favorite subject at school is art. Recently, one of her paintings won a prize in a contest. Mary wants to study art at college and become a professional artist. She also hopes to have her own art store where she can sell paper, brushes, and paints.

| Question | What is one thing that Mary wants to do in the future?

メアリーが好きな学校の教科は美術だ。先日，彼女の絵の1つがコンテストで賞を取った。メアリーは大学で美術を勉強して，プロの画家になりたいと思っている。彼女はまた，紙や筆や絵の具を売ることができる自分の画材店を持ちたいとも思っている。

❓ メアリーが将来やりたいことの1つは何か？

1　先生になる勉強をする。

2　画家になる。

3　自分の筆を作る。

4　コンテストで賞を取る。

📝　美術が好きなメアリーの話。中盤で「メアリーは大学で美術を勉強してプロの画家になりたいと思っている」と言っているので，2 が正解。

No. 22

🔈　In Amsterdam, there is a bridge called the Torensluis. It is one of the oldest and widest bridges in the city. Long ago, the inside of the bridge was used as a prison. People who had been caught by the police were kept there. However, the Torensluis is now used for special events, such as jazz concerts and fashion shows.

| Question | How was the inside of the Torensluis Bridge used long ago?

アムステルダムにはトレンスルイスと呼ばれる橋がある。それは市内で最も古く，最も

幅の広い橋の１つである。ずっと昔，橋の内部は刑務所として使われていた。<u>警察に捕らえられた人々はそこに留置された。</u>けれども，今ではトレンスルイスはジャズコンサートやファッションショーなどの特別な催し物に利用されている。

❓ **ずっと昔，トレンスルイス橋の内部はどのように使われていたか？**

1 警察に捕らえられた人々を留置するため。

2 楽器を作るため。

3 重要な催し物を計画するため。

4 ファッションアイテムをデザインするため。

✅ トレンスルイス橋について，中盤で「ずっと昔，橋の内部は刑務所として使われていた。警察に捕らえられた人々はそこに留置された」と説明しているので，**1** が正解。

No. 23

    Lily is a junior high school student, and she likes to cook for her family. She enjoys trying new recipes with different kinds of meat and vegetables. She often makes soups or stews, and she also likes to make desserts. <u>Her sister's favorite is the chocolate cake that Lily makes.</u> Lily wants to make her own cooking videos and put them on the Internet someday.

| Question | Which of Lily's recipes does her sister like best?

    リリーは中学生で，家族のために料理をするのが好きだ。さまざまな種類の肉や野菜を使った新しいレシピを試すのを楽しんでいる。彼女はよくスープやシチューを作るが，デザートを作るのも好きだ。彼女の姉［妹］のお気に入りはリリーが作るチョコレートケーキだ。リリーはいつか自分の料理動画を作って，インターネット上で公開したいと思っている。

❓ **リリーの姉［妹］が一番好きなレシピはどれか？**

1 アイスクリームのレシピ。

2 野菜スープのレシピ。

3 ミートシチューのレシピ。

4 チョコレートケーキのレシピ。

✅ 中盤で「彼女の姉［妹］のお気に入りはリリーが作るチョコレートケーキだ」と言っているので，**4** が正解。

No. 24

    Thank you for shopping at Welldays Drugstore. Today, we have a very special offer. Get 50 percent off the cost of soap and shampoo products when you spend more than \$20 at the store. <u>Hurry, though—this offer is only available until the store closes today.</u>

| Question | Why are shoppers told to hurry?

ウェルデイズ・ドラッグストアでお買い物してくださりありがとうございます。本日，当店から非常に特別なオファーがございます。お店で20ドル以上のお買い物をしていただくと，石けんおよびシャンプー関連商品を50%値引きいたします。ですが，お急ぎください。このオファーは本日閉店するまでしかご利用いただけません。

❓ どうして買い物客は急ぐように言われているのか？

1　オファーは1日しか利用できない。

2　店はまもなく閉店する。

3　今日はすべての商品がたった20ドルである。

4　ほんの少しの石けんおよびシャンプー関連商品しか残っていない。

✒️　ドラッグストアでのアナウンス。最後に「このオファーは本日閉店するまでしかご利用いただけません」と言っているので，**1** が正解。

No. 25

🔊　　　All the students in Nina's class are working on science projects. Each of them has to choose an interesting topic and give a five-minute presentation. It will be the first time for Nina to speak in front of the whole class, so she is nervous. She has decided to ask her older brother for advice.

　Question 　What is Nina nervous about?

　　ニーナのクラスの生徒は全員，科学の課題に取り組んでいる。それぞれが興味深いトピックを選び，5分間の発表をしなければならない。ニーナはクラス全員の前で話すのは初めてなので，緊張している。彼女は兄にアドバイスを求めることにした。

❓ ニーナは何に緊張しているのか？

1　興味深いトピックを見つけること。

2　兄に科学についてたずねること。

3　クラスに向けて発表すること。

4　一人で学校に行くこと。

✒️　科学の課題で発表することになったニーナについて，中盤で「クラス全員の前で話すのは初めてなので，緊張している」と言っているので，**3** が正解。

No. 26

🔊　　　Sarah is good at making videos, and she shares them on the Internet. Last weekend, she used her smartphone to make a video about how to choose cool clothes. She got lots of comments from people who said that they really enjoyed watching it.

　Question 　What did Sarah make a video about last weekend?

　　サラは動画を作るのが得意で，それをインターネット上で共有している。先週末，彼女はスマートフォンを使っておしゃれな服の選び方についての動画を作った。それを

とても楽しく見たと言う人たちからたくさんのコメントをもらった。

❓ 先週末サラは何についての動画を作ったのか？

1　スマートフォンの使い方。

2　おしゃれな服を選ぶこと。

3　彼女の町の面白い場所。

4　彼女の好きな俳優と監督。

☑　中盤で「先週末，サラはスマートフォンを使っておしゃれな服の選び方についての動画を作った」と言っているので，**2** が正解。

No. 27

　　　Oats are a kind of grain, like rice and wheat. The ancient Romans were probably the first European people to grow oats. They fed them to their horses and cows. People in other places noticed that oats grew well, even in cold areas. In countries such as Scotland and Switzerland, oats have become an important food for both animals and people.

> Question　What is one thing that we learn about oats?

　　オーツ麦は米や小麦のような穀物の一種だ。古代ローマ人はおそらくオーツ麦を育てた最初のヨーロッパ人だろう。彼らはオーツ麦をえさとして馬や牛に与えた。ほかの地域の人々はオーツ麦が寒冷地域でもよく育つことに気づいた。スコットランドやスイスなどの国では，オーツ麦は動物と人間の両方にとって大切な食べ物になった。

❓ 我々がオーツ麦についてわかることの1つは何か？

1　人はそれを加熱調理しないと食べられない。

2　ローマ人は最初にそれを食べた人たちだ。

3　スコットランドはほかのどの国よりも多く生産する。

4　それらは寒冷地でよく育つことができる。

☑　中盤で「ほかの地域の人々はオーツ麦が寒冷地域でもよく育つことに気づいた」と説明しているので，**4** が正解。古代ローマ人は「オーツ麦を育てた最初のヨーロッパ人」だが，「最初に食べた」とは言っていないので，2 は不適切。

No. 28

　　　Keita wanted to go to a rock concert at a baseball stadium with his girlfriend, Amy. He was very excited about it. However, when he tried to buy tickets online, he saw that they were all sold out. He called Amy to tell her the bad news. Keita was disappointed that they could not go.

> Question　Why was Keita disappointed?

　　ケイタはガールフレンドのエイミーと野球場でのロックコンサートに行きたいと思っていた。彼はそのことにとてもわくわくしていた。けれども，彼がオンラインでチケットを買

おうとすると，すべて売り切れになっているとわかった。彼はその悪いニュースを伝えるためエイミーに電話した。自分たちが行くことができないことにケイタはがっかりした。

❓ なぜケイタはがっかりしたのか？

1 チケットが売り切れた。

2 コンサートが中止された。

3 エイミーは彼と行きたくなかった。

4 エイミーは野球が好きではない。

☑ 最後の文で「ケイタは（コンサートに）行けないことにがっかりした」と言っている。行けない理由は，中盤の「（ケイタが）オンラインでチケットを買おうとするとすべて売り切れになっているとわかった」の部分。したがって，**1**が正解。

No. 29 ▐▐▐▐▐▐▐▐▐▐▐▐▐▐▐▐▐▐▐▐▐▐▐▐▐▐

🔊 　This is an announcement for passengers waiting for the night bus to Silver City. Unfortunately, the bus has been delayed due to engine trouble. We apologize for the inconvenience. Passengers with tickets for this bus may go to the bus station coffee shop to receive a free drink.

　Question　Why is this announcement being made?

　シルバーシティ行きの夜行バスをお待ちのお客さまにお知らせします。残念ながら，エンジントラブルのためバスが遅れています。ご不便をおかけして申し訳ございません。このバスのチケットをお持ちのお客さまは，バスターミナルのコーヒーショップに行くと無料の飲み物をお飲みいただけます。

❓ なぜこのアナウンスがされているのか？

1 チケットの買い方を説明するため。

2 乗客に新しいバス停について伝えるため。

3 バスターミナルがまもなく閉まる。

4 バスが遅れている。

☑ バスターミナルでのアナウンス。中盤で「エンジントラブルのためバスが遅れています」と言っているので **4** が正解。

No. 30 ▐▐▐▐▐▐▐▐▐▐▐▐▐▐▐▐▐▐▐▐▐▐▐▐▐▐

🔊 　Robert is the best player on his school's basketball team. He is much taller than most players and can pass the ball really well. Last week, he fell off his friend's bicycle and hurt his arm. He will not be able to play in the basketball game this afternoon, so he will just watch his team play.

　Question　What will Robert do this afternoon?

　ロバートは学校のバスケットチームで一番上手な選手だ。彼はほとんどの選手よりずっと背が高く，とてもうまくパスをすることができる。先週，彼は友だちの自転車から

落ちて，腕をけがした。彼は今日の午後のバスケットボールの試合には出られないので，チームがプレーするのを見るだけだろう。

❓ ロバートは今日の午後何をするだろうか?

1　腕について医師に診察してもらう。

2　自分のチームのバスケットボールの試合を見る。

3　友だちと自転車に乗る。

4　ボールをパスする練習をする。

📝　バスケットボールが上手なロバートの話。中盤の「先週，彼は友だちの自転車から落ちて，腕をけがした」からロバートは負傷していることがわかる。最後に「今日の午後のバスケットボールの試合には出られない」とあり，「チームがプレーするのを見るだけだろう」と言っているので，**2** が正解。

英検準2級

合格力チェックテスト 解答と解説

一次試験・筆記 [P.166 ～ P.179]

1
(1) 2　(2) 1　(3) 4　(4) 1　(5) 4　(6) 4　(7) 3　(8) 2
(9) 3　(10) 1　(11) 2　(12) 4　(13) 3　(14) 1　(15) 1

2
(16) 2　(17) 1　(18) 3　(19) 1　(20) 3

3
(21) 1　(22) 3

4A
(23) 3　(24) 2　(25) 4

4B
(26) 3　(27) 1　(28) 3　(29) 4

5A　P. 176 ～ P. 177 参照。
5B　P. 178 ～ P. 179 参照。

一次試験・リスニング [P.180 ～ P.195]

第1部
[No.1] 3　[No.2] 2　[No.3] 3　[No.4] 2　[No.5] 3
[No.6] 2　[No.7] 3　[No.8] 3　[No.9] 1　[No.10] 3

第2部
[No.11] 2　[No.12] 4　[No.13] 3　[No.14] 4　[No.15] 1
[No.16] 2　[No.17] 2　[No.18] 4　[No.19] 3　[No.20] 4

第3部
[No.21] 3　[No.22] 3　[No.23] 4　[No.24] 1　[No.25] 3
[No.26] 3　[No.27] 3　[No.28] 2　[No.29] 3　[No.30] 4

1

(1) アンとエレンは小学校のときよい友だちだった。20年後，彼女たちは偶然同じ地域に住むことになった。

☑ 選択肢は totally「全体的に，完全に」, accidentally「偶然に，誤って」, traditionally「伝統的に」, politely「礼儀正しく」。仲のよかった 2 人が 20 年後同じ地域に住むことになったことに対して，適切な修飾語は **2**。

(2) ボブは散歩に行き，たくさんの子どもたちが川で遊んでいるのを見た。その日はとても暑かったので，川が彼らを引き付けたのだ。

☑ 選択肢は attracted「～を魅了した，引き付けた」, published「～を出版した」, repaired「～を修理した」, survived「～を生き延びた」。such ～ that ... はここでは「とても～なので…だ」という〈結果〉の意味を表す表現。「とても暑かった」ので the river がたくさんの子どもたちをどうしたかを考える。**1** が正解。

(3) A：英語の能力を向上させるのに役立つのは何だと思う？
B：そうだね，「学問に王道なし」とは言うけれど，英語の本を読むことはとても役に立つと思っているよ。

☑ 選択肢は clear「明らかな，澄んだ」, possible「可能性がある」, complete「完全な」, useful「役立つ」。B の発言の後半部分から，A は「英語の能力を向上させるために役立つのは何か」とたずねたと考えられる。**4** が正解。

📖 WORDS&PHRASES
□ **there is no royal road to learning** ── 学問に王道なし（「学問をするのに楽な方法はない」という意味のことわざ）

(4) A：わあ！ このクッキーはとてもおいしいね！ 中には何が入っているの？
B：箱を見てみて。材料が小さい字で横に書かれているわよ。

☑ 選択肢は contents「内容物」, admissions「入場手続き」, profits「利益」, principals「校長，（組織の）長」。A はクッキーの中身をたずねているので，「内容物」つまり「材料」となる **1** が適切。

(5) バスが車に衝突する大きな事故があった。けがをした人がいなかったのは奇跡だ。

☑ 選択肢は空所の前の be 動詞 was と結びついて受動態を作り，それぞれ shortened「短

くされた」, voted「投票された」, believed「信じられた」, injured「けがをした」の意味。1文目で大きな事故があったことが述べられているので, **4** を入れると文意が通る。

📖 WORDS&PHRASES

□ **major** ── (大きさや量が) 大きい, (問題などが) 重要な

□ **crash into 〜** ── 〜と衝突する, 〜に突っ込む

(6) A：昨日の地震は感じた？　かなり怖かったよね。

B：そうだよね。最初に考えたのは, どうやって自分を**守る**かということだったよ。

☑ 選択肢は weigh「〜の重さを量る」, upset「〜を動転させる」, increase「〜を増加する」, protect「〜を守る」。昨日の地震についての会話で, B は「どうやって自分を〜」と話しているので, **4** が適切。

(7) A：昨日のベスの結婚式にはたくさんの人が来ていたね。

B：ええ。彼女の母親側の**親戚**が全員来たようね。

☑ 選択肢は habits「習慣」, harvests「収穫」, relatives「親戚」, disasters「大災害」。2人はベスの結婚式の話をしているので,「彼女 (ベス) の母親側の親戚」とすると文意が通る。**3** が正解。

(8) サリーは試合が終わった直後にスタジアムの近くを通りかかった。チームの**勝利**を祝いながら, 歌ったり叫んだりしている大勢の人たちがいた。

☑ 選択肢は confidence「信頼, 自信」, victory「勝利」, labor「労働」, purpose「目的」。2文目の後半は「〜しながら」という付帯状況を表す分詞構文で,「チームの…を祝いながら」という意味。同文前半の内容から, **2** が適切。

📖 WORDS&PHRASES

□ **pass by 〜** ── 〜のそばを通りかかる　　□ **a huge number of 〜** ── 多くの〜

(9) A：ビル, 少しお金を貸してくれないか？　**財布**をなくしたみたいなんだ。

B：何だって？　すぐに警察に届けたほうがいいよ。

☑ 選択肢は volume「音量, (本の) 巻」, shelf「棚」, wallet「財布」, ladder「はしご」。A は B にお金を貸してほしいと頼み, 何かをなくしたみたいだと言っているので, お金を入れておく **3**「財布」が適切。

📖 WORDS&PHRASES

□ **immediately** ── すぐに

(10) 先月の**調査**の結果は, 生徒の75パーセントが古いラウンジを閉鎖するという理事会の決断に反対していることを示している。

☑ 選択肢は survey「調査」, license「免許」, invention「発明」, reaction「反応」。「先月の…の結果は, 生徒の75パーセントが〜であることを示している」という文脈から,

文意が通るのは **1**。

(11) 子どもたちは静かにテレビを見ていたが，画面に映っている男性がおもしろい顔をしたのを見たとき，彼らは**突然**笑い**出した**。

✓ 空所の前の burst と結びついて burst into 〜「突然〜の状態になる，突然〜し始める」という表現を作る **2** が正解。「突然笑い出した」となって文意も通る。burst out of 〜は「〜から飛び出す」，burst upon 〜は「〜の前に突然現れる」という意味。

(12) A：今日，君は野球の試合に行くんだと思ってたよ。

　　　B：いや，**気**が変わって，家にいることにしたんだ。

✓ 選択肢は heart「心臓，心」，head「頭」，idea「考え，アイデア」，mind「精神，考え方」。change one's mind「気［考え］が変わる」の表現を作る **4** が正解。heart は change of heart「気持ちの変化，心変わり」の形で使われることが多い。

(13) A：友人がもう 5 人，会議に参加しに来るんです。

　　　B：ああ，それなら少し席を詰めてくれますか？　彼らのための**場所**を空けないといけないから。

✓ 選択肢は area「地域」，place「場所」，room「部屋，空間」，vacancy「（場所の）空き，空室」。どれも似たような意味の単語だが，make room for 〜「〜のための場所を空ける」という表現を作る **3** が正解。

(14) A：あなたがこの町からそんなに遠く離れたところに引っ越してしまうなんて，本当に残念だわ。これからも連絡を**取り合う**と約束してくれる？

　　　B：もちろんよ，アリス。すぐにあなたに手紙を書くわ。

✓ 選択肢は基本的な動詞。空所のあとの in touch と結びついて keep in touch「連絡を取り合う」の表現を作る **1** が正解。「連絡を取り合うと約束してくれる？」となり，B の引っ越しを残念がる A の発言に合う。

(15) A：私は大学にとどまってあと何年か勉強するべきだと思う？

　　　B：そうだね。今は時間の無駄のように思えるかもしれないけれど，長期的には君にとって大きな助けとなるよ。

✓ 選択肢は「走行距離，（活動などの）連続期間」「期間」「視力，景色」「全長，期間」。空所の前の語句と結びついて in the long run「長期的には，長い目で見れば」という表現を作る **1** が正解。

(16) A：その子はあなたの子犬ですか？　とてもかわいいですね。彼の名前は？

B：そうなの。彼の名前はアポロよ。あなたは犬を飼っていないの？

A：ええ，飼っています。彼女の名前はサクラです。私たちは一緒に犬を散歩に連れていくべきですね。

B：それはいいですね。今度の日曜日にしましょう。

- ☑　選択肢は「彼女はラブラドールとプードルのミックスです」「私たちは一緒に犬を散歩に連れていくべきです」「彼をドッグスクールに入れることをおすすめします」「彼女はフライングディスクで遊ぶのが大好きです」。B は最後の発言で「それはいい」と A の発言に同意しているので，散歩の提案をしている **2** が適切。3 も提案だが，B の最後の発言の 2 文目に合わない。

(17) A：前回はあなたが払ってくれたわよね。今日は私に払わせてください。

B：いいの？　ご親切にありがとう。

A：もちろんよ。私のおごりよ。何味のアイスがいい？

B：それなら私はバニラにするわ。

- ☑　選択肢は「何味のアイスがいい？」「あなたはすごい甘党？」「あなたはどれくらいの頻度でここに来るの？」「ここはアイスクリームフロートは置いてるの？」。B は最後の発言で「バニラにする」と言っているので，何味のアイスにするかたずねる **1** が適切。

📖 WORDS&PHRASES

□ **one's treat** ── 〜のおごり

(18) A：年に 1 度の健康診断は受けたのかい？

B：まだよ。病院に行くのは大嫌いなの。

A：皆そうだよ。でも問題があるなら，早くわかったほうがいいよ。

B：わかってるわ。予約を来週入れてあるの。

- ☑　選択肢は「私はあなたが心配なの」「この前の月曜日に行ったわ」「病院に行くのは大嫌いなの」「どこへ行けばいいかわからないの」。空所のあとで A が Everyone does.「皆そうだ」と一般動詞の現在の文で応答し，「でも…早くわかったほうがいい」と続けているので，正解は **3**。Everyone does. の does は hates の代わり。

📖 WORDS&PHRASES

□ **yearly** ── 年に 1 度の　　□ **health check** ── 健康診断

□ **appointment** ──（病院などの）予約　　□ **be scheduled for 〜** ── 〜〈日時〉に予定されている

(19・20)

A：この会議はすばらしいわ。建物は真新しいし，講演者たちはおもしろいし，食べ物もおいしいなんて。

B：ぼくはこれが 3 回目なんだけど，これまでのところ，今回のが 1 番だと思うな。**君は次にどの講演に行くの?**

A：私は，お金をかけずにテレビゲームを作ることについての講演を聞くつもりよ。

B：ぼくはそれに去年行ったよ。いい講演だよ。たくさん学べることがあるよ。

A：すばらしいわ。あなたはこれから何を見にいくの?

B：ゲームのための音楽作りについての講演があるんだ。

A：おもしろそうね。**私もそれを聞きたいわ。**

B：そうしたら? 明日 2 回目の講演があるみたいだよ。

✏ (24) の選択肢は「君は次にどの講演に行くの?」「君はどこに泊まっているの?」「君はどのテーマについて講演するの?」「ここへは誰と来たの?」。空所のあとで A は「お金をかけずにテレビゲームを作ることについての講演を聞くつもり」と答えている。したがって，空所には次の予定をたずねる発言を入れると文意が通る。**1** が正解。

(25) の選択肢は「でも私には難しすぎるわ」「あとでお昼を食べるのに落ち合おう」「私もそれを聞きたいわ」「あなたはそれについて話すべきよ」。空所のあとで B が Why don't you?「そうしたら?」と述べているので，A が自分の希望を述べている **3** が適切。

📕 WORDS&PHRASES

□ **conference** ── 会議，協議会　　□ **brand new** ── 真新しい

3

1 ロンの目標は，世界のすべての国を訪れることだ。ロンは身軽に旅をするのが好きだ。彼は軽くなるよう荷造りし，すべてのものを1つのリュックサックに入れる。ロンが初めて旅した国はカナダだった。**それは簡単だった，なぜなら**カナダまでは彼の故郷からバスでわずか数時間なのだ。ロンが行ったいちばん遠い国は中国だ。彼は北の北京から，南の香港までずっと旅をした。

2 1つの国を訪れるとき，ロンはいつも2つのことをする。第1に，彼はいつも地元の人と一緒に写真を撮る。彼がフランスのパリに到着したとき，彼は機内で出会ったフランス人の女性と一緒に写真を撮った。第2に，ロンは訪れるそれぞれの**国からのものを1つ集める**。気に入っている品物の1つは日本の扇子だ。それには桜の花が描かれている。ロンが訪れる次の国は南アフリカで，1月に行く。

WORDS&PHRASES

□ **pack** ── (持ち物をかばんなどに) 荷造りする，詰める　□ **put A into B** ── A を B に入れる

□ **backpack** ── リュックサック　　□ **farthest** ── もっとも遠くの (far の最上級)

□ **all the way to ～** ── はるばる～まで，～までずっと　　□ **folding fan** ── 扇子

□ **cherry blossoms** ── 桜の花

意味と解説

(21) 選択肢は「それは簡単だった，なぜなら」「筋が通っているのは」「一部の人々が言うには」「サマータイムでは，夏には」。空所の前で「ロンが初めて旅した国はカナダ」だと紹介されており，空所のあとでは「カナダまでは彼の故郷からバスでわずか数時間」と述べられている。「カナダに行くのが簡単だったのは，バスでわずか数時間だから」となる **1** が正解。

(22) 選択肢は「～の言語を学ぶ」「～に6か月間住む」「～からのものを1つ集める」「～で友だちを作る」。空所は，ロンが旅先で必ずすること2つのうちの2つ目について述べている部分。空所に続く文では「ロンが気に入っている品物」について述べられているので，**3** が正解。

4

[A]

差出人：アマンダ・テイラー〈amtay21@hotwire.net〉
宛先：レベッカ・オルセン〈beckyolsen@netbird.com〉
日付：10月10日
件名：私たちの休暇

ベッキーへ

[1] (23) 来週の今ごろにはオーストラリアで一緒に休暇を過ごしているなんて信じられる？たくさん楽しいことをしましょうね。コアラを抱きしめるのが待ちきれないわ。あなたのシンガポールからの便は午後4時ごろに着くのよね？ (23) 私たちのサンフランシスコからの便は午前11時ごろにケアンズに到着するから，私たちは先に行って，ホテルに向かっておくわね。

[2] 手を煩わせてしまって申し訳ないのだけど，頼まれてくれないかしら？ (24) 私のいとこがシンガポールのものが大好きなの。彼女は漢方入りのせっけんとシンガポール製のお茶がいくらかほしいと言っているの。それを買ってきてくれないかしら？ 私たちがケアンズで会ったときにお金を払うわ。

[3] それから，あなたがまだ私とデイブと一緒にスカイダイビングに行くのに前向きなのか確認したかったの。少し怖いから，あなたが考えを変えたかもしれないと思ったの。キャンセルしたいなら教えてね。今週末までに会社に知らせなくてはいけないから。そうじゃないと，料金を返してもらえなくなってしまうの。(25) でもキャンセルしないことをおすすめするわ。ケアンズの美しい景色の上からスカイダイビングをする機会なんて毎日あるわけじゃないんだもの。楽しめるって本当に思うわ。とにかく，近々あなたに会えるのを楽しみにしているわ。

元気でね，
アマンダ

WORDS&PHRASES

□ **hug** —— 〜を抱きしめる　　□ **Cairns** —— ケアンズ（オーストラリアの都市）

□ **head over to 〜** —— 〜に向かう　　□ **bother** —— 〜に面倒をかける

□ **stuff** —— （漠然と）もの　　□ **confirm** —— 〜を確かめる

□ **be willing to do** —— からするのをいとわない，〜する気がある　　□ **or else** —— そうでなければ

□ **scenery** —— 景色

(23) アマンダとベッキーは…ためにケアンズで落ち合う。

1 一緒に商売を始めることを話し合う
2 友だちの結婚式に出席する
3 お互いと休暇を過ごす
4 スカイダイビングの免許を取る

☑ 第1段落第1文ではともに休暇を過ごすことが述べられ，同段落の後半では，それぞれが別の場所からケアンズに向かうことが述べられている。正解は **3**。そのほかの選択肢については本文に言及がない。

(24) アマンダはベッキーに何をすることを頼んでいるか？

1 彼女と空港で待ち合わせる。
2 シンガポールでいくつかお土産を買う。
3 彼女にスカイダイビングの仕方を教える。
4 彼女にいくらかお金を貸す。

☑ 第2段落第2，3文には「いとこがシンガポールのものが大好きで，いくつかの品がほしいと言っている」とあり，第4文で「それを買ってきてくれないかしら？」と依頼しているので，**2** が適切。第1段落で「ホテルに先に向かう」とあるので，1 は不適。3，4については本文に言及がない。

(25) アマンダがベッキーにスカイダイビングをキャンセルしてほしくないのは…ためだ。

1 オーストラリアでスカイダイビングをするのはとてもお金がかかる
2 彼女たちがスカイダイビングに行ける1年で唯一の時期である
3 彼女がひとりでスカイダイビングに行くのが怖い
4 彼女が，ベッキーは楽しい時間を過ごせると考えている

☑ 第3段落第5～7文から，**4** が正解。そのほかの選択肢については本文に言及がない。

WORDS&PHRASES

□ **by oneself** — ひとりで

[B]

本文の意味　米 対 パン

1　(26) 食習慣はときどき変化するが，2011年には，日本で驚くようなことが起こった。彼らの歴史の中で初めて，家庭で米よりもパンに多く食費が費やされたのだ。その年，2人以上からなる都会の世帯は，平均でパンに28,318円，米に27,428円を費やした。この傾向を説明するいくつかの異なる要因がある。キユーピー株式会社の岩村暢子氏と彼女のチームは日本人の食習慣を調査してきた。なぜパンが米と同じくらい大切に，あるいは米よりも大切になったのかについて，彼女はいくつかの説明ができる。

2　最初の説明は歴史的観点からだ。(27) 第2次世界大戦のあと，アメリカ合衆国からの余剰の小麦が学校給食に用いられた。このことによって，パンは日本の食文化の一部になった。多くの人が，少なくとも1日に1食はパンを食べて育った。

3　(28) パンが人気である別の理由は，日本人がより簡単な食事を好むようになってきたことだ。日本の家族は今では個別にそれぞれの時間で食べることが多い。おにぎりなどの米の手軽な形態はあるが，米は通常準備に時間がかかるものだ。ほとんどの人はパンを家で焼くよりは店で買うので，準備の時間はそれほど必要ではない。(28) 家族のそれぞれに異なるスケジュールがある中で，パンはかなり便利なのだ。

4　最近は，サンドイッチなどのパン料理があらゆる場所で見かけられる。茶碗1杯のごはんを含む，伝統的な日本の朝食を食べる人は今や減っている。代わりに，彼らはトーストを食べるのだ。(29) 人々の生活は忙しくなっているので，パンはおそらく未来の日本の食事の重要な一部であり続けるだろう。

WORDS&PHRASES

□ **factor** —— 要因　　□ **trend** —— 傾向　　□ **survey** —— ～を調査する　　□ **habit** —— 習慣

□ **historical** —— 歴史的な　　□ *be* **brought up** —— 育てられる，育つ

□ **popularity** —— 人気，高い評判，需要　　□ **individually** —— 個別に，単独に

□ **nowadays** —— 近ごろ，最近は　　□ **diet** —— 食事，食べ物

(26) 2011年，日本の都会の家庭では…

1 パンよりもずっと多くの米を食べた。

2 米を買う量を減らしてお金を節約しようとした。

3 米よりもパンを買うのにより多くのお金を使った。

4 よい米を見つけるのに苦労しがちだった。

☑ 第1段落第2,3文から，2011年，日本の都会の家庭では「パンに28,318円，米に27,428円の食費が費やされた」とあり，パンの購入額が米の購入額を上回ったことがわかる。したがって **3** が正解。食べた量については述べられていないので，1 は不適。2 と 4 は，それが米の購入額が下回った理由とは述べられていないので不適。

(27) どうやってパンは日本で一般的になっていったのか？

1 学校給食で提供された。

2 有名なサンドイッチ店で販売された。

3 少ない量で買うことができた。

4 公務員が楽しんだ。

☑ 第2段落第2,3文の内容より，**1** が正解。そのほかの選択肢については本文に言及がない。

(28) なぜ日本の現代の家庭ではパンが好まれているのか？

1 米よりもバラエティーに富む。

2 以前よりずっとおいしい。

3 食べるのに簡単で便利だ。

4 米よりもカロリーが少ないことがある。

☑ 第3段落第1文に「パンが人気である別の理由は，日本人がより簡単な食事を好むようになってきたこと」とあり，最終文では「パンはかなり便利」と述べられているので，**3** が正解。そのほかの選択肢については本文に言及がない。

(29) 将来，…可能性がある。

1 日本人がたくさん米を食べるほうに戻る

2 ずっと多くの種類のパンから選べるようになる

3 日本人が朝食にたくさんのパンを食べるのをやめる

4 日本の食事の重要な一部としてパンが残る

☑ 最終段落最終文には「人々の生活は忙しくなっているので，パンはおそらく未来の日本の食事の重要な一部であり続けるだろう」とあり，これを言い換えた **4** が正解。

ライティング　意味と解答例

5

[A]

質 問

小学生の子どもたちはスマートフォンを携帯するべきだと思いますか？

解 答 例 1

I think elementary school children should carry smartphones. The first reason is safety. If children need help, they can contact their parents or school with their smartphones. Parents can also contact their children at any time. The second reason is that smartphones can help children become comfortable with technology. They will learn many things by using smartphone applications.（58語）

解 答 例 1 の 意 味

私は小学生の子どもたちはスマートフォンを携帯するべきだと思います。1つ目の理由は安全性です。もし子どもたちが助けを必要とするときは，スマートフォンで親や学校に連絡できます。親もまた，いつでも子どもたちに連絡できます。2つ目の理由は，スマートフォンは子どもたちがテクノロジーに慣れるのに役立つからです。スマートフォンのアプリを使うことで，彼らは多くのことを学ぶでしょう。

📝 まず，第1文で「小学生がスマートフォンを携帯すべきか」について自分の意見を述べる。第2文以降では，2つの理由を述べ，それぞれについて説明や補足を加える。この解答例では，「小学生がスマートフォンを携帯すべき」という意見で，「安全性」，「テクノロジーに慣れるのに役立つ」という2つの理由を挙げている。contact「～に連絡する」，at any time「いつでも」などは連絡に関連する単語，表現として覚えておくとよい。ほかに，小学生がスマートフォンを携帯すべき理由としては，「最近は親が両方働いている子どもたちがたくさんいる（These days there are a lot of children whose parents both work.）」なども考えられる。

解 答 例 2

I don't think elementary school children should carry smartphones for two reasons.

The first reason is that it is not necessary for them. Parents can call the school if they need to contact their children. The second reason is that children cannot concentrate on their studies. They might spend all day playing games or watching videos on their smartphones.（59語）

私は2つの理由から，小学生の子どもたちがスマートフォンを携帯するべきだとは思いません。1つ目の理由は，それが彼らには必要ないからです。親たちは子どもたちに連絡する必要があるなら学校に電話することができます。2つ目の理由は子どもたちが自分の勉強に集中できないということです。彼らは自分のスマートフォンでゲームをしたり動画を見たりして1日を過ごしてしまうかもしれません。

　この解答例では，「小学生がスマートフォンを携帯するべきではない」という意見で，「必要ない」，「勉強に集中できない」という2つの理由を挙げている。necessary「必要な」，concentrate on ～「～に集中する」，spend ～ *doing*「～を…して過ごす」などは日常的によく使われる単語，表現である。ほかに，小学生がスマートフォンを携帯するべきでない理由としては，「スマートフォンは高いので，子どもたちは家の電話やコンピュータを使うべき（Smartphones are expensive, so children should use their home phones or computers.）」なども考えられる。

[B]

こんにちは！

先月，僕は家族とベトナムに行って現地の料理を楽しみました。昨日は<u>料理アプリ</u>を使って，ベトナムの一般的な料理であるフォーを作りました。料理アプリでは，さまざまなレシピを動画で確認できます。動画の 1 つが順を追ってフォーの作り方を示していました。このメールにその動画を添付して送ります。料理アプリは便利だけど，僕はレシピを 1 つだけ選ぶのは難しいと感じました。なぜならアプリにはあまりにも多くのレシピがあるからです。あなたは料理アプリを使うのと料理本を使うのとでは，どちらのほうが好きですか？

あなたの友だち，トム

解 答 例

Cooking Vietnamese dishes sounds fun! I have two questions about the cooking app. How many recipes does it provide? Is it free? As to your question, I prefer to use an app because it has recipes for beginners like me. Also, I can search for recipes using key words.（49語）

解 答 例 の 意 味

ベトナム料理を作るのは楽しそうですね！　料理アプリについて 2 つ質問があります。それはどのくらい多くのレシピを提供しているのですか？　それは無料ですか？　あなたの質問に関しては，私のような初心者向けのレシピがあるから私はアプリを使うほうが好きです。それに，キーワードを使ってレシピを検索することができます。

☑　解答に入れるべき要素は，「下線部の特徴を問う 2 つの具体的な質問」と，E メールの最後で聞かれている「質問への返答」である。これらを確実に解答に入れ，文章の構成を〈E メール全体に関する感想→ 1 つ目の質問→ 2 つ目の質問→最後の質問に対する答え〉とすると，まとまりのある文章になる。
　　まず，E メール全体に関する感想を一文で簡潔に述べる。E メールの第 1～2 文に「家族とベトナムに旅行に行って現地の料理を楽しんだ」「昨日はベトナム料理のフォーを作った」とあるので，これを受けて解答例では「ベトナム料理を作るのは楽しそうですね」と述べている。
　　次に，下線部の特徴を問う 2 つの具体的な質問を書く。この問題では a cooking app「料理アプリ」に下線が引かれているので，これの特徴を問う質問を考える。解答例では，1 つ

目の質問として「その料理アプリはどのくらい多くのレシピを提供しているか」と書き，2つ目の質問として「それは無料なのか」と書いている。どちらも料理アプリの特徴を具体的に問う質問になっていて，例えば「〜個のレシピを提供している」「それは無料だ［有料だ］」のような具体的な答えが想定できる。注意したいのは，Eメールから読み取れることを質問しないことだ。Eメールに「料理アプリにあったフォーの作り方の動画を添付する」とあるので，例えば「料理アプリにレシピ動画は含まれているか」や「フォーはどのような手順で作るのか」といった質問は不適切である。すでに書かれていることを質問しないように注意しよう。また，語数に余裕があれば，1つ目の質問の前には，解答例のように I have two questions about 〜. と入れたり，Let me ask you two questions. のような前置きを入れると，文の流れがより滑らかになる。

2つの質問が書けたら，Eメールの最後にある質問への返答を書く。返答を書くときは As to your question, や In answer to your question（あなたの質問に答えると）のような表現で始めると，ここから質問に対する返答を述べるということが読み手にとって理解しやすくてよい。質問は「あなたは料理アプリを使うのと料理本を使うのとでは，どちらのほうが好きか」なので，好きなほうを選び，理由とともに述べる。解答例では料理アプリを選び，「私のような初心者向けのレシピがある」と理由を述べている。続けて Also「また」でつなげて，「キーワードを使ってレシピを検索することができる」と，別の理由を付け加えている。料理本を選んだ場合の理由としては，「料理本の写真はアプリよりも大きいので使いやすい（Cookbooks are helpful because the pictures there are larger than those in apps.）」，「料理本を手前に広げたまま料理ができる（I can cook with the book open in front of me.）」，「私にとっては料理本でレシピを見つけるほうが簡単だ（It is easier for me to find a recipe in a cookbook.）」などが考えられる。

リスニングテスト

No.1

A：How was cooking class?

B：Today's theme was Japanese food. We learned how to make *kara-age*.

A：What's that?

1　Japanese food is really tasty.

2　The language is difficult.

3　It's Japanese fried chicken.

A：料理教室はどうだった？

B：今日のテーマは和食だったの。から揚げの作り方を習ったわ。

A：それは何？

1　和食は本当においしいわ。

2　その言語は難しいの。

3　日本のフライドチキンよ。

📝　男性（A）は「から揚げ」が何なのかをたずねているので，どのようなものかを説明している **3** が正解。

No.2

A：Excuse me. Do you sell cardboard boxes?

B：Yes. What do you need them for?

A：I'm moving and need them to pack some books and things.

1　Yes, moving is quite hard.

2　OK, the size you need is over there.

3　No, we don't offer that service.

A：すみません。段ボール箱は売っていますか？

B：はい。何にお使いですか？

A：引っ越すので，本などのものを詰めるのに段ボール箱が必要なんです。

1　ええ，引っ越しはなかなか大変ですよね。

2　わかりました，必要そうなサイズのものはあそこにあります。

3　いいえ，そのサービスは取り扱っていません。

📝　段ボール箱を買いたい女性（A）は，男性（B）に販売しているかどうかたずねている。男性は「はい」と答え用途をたずね，女性は引っ越し用だと答えている。そのあとの応答としては，そのための段ボール箱の場所を答えている **2** が適切。

No. 3

A : Let's go see that new superhero movie.

B : Today? Sure, but I should finish some work first.

A : OK. How about we go see an evening showing?

1　The tickets are expensive.

2　I don't like watching movies.

3　That's a good idea.

- -

A : あの新しいヒーロー物の映画を見に行こうよ。

B : 今日？　いいけど，まずいくつか仕事を終わらせてからね。

A : わかったよ。夜の上映に行くのはどうかな？

1　チケットが高いわ。

2　私は映画を見るのが好きじゃないの。

3　それはいいアイデアね。

- -

📝　女性（B）は「今日，仕事を終わらせてからなら映画に行ける」と言い，それを受けて男性（A）は「夜の上映に行く」ことを提案している。女性の都合に合っているので，**3** が適切。なお，How about のあとは通例名詞か動名詞が続くが，くだけた表現では節が続くこともある。

No. 4

A : Hi, Mike. My friends and I are going skiing next weekend.　You should join us.

B : Thanks for inviting me, but I've never been skiing.

A : That's OK.　You can take a lesson for beginners.

1　Really?　You're very talented.

2　Really?　I'd like to try that.

3　Really?　That seems a bit far away.

- -

A : もしもし，マイク。友人たちと私で来週スキーに行くの。一緒に来ればいいのに。

B : 招待してくれてありがとう。でも，スキーには行ったことがないんだ。

A : 大丈夫よ。初心者のためのレッスンが受けられるの。

1　本当？　君はすごく才能があるね。

2　本当？　それを試してみたいな。

3　本当？　それは少し遠いみたいだけど。

- -

📝　スキーに誘われて尻込みする男性（B）に対し，女性（A）は「初心者のためのレッスンがある」と述べているので，応答として適切なのは **2**。

A：Can you help me with my math homework? I'm having a hard time figuring it out.

B：Sure. Are you free today after school?

A：I have to see a teacher until 3:30 but I can meet you after that.

1　OK. Maybe you should study harder.

2　OK. I suggest taking another course.

3　OK. I'll be waiting in the library.

- -

A：ぼくの算数の宿題を手伝ってくれない？　わからなくて困ってるんだ。

B：もちろん。今日の放課後は空いてる？

A：3時30分まで先生に会わなきゃいけないけど，そのあとなら会えるよ。

1　わかったわ。あなたはもっと熱心に勉強したほうがいいかもね。

2　わかったわ。別のコースを受けることをおすすめするわ。

3　わかったわ。図書館で待ってるね。

- -

宿題を手伝ってほしいと頼まれた少女（B）は，少年（A）に放課後は空いているかとたずねている。少年は「3時30分以降なら会える」と言っているので，待ち合わせ場所を伝えている **3** が適切。

A：Good evening. I'll be taking your order. What will you be having tonight?

B：Do you have a plate with steak and lobster together?

A：Yes. That's our Surf-n-Turf dinner. It comes with soup or a salad.

1　Great. I love seafood.

2　Great. I'll have a salad.

3　Really? I've never been surfing.

- -

A：こんばんは。私がご注文をおうかがいします。今夜は何をお召し上がりになりますか？

B：ステーキとロブスターが一緒に食べられる料理はありますか？

A：はい。サーフンターフディナーがそうです。スープかサラダがつきます。

1　いいね。海鮮は大好きなんです。

2　いいね。サラダにします。

3　本当に？　サーフィンに行ったことはないんです。

- -

「サーフンターフ」は魚介類（サーフ）と肉類（ターフ）の両方を組みあわせた料理のこと。店員（A）がサーフンターフディナーには「スープかサラダがつく」と言っているので，それに対してサラダにすると答えている **2** が適切。

A：What did you think of the movie?

B：It was OK, but I didn't like the ending.

A：I agree. The ending was kind of confusing. But I liked the rest of it.

1　Me too. The movie was too long.

2　Me too. The acting wasn't very good.

3　Me too. The action scenes were especially great.

A：映画についてどう思った?

B：悪くなかったけど, エンディングは好きじゃなかったな。

A：同感。エンディングは少しわかりにくかったよね。でもほかの部分は気に入ったよ。

1　私もよ。あの映画は長すぎたわ。

2　私もよ。演技があまりよくなかったわ。

3　私もよ。アクションシーンが特によかったわよね。

男性 (A) は最後の発言で「エンディング以外は気に入った」と言っている。選択肢はいずれも Me too.「私も」で始まっており, 女性 (B) もエンディング以外は気に入ったということなので, そのあとに映画のよい点をあげている 3 が正解。

A：Do you like animals?

B：Why? Are you thinking of getting a dog or something?

A：No, no. I was just wondering if you wanted to go to the aquarium with me.

1　Oh. Sorry, I don't like sushi.

2　Oh. I didn't know you owned a dog already.

3　Oh. Sure, that sounds like fun.

A：動物は好き?

B：なぜ?　犬か何かを飼うつもりなの?

A：違うわ。私と水族館に行かないかと思っていたの。

1　そうか。ごめん, 寿司は好きじゃないんだ。

2　そうか。もう犬を飼ってたなんて知らなかったよ。

3　そうか。もちろんだよ, 楽しそうだね。

女性 (A) は最後の発言で「私と水族館に行かないかと思っていた」と男性 (B) を誘っているので, 応答として適切なのは 3。

A：So, what should we get mom for her birthday?

B：Hmm ... I'm not sure. We got her a cookbook last year.

A：How about a gift card she can use at the mall?

1　That's a good idea. Then she can get what she likes.

2　That's a good idea. Mom loves cooking.

3　That's a good idea. The mall is pretty far.

A：さて，お母さんの誕生日に何を買おうか？

B：うーん…わからないわ。去年は料理の本をあげたわよね。

A：ショッピングモールで使えるギフト券はどう？

1　いい考えね。そしたらお母さんは好きなものが買えるわ。

2　いい考えね。お母さんは料理が大好きだから。

3　いい考えね。ショッピングモールはかなり遠いからね。

少年（A）は最後の発言で，誕生日プレゼントに「ショッピングモールのギフト券」を提案している。選択肢の1文目はいずれも「いい考えね」なので，少女（B）もそれに賛成していることになる。2文目がギフト券の賛同に合っているのは **1**。

A：Hi. I'm calling to make a reservation.

B：Sure. What time and for how many people?

A：Just two for 7 p.m. Are there any seats available?

1　Yes. We're open until 10 p.m.

2　No. We don't have a smoking section.

3　Yes. We have a table next to the window.

A：もしもし。予約したくて電話しました。

B：わかりました。何時に何名さまでしょうか？

A：午後7時に2名だけです。席は空いていますか？

1　はい。店は午後10時まで開いています。

2　いいえ。喫煙席はないんです。

3　はい。窓際のテーブルがございます。

女性（A）はレストランのような場所に電話をかけていると推測できる。最後の発言で「空席があるか」をたずねているので，「窓際のテーブルがある」という **3** が正解。

第 2 部

No. 11

A：Excuse me. Could you please tell me where the check-in is for Friendly Air?

B：Of course. Right now you're in Terminal B. You need to go to Terminal A.

A：OK. How do I get to Terminal A?

B：Easy. Just take the inter-terminal train. The platform is just down the escalator.

Question　What is the man's problem?

- -

A：すみません。フレンドリーエアのチェックインカウンターはどこか教えてもらえますか?

B：もちろんです。現在いらっしゃるのはターミナル B です。ターミナル A に行ってください。

A：わかりました。ターミナル A へはどうやって行けばいいですか?

B：簡単です。ターミナル間電車に乗るだけなんです。乗り場はエスカレーターを下がってすぐのところです。

❓ 男性の問題は何か?

1　彼は自分が乗る便の出発時刻を知らない。

2　彼は自分が使う航空会社がどこにあるか知らない。

3　彼は電車の切符を買うお金がない。

4　彼はパスポートを携帯していない。

☑　男性 (A) は最初の発言で「フレンドリーエアのチェックインカウンターの場所はどこか」をたずねている。したがって **2** が正解。

No. 12

A：Hello.

B：Tony, It's Sarah. I heard you're going to Japan for your vacation.

A：I'm going to Japan but not for a vacation. I'm staying with a host family and I'll be a student for one year.

B：That sounds amazing. What are you going to study?

A：I'm going to study Japanese language and culture.

Question　Why is the man going to Japan?

- -

A：もしもし。

B：トニー, サラよ。あなたが休暇で日本に行くって聞いたわよ。

A：日本には行くけど休暇じゃないんだ。ホストファミリーのところに滞在して, 1 年間学生をするんだ。

B：それはすばらしいわ。何を勉強するの?

A：日本語と日本の文化を勉強するつもりだよ。

❓ 男性はなぜ日本に行くのか？

1 英語を教えるため。

2 観光するため。

3 仲のよい友だちに会うため。

4 日本語を学ぶため。

📝 男性 (A) は2回目の発言で「日本に滞在して1年間学生をする」と述べている。3回目の発言では「日本語と日本の文化を勉強するつもり」だと述べているので，**4** が正解。

No. 13

🔊 A：Laura, do you know what you're going to do for your presentation?

B：Yeah. I'm going to talk about America's moon landing. My dad is helping me to build a model of the Saturn V rocket.

A：Saturn V? What is that?

B：It's the rocket that took the people to the moon. It's really tall and has black and white stripes painted on it.

Question　What does the girl explain to the boy?

A：ローラ，プレゼンテーションで何を発表するか決めた？

B：うん。アメリカの月面着陸について話すつもりよ。お父さんがサターンVロケットの模型を作るのを手伝ってくれているの。

A：サターンV？　何それ？

B：人々を月まで連れていったロケットだよ。とても背が高くて，白黒のストライプが描かれているのよ。

❓ 少女は少年に何を説明しているのか？

1 ロケットがどれくらい速いか。

2 どうやってロケットの模型を作るか。

3 どうやって人々は月まで行ったか。

4 どうやってプレゼンテーションをするか。

📝 少女 (B) はプレゼンテーションで月面着陸について話すつもりだと言っている。最後の発言では，サターンV（注：V は five と読まれる）が「人々を月に連れていった」と述べているので，**3** が正解。

No. 14

🔊 A：Keith, could you cut the grass? It's starting to get pretty tall.

B：I don't have enough time. I have to be at swim practice at 3 p.m.

A：What do you mean you don't have enough time? That's two hours from now. You have plenty of time.

B：OK, OK.　I'll go do it.

Question　What is Keith's excuse to not cut the grass?

A：キース，芝生を刈ってくれる？　ずいぶん背が高くなってきたわ。

B：時間がないよ。午後3時には水泳の練習に行かなきゃいけないんだ。

A：時間がないってどういう意味？　今から2時間もあるじゃない。時間はたっぷりあるわ。

B：わかった，わかった。してくるよ。

❓ キースが芝刈りを断るのに使った口実は何か？

1　彼は疲れている。

2　彼はやり方を知らない。

3　彼は宿題がある。

4　彼には時間がなさすぎる。

☑　キース（B）は最初の発言で，このあと予定があるから「時間がない」と言っている。したがって，**4** が正解。

No.15

🔊　A：Excuse me.　Will you be serving another meal before we land?

B：Yes, we're preparing breakfast right now.　It should be ready in about 10 minutes.

A：Lovely, I'm pretty hungry.　It's been quite a long flight.

B：Yes, it has.　But <u>we'll be arriving in about an hour and a half.</u>　I hope we've been able to make you comfortable.

Question　What does the flight attendant tell the passenger?

A：すみません。着陸する前にもう1食出ますか？

B：はい，ただ今朝食の準備をしています。あと10分程度で用意できるはずです。

A：よかった，とてもおなかがすいているんです。かなり長いフライトだったからね。

B：ええ，そうですよね。でも，<u>到着はおよそ1時間半後です。</u>くつろいでいただけたのならよいのですが。

❓ 客室乗務員は乗客に何を伝えているか？

1　いつ飛行機が着陸するか。

2　いつ乗客が席を離れてもいいか。

3　朝食に何が出るか。

4　メニューに何の飲み物が載っているか。

☑　客室乗務員（B）は最後の発言で「到着はおよそ1時間半後」と伝えている。したがって **1** が正解。

A：That's an old picture. Who are those people?

B：Yes, it's almost 100 years old. It's a precious photo of my great grandmother and her family.

A：Wow, that is a really special photo. Which one is your great grandmother?

B：She's on the right, standing next to her husband.

Question What does the man say about the photo?

A：それ，ずいぶん古い写真ね。写っているのは誰なの？

B：ああ，ほぼ100年前のものだよ。これは曾祖母とその家族の貴重な写真なんだ。

A：わあ，すごく大切な写真なのね。どれがあなたのひいおばあさんなの？

B：彼女は写真の右側，彼女の夫の隣に立っているよ。

❓ **男性は写真について何と言っているか？**

1　大金の価値がある。

2　とても大切なものだ。

3　男性の曾祖母が撮った。

4　白黒だ。

📝　男性（B）は最初の発言の後半で「曾祖母とその家族の貴重な写真」と言っている。したがって**2**が正解。

A：This pasta is delicious. I can't believe I'm actually having Italian food in Italy.

B：This is wonderful, isn't it? We should come to Italy for vacation every year.

A：Sure. The problem is we can't afford it.

B：Yeah, that's probably true. Anyway, I can't wait to see what's for dessert.

Question Why is it difficult for the couple to visit Italy annually?

A：このパスタはおいしいね。イタリアでイタリア料理を本当に食べているなんて信じられないよ。

B：すばらしいわよね。私たち，毎年イタリアに休暇に来るべきだわ。

A：そうだね。問題は，そんな費用は払えないってことだね。

B：そうね，それはまあ確かだわ。とにかく，私はデザートが何か見るのが待ちきれないわ。

❓ **2人が毎年イタリアを訪れるのが難しいのはなぜか？**

1　遠く離れている。

2　訪れるのにお金がかかる。

3　男性は飛行機が嫌いだ。

4　2人はイタリア語が話せない。

📝　女性（B）の「毎年イタリアに来るべき」という提案に対し，後半のやり取りで男性（A）

は「問題はそんな費用は払えないってことだ」と言い，女性もそれに同意している。
2 が正解。

No. 18

🔊 A : The costume party is coming up. I can't wait. I'm going to be a superhero.

B : Cool. Which one?

A : Sorry, but I'm not telling. <u>I want to surprise everyone.</u> What about you?

B : I'm not sure yet. Maybe you can help me out with some ideas.

Question　Why is the girl not telling what her costume is?

- -

A : 仮装パーティーが近づいてきているわね。待ちきれないな。私はスーパーヒーロー
になるの。

B : かっこいいね。どれになるの？

A : ごめんね，でも言わないよ。<u>皆を驚かせたいの。</u>あなたははどうなの？

B : ぼくはまだ決めてないんだ。何かアイデアを出して助けてくれない？

❓ 少女はなぜ自分の仮装が何なのか言わないのか？

1　彼女はまだ何になりたいか決めていない。

2　彼女は少年が自分を笑うのではないかと心配している。

3　彼女は少年に自分のアイデアを使ってほしくない。

4　彼女は友人たちを驚かせたい。

- -

📝　少女（A）は2回目の発言で「皆を驚かせたい」と言っている。したがって正解は **4**。

No. 19

🔊 A : You understand some French, right?

B : Yeah, why?

A : <u>I'm trying to order something from a French website.</u> What does it say?

B : Let's see. It says that international shipping costs extra.

Question　What is the man trying to do?

- -

A : 君はフランス語が少しわかるんだよね？

B : そうよ，なぜ？

A : <u>フランスのウェブサイトである物を注文しようとしてるんだ。</u>何て書いてあるの？

B : そうね。国際便は追加料金がかかると書いてあるわ。

❓ 男性は何をしようとしているか？

1　フランス語を勉強する。

2　荷物を出荷する。

3　何かを買う。

4　友だちにメールを送る。

No. 20

🔊 A : How was your weekend? Did you do anything special?

B : Yeah, I did something very special. I stayed home.

A : What? How come? That doesn't sound good.

B : It wasn't. I was sick. I just lay in bed all day.

Question Why did the man stay home?

A : 週末はどうだった？　何か特別なことはした？

B : ああ，すごく特別なことをしたよ。家にいたんだ。

A : なんですって？　どうして？　それはよくないじゃない。

B : よくなかったんだよ。具合が悪かったんだ。1日中ベッドでただ横になっていたよ。

❓ 男性はなぜ家にいたのか？

1　彼は雨が嫌いだ。

2　彼は荷物を待っていた。

3　彼は1日中テレビを見ていた。

4　彼は具合がよくなかった。

☑ 女性（A）に週末どう過ごしたかたずねられた男性（B）は，1回目の発言で「家にいた」と述べ，2回目の発言で「具合が悪かった」「1日中ベッドでただ横になっていた」と述べている。したがって **4** が正解。

第 3 部

No. 21

🔊　Diana started a new job as a web designer at a company that runs an online clothing store. She is nervous because this is her first job since graduating from university. However, her boss is kind and her co-workers have been supportive. So far, Diana is enjoying her job.

Question Why is Diana nervous?

　ダイアナはオンラインの洋服店を経営する企業でウェブデザイナーとして新しい仕事を始めた。大学を卒業して以来，初めての仕事なので，彼女は緊張している。しかし彼女の上司は親切で，同僚たちはよく支えてくれている。これまでのところ，ダイアナは仕事を楽しんでいる。

❓ ダイアナはなぜ緊張しているのか？

1　彼女はプレゼンテーションをしなければならない。

2 彼女は洋服についてよく知らない。

3 これが彼女の初めての仕事だ。

4 彼女の上司が厳しい。

✅ 中盤で She is nervous because this is her first job since graduating from university.「大学を卒業して以来，初めての仕事なので，彼女は緊張している」と述べられている。**3** が正解。

No.22 🔊

　　　Linda and her grandfather are really close.　Even though Linda is 13 years old and her grandfather is in his 60s, they spend a lot of time together.　<u>After school, Linda's grandfather often helps her with her homework.</u>　On the weekends, they often go out together.　Maybe they'll go hiking or they'll go shopping at the mall.　Whatever they do, they are always having fun.

Question　What do Linda and her grandfather do after school?

　　リンダと彼女の祖父はとても仲がいい。リンダは13歳で祖父は60代であるにもかかわらず，彼らは多くの時間を一緒に過ごす。<u>放課後には，リンダの祖父はよく彼女の宿題の手助けをする。</u>週末には，2人はよく一緒に出かける。ハイキングに行くときもあれば，ショッピングモールに買い物に行くこともある。何をしようとも，彼らはいつも楽しんでいる。

❓ リンダと彼女の祖父は放課後に何をするか?

1 ハイキングに行く。

2 ショッピングモールに買い物に行く。

3 リンダの宿題に取り組む。

4 夕食を作る。

✅ 中盤で After school, Linda's grandfather often helps her with her homework.「放課後には，リンダの祖父はよく彼女の宿題の手助けをする」と述べられている。**3** が正解。

No.23 🔊

　　　Wombats are furry, four-legged animals from Australia.　They look like small bears and grow to about 1-meter in size.　They are usually grey, brown, or black in color.　<u>They like to dig holes in the ground to eat their favorite food, grass and roots.</u>　Wombats carry their babies in pouches on their stomachs like kangaroos.

Question　Why do wombats dig holes?

　　ウォンバットは毛皮でおおわれた4つ足のオーストラリアの動物だ。彼らは小さいクマのような見た目で，成長すると約1メートルの大きさになる。彼らの色はたいてい灰色，茶色，あるいは黒だ。<u>彼らは大好物である草と根を食べるために地面に穴を掘るの</u>が

好きだ。ウォンバットはカンガルーのように赤ちゃんをおなかの袋に抱えて動く。

❓ ウォンバットはなぜ穴を掘るのか？

1 防護のため。

2 赤ちゃんのため。

3 眠るため。

4 食べ物のため。

✅ 終盤に They like to dig holes in the ground to eat their favorite food, grass and roots.「彼らは大好物である草と根を食べるために地面に穴を掘るのが好きだ」とあり，穴を掘るのは大好物を掘り出すためだとわかる。**4** が正解。

No. 24

🔊 Kazu loves baseball. He has been playing baseball ever since the 3rd grade. Now he is in his first year of high school. He joined the school team and earned a position playing first base. He is a good all-round player but his strength is batting. He can't wait to show his skills at the first game next week.

Question What is Kazu best at?

カズは野球が大好きだ。彼は3年生のときからずっと野球をしている。今，彼は高校1年生だ。彼は学校のチームに所属し，ファーストのポジションを獲得した。彼はどんなポジションもこなすすぐれた選手だが，強みはバッティングだ。彼は来週行われる最初の試合で能力を発揮するのが待ちきれない。

❓ カズは何がいちばん得意か？

1 ボールを打つこと。

2 ボールをキャッチすること。

3 チームメイトと協力すること。

4 速く走ること。

✅ 中盤で He is a good all-round player but his strength is batting.「彼はどんなポジションもこなすすぐれた選手だが，強みはバッティングだ」と述べられている。バッティングが得意ということは，ボールを打つのが得意ということなので，**1** が正解。

No. 25

🔊 Welcome to Hamilton Park. Hamilton Park is a recreational park that provides space for various outdoor activities including barbecuing, boating, sports, and more. Facilities and equipment including pavilion space, boats, and grills can be reserved and rented at the park office. Reservations can also be made on our website.

Question How can reservations be made?

ハミルトンパークへようこそ。ハミルトンパークはバーベキュー，ボート，スポーツなどなど，さまざまな野外活動の場所を提供するレクリエーションのための公園です。パ

ビリオンスペースやボート，グリルを含む施設や設備は公園事務局で予約や貸し出しが可能です。予約はウェブサイトでもしていただくことができます。

❓ 予約はどうやって取ることができるか?

1 電話で。

2 メールで。

3 ウェブサイトから。

4 予約は必要ない。

☑ 予約については後半で述べられている。まず ... can be reserved and rented at the park office「…は公園事務局で予約や貸し出しが可能」と述べられているので，これは対面での予約だと考えられる。そのあとに Reservations can also be made on our website「予約はウェブサイトでもしていただくことができます」と述べられているので，**3** が適切。

No. 26

🔊 Welcome to Fresh Mart. Fresh Mart is your best choice for fresh locally grown vegetables and a variety of healthy and affordable foods. In addition to groceries, we offer delicious and nutritious prepared dishes in our deli area. Fresh Mart even has an eat-in café for those who want to relax and enjoy their food with a coffee.

Question　What does Fresh Mart offer besides groceries?

フレッシュマートへようこそ。フレッシュマートは新鮮な地元産の野菜と，健康的で手ごろなさまざまな食品を買うのにぴったりです。食料雑貨品に加えて，おいしくて栄養のある総菜をデリエリアでご提供しています。フレッシュマートには，リラックスして食事をコーヒーとともに楽しみたい方のためのイートインカフェもあります。

❓ フレッシュマートが食料雑貨品以外に提供しているものは何か?

1 薬を扱う薬局。

2 無料の Wi-Fi によるインターネット・サービス。

3 出来合いの食べ物。

4 子どものための託児所。

☑ 中盤で In addition to groceries, we offer delicious and nutritious prepared dishes in our deli area.「食料雑貨品に加えて，おいしくて栄養のある総菜をデリエリアでご提供しています」と述べられている。「総菜」を言い換えた **3** が正解。

No. 27

🔊 Did you know that the Statue of Liberty in New York is not the only one in the world? There are hundreds of copies. The original statue was a gift from France given to the US in 1886. Later a smaller copy of the statue was given back to Paris by Americans living in France.

Where did the original Statue of Liberty come from?

　ニューヨークの自由の女神像が世界に１つだけのものではないと知っていましたか？ コピーが何百もあるのです。オリジナルの像は，1886年にフランスからアメリカへ贈られたものでした。あとになって，フランスに住むアメリカ人たちによってこの像の小さいコピーがパリに贈られました。

❓ オリジナルの自由の女神像はどこから来たか？

1　ニューヨークから来た。

2　ニュージーランドから来た。

3　フランスから来た。

4　どこから来たか知られていない。

☑　中盤で The original statue was a gift from France「オリジナルの像はフランスから贈られたもの」と述べられている。したがって **3** が正解。

No. 28

🔊　　Rachel is a professional photographer.　Interestingly, photography started as a hobby for Rachel.　She needed a camera when she once took a trip to Europe.　She bought a camera recommended by a friend and took lots of pictures of her vacation in Europe.　After her trip, she decided to go to school to learn photography.　Now she works as a photographer for a travel magazine.

Why did Rachel need a camera?

　レイチェルはプロの写真家だ。興味深いことに，写真を撮ることはレイチェルにとってはじめは趣味だった。彼女は以前ヨーロッパ旅行をしたときにカメラを必要とした。彼女は友人に薦められたカメラを買い，ヨーロッパでの休暇の写真をたくさん撮った。旅行のあとで，彼女は写真撮影を学ぶための学校に行くことにした。今では彼女は旅行雑誌の写真家として働いている。

❓ レイチェルはなぜカメラが必要だったのか？

1　仕事を見つけるため。

2　自分のヨーロッパ旅行を記録するため。

3　雑誌に写真を投稿するため。

4　自分の友人たちに写真を送るため。

☑　中盤で She needed a camera when she once took a trip to Europe.「彼女は以前ヨーロッパ旅行をしたときにカメラを必要とした」と述べられている。また，そのあとで took lots of pictures of her vacation in Europe「ヨーロッパでの休暇の写真をたくさん撮った」とも述べられているので，**2** が正解。

No. 29

🔊　　Welcome to Safari Park.　Please remember that the animals here are wild.　It is important that you follow the rules. First, <u>never leave the vehicle unless instructed to</u> <u>do so by a guide.</u> Also, do not feed the animals. It is OK to take pictures but do not use a flash. If you follow the rules, you will have an enjoyable experience.

<u>Question</u>　When can visitors leave the vehicle?

- -

　サファリパークへようこそ。ここの動物たちは野生のままだということを覚えておいてください。規則に従うのは大切なことです。まず，<u>ガイドが指示しない限り，決して車を離れないでください。</u>また，動物にえさをあげないでください。写真を撮ってもかまいませんが，フラッシュは使用しないでください。これらの規則を守れば，楽しい体験ができるでしょう。

❓ **来場者たちはいつ車を離れることができるか?**

1　いつでも好きなときに。

2　攻撃されたときに。

3　ガイドがそのように言うときに。

4　動物にえさをあげるときに。

- -

☑　サファリパークでの規則が述べられている。1 つ目の規則で never leave the vehicle unless instructed to do so by a guide「ガイドが指示しない限り，決して車を離れないでください」と言われているので，3 が正解。

No. 30

🔊　　　Martin is living alone for the first time in his life. At home, he had his family and during college he always had a roommate. To be honest, Martin enjoys the quiet and freedom of living alone. There is only one problem. <u>Martin doesn't know how</u> <u>to cook.</u> Luckily, he found a cooking class and the first lesson starts next week.

<u>Question</u>　What problem does Martin have?

- -

　マーティンは生まれて初めてのひとり暮らしをしている。実家には家族がいるし，大学の間は常にルームメイトがいた。正直に言うと，マーティンはひとり暮らしの静けさと自由を楽しんでいる。ただし 1 つだけ問題がある。マーティンは料理の仕方を知らないのだ。幸運なことに，彼は料理教室を見つけ，最初の授業が来週始まる。

❓ **マーティンはどんな問題を抱えているか?**

1　彼は故郷を離れたことがない。

2　彼はとても寂しくなる。

3　彼はルームメイトを探している。

4　彼は自分で料理をしたことがない。

- -

☑　中盤で，There is only one problem.「1 つだけ問題がある」と述べられ，Martin doesn't know how to cook.「マーティンは料理の仕方を知らない」という内容が続く。したがって，4 が正解。

合格力診断チャートで
実力をチェック!

マークシート裏面に記入した正答数を,下の合格力診断チャートに記入しましょう。チャートの中心から目盛りを数えて正答数のところに印をつけ,線で結びます。

合格ラインに到達できなかった分野については,「分野別弱点克服の方法」を確認しましょう。

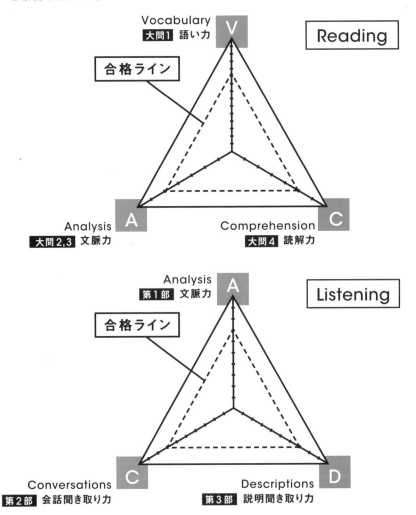

※ 現在は CSEスコア(別冊 P. 009)が採用されており,合格の正答数は公表されておりませんが,過去の試験では,準2級は各技能を6割程度の正答率の受験者の多くが合格しています。

分野別弱点克服の方法

英検準2級に合格するためには，「読む」「聞く」「書く」「話す」の4技能でバランスよくスコアを獲得する必要があります。ここでは，自己採点がしやすいReadingとListeningの各技能について分析を行い，弱点を克服するためのヒントを提示します。

Reading

1 "語い力" が低かったあなたは…

英語をよりよく理解するには，語い力の向上が必須です。市販の単語帳などを使って，準2級で頻出の単語や熟語を集中的にインプットしましょう。音声を聞きながら学習すれば，リスニング力を高めることもできて一石二鳥です。

2 "文脈力" が低かったあなたは…

文と文をつなぐ働きを持つ表現を意識しながら，英文を読みましょう。例えば，「逆接」を表す副詞howeverのあとには，前の文と反対の内容を表す文が続くと予想できます。先の展開を予測しながら英文を読むことで，リーディングの速度もアップします。

3 "読解力" が低かったあなたは…

準2級の長文問題は，1つの段落に1つの問題の答えが隠れている場合がほとんどです。段落ごとの要点をおさえつつ読み進めることで，英文全体の理解にも結びつきます。設問文に含まれている人名などのキーワードを探しながら読む「スキャニング」も，正答に至る近道です。

Listening

1 "文脈力" が低かったあなたは…

会話をしている状況や，登場人物がしようとしていることを理解することが大事です。どのような場面なのか想像しながら，適宜メモを取って問題に答えましょう。

2 "会話聞き取り力" が低かったあなたは…

会話では，書き言葉とは異なる話し言葉特有の表現がよく用いられます。単語帳などを利用して，会話表現を拡充しましょう。場面や2人の話し手の関係などをイメージしながら聞けば，より具体的に会話の内容を理解することができます。

3 "説明聞き取り力" が低かったあなたは…

説明文のリスニング問題では，情報を整理しながら放送を聞きましょう。聞き取った情報を，「いつ」「どこで」「だれが」「なにを」「なぜ」「どのように」のように5W1Hの形でメモにまとめることで，予想外の質問文にも落ち着いて対応することができます。

カードの意味　アウトドア活動

アウトドアの活動はすべての年齢の人々に人気があります。例えば，自然の中でのキャンプは楽しいですし，多くの人が屋外で料理をするのを楽しみます。しかし，自分たちの周りの人に十分に気を配らない人もいて，その結果ほかのキャンプをする人たちに迷惑をかけます。人々はアウトドア活動を楽しむときにはほかの人のことも考えなければなりません。

No.1

文章によると，一部の人はなぜほかのキャンプをする人たちに迷惑をかけるのですか？

解答例　Because they do not pay enough attention to others around them.

自分たちの周りの人に十分に気を配らないからです。

- -

☑️　質問はwhyでたずねているので，Because ... の形で答えるのがよい。質問文のcause problems for other campersは第3文にある。その直前にas a result（その結果）があるので，その前で述べられているsome people do not pay enough attention to others around themが原因・理由である。なお，質問にsome peopleとあるので，答えるときは主語をtheyに置き換える。

No.2

では，Aの絵の中の人々を見てください。彼らはいろいろなことをしています。彼らがしていることをできるだけたくさん説明してください。

解答例　A woman is playing the violin. / A girl is eating a hamburger. / A man is putting on his sunglasses[glasses]. / A man is painting the fence. / A man is swimming.

女性がバイオリンを弾いています。／ 女の子がハンバーガーを食べています。／ 男性がサングラス［眼鏡］をかけています。／ 男性が柵にペンキを塗っています。／ 男性が泳いでいます。

- -

☑️　女の子については，食べようとしているところと考えて，be going to eatまたはbe about to eatを使って表してもよい。サングラスをかけようとしている男性については，wearを使ってis wearing sunglassesとすると，すでにサングラスをかけてしまっている状態を表すので，「（いま）身に着ける」という意味のput onを使う。洋服などでも，いま身に着けようとしている場合にはput onを使う。「柵にペンキを塗る」はpaint the fenceだけでよいが，paint the fence yellowのように色を付け加えてもよい。

No. 3

では，Bの絵の中の女の子を見てください。状況を説明してください。

解答例 She has found a watch on the table, so she is going to report it to the police.
彼女はテーブルの上に腕時計があるのを見つけたので，警察に届けようとしています。

> ☑ on the table の代わりに in the park などを使ってもよい。「女の子が腕時計を見つ
> けた」状況については，she found there was a watch on a table in the park や
> she saw a watch on a park table などと表すこともできる。「警察に届ける」はその
> まま go to the police や take it to a police officer などでもよいだろう。report は「〜
> を届け出る，報告する」という意味。

No. 4

あなたは，料理学校へ行く人が将来増えると思いますか？
（Yes. なら）どうしてですか？　　（No. なら）どうしてそう思わないのですか？

解答例 Yes. Cooking for themselves is important. It is healthier than eating at a
restaurant or buying prepared food.
はい。自分で料理することは大切です。レストランで食べたり，出来合いの料理を買っ
たりするよりも健康によいです。

No. People can watch cooking videos for free on the Internet. Going to a
cooking school costs too much.
いいえ。人々はインターネットで無料の料理動画を見ることができます。料理学校へ
行くのはお金がかかりすぎます。

> ☑ まず，料理学校へ行くかどうかについて，家で料理をするかどうかという点から考
> えることができる。するとすれば Home-cooked dishes are cheaper.「家で作った料
> 理はより安くすむ」や It is important to teach children the taste of home cooking.
> 「子どもたちに家庭料理の味を教えるのは大切だ」などが考えられる。しないとす
> れば People are becoming busier.「人は以前よりも忙しくなっている」や，People
> are too tired to cook after work.「仕事のあとは料理をするには疲れすぎている」
> などが考えられる。料理学校へ行くかどうかということだけを考えれば，Yes. の理由
> としては Learning cooking from professionals is fun.「プロから料理を学ぶのは楽
> しい」や，Cooking with other people is a lot of fun.「ほかの人と一緒に料理をす
> るのはとても楽しい」などが考えられる。No. の理由としては It takes too much
> time.「時間がかかりすぎる」や I don't think that many people are that interested
> in cooking. They might be more interested in going to a different kind of
> school to learn something else.「多くの人がそれほど料理に関心があるとは思わ
> ない。おそらく彼らはほかのことを学ぶために別の学校に行くことのほうにもっと関
> 心があるだろう」などが考えられる。

日本ではいろいろな種類のお茶が店で売られています。あなたはお茶をよく飲みますか?

(Yes. なら) もっと詳しく話してください。　　(No. なら) どうしてですか?

解答例 Yes. I prefer tea to coffee. It helps me relax and feel good.

はい。私はコーヒーよりもお茶が好きです。お茶はリラックスしたり気分をよくするのに役立ちます。

No. Tea is neither sweet nor spicy. I prefer something that has a strong flavor.

いいえ。お茶は甘くもないしからくもありません。私はもっと味が強いもののほうが好きです。

- お茶にも日本茶, 紅茶, ハーブティーなどいろいろあるが, ひっくるめて tea と考えて答えるとよい。Yes. であれば, まずはお茶を好む理由やどんなお茶を飲むかなどを述べることが考えられる。ほかに, I like drinking herb tea in a quiet tea shop.「私は静かな喫茶店でハーブティーを飲むのが好きだ」や I like to make tea for my friends.「お茶を入れて友達に出してあげるのが好きだ」のように, お茶を飲む場面などについて説明するのもよいだろう。No. の場合はおそらくお茶が好きではないということなので, その理由を述べるとよい。I'm allergic to caffein.「カフェインにアレルギーがある」という人もいるだろう。好きではない理由でなくても,「○○のほうが好き」というような説明でもよい。

カードの意味 よりよいビーチ

今日，ビーチはすべての年齢の人々に人気があります。けれども，ビーチをよい状態に保つのは大変な作業です。今ではテクノロジーが重要な役割を担っています。一部の町はビーチを掃除するロボットを使っています。このようにして，彼らは自分たちのビーチの環境をよりよくしようとしています。そのようなロボットはより一般的になりつつあります。

No.1

文章によると，一部の町はどのようにして自分たちのビーチの環境をよりよくしようとしていますか？

解答例 By using robots that clean beaches.
ビーチを掃除するロボットを使うことによってです。

☑ 質問はhowでたずねているので，By 〜ing ... の形で答えるのがよい。質問のtry to make the environment of their beaches betterは，第4文の後半にある。その直前にあるin this wayは「このようにして，こうすることによって」という意味で，その前に方法の具体的な説明がある。したがって，Some towns use robots that clean beaches が答え。これをBy using ... という形にして答える。

No.2

では，Aの絵の中の人々を見てください。彼らはいろいろなことをしています。彼らがしていることをできるだけたくさん説明してください。

解答例 A boy is drinking some water. / A man is carrying a box. / A girl is chasing her dog. / A woman is picking up her hat. / A man is cutting bread for a picnic.
男の子が水を飲んでいます。／ 男性が箱を運んでいます。／ 女の子がイヌを追っています。／ 女性が自分の帽子を拾っています。／ 男性がピクニック用にパンを切っています。

☑ 男の子は何かを飲んでいるが，何かははっきりとわからないので，drinking something「何かを飲んでいる」としてもよいし，drinking from a glass「コップから飲んでいる」としてもよい。男性が運んでいるものは，something in a box「箱に入った何か」というように表すこともできる。女の子はイヌを「追いかけている」が，chaseという言葉を思いつかなければrunning afterを使うのもよい。trying to catch「つかまえようとしている」としてもよい。また，イヌを主語にしてA[The] dog is running from a[the] girl. 「イヌが女の子から逃げている」と表すこともできる。女性は，帽子を「拾っている」と考えられるが，「砂の上に帽子を置いている」と表現する場合は，putting her hat on the sand とするとよい。

No. 3

では，Bの絵の女の子を見てください。状況を説明してください。

解答例 The girl wants to mail a letter, but there is no stamp on the envelope.
女の子は手紙を投函したいのですが，封筒に切手がありません。

✎　「投函する」はmailでもpostでもよいし，「手紙を送る」と考えてsend a letterを用いてもよい。また，mailbox「ポスト」を使って，She is going to put a letter in the mailboxなどでもよいだろう。「切手がない」という状況については She found there was no stamp on the letter. や She forgot to put a stamp on the letter[envelope]. などと表現することもできる。また，She cannot mail the letter because she found there was no stamp on the letter. や，She found there was no stamp on the envelope, so she cannot mail the letter. のように答えることも可能である。

No. 4

あなたはより多くの人が将来ペットとしてロボットを持ちたがると思いますか？
（Yes. なら）どうしてですか？　　（No. なら）どうしてそう思わないのですか？

解答例 Yes.　Robots are easy to keep.　Also, they are becoming cheaper and cheaper.
はい。ロボットは世話［飼うこと］が簡単です。それに，それらはどんどん安くなってきています。

No.　Robots are not animals.　They don't have real emotions like animals.
いいえ。ロボットは動物ではありません。彼らは動物のように本当の感情を持ってはいません。

✎　No.4については，例えばI don't like robots. などのように自分の個人的な気持ちや事情を述べてはいけない。あくまでも一般的な状況を述べること。Yes. の理由としては，世話が簡単だという理由のほかに，They don't get sick or die like animals. 「彼らは動物のように病気になったり死んだりすることはない」や，Some robots can help watch people, so they are convenient for elderly people. 「人を見守る手助けができるロボットもいるので，年配者たちには便利だ」なども考えられる。No. の理由としてはほかに，They are still too expensive for many people. 「彼らはまだ多くの人にとって高価すぎる」，They are not good to touch or to sleep with like some animals. 「一部の動物のように触り心地がよかったり一緒に寝るのに適していたりしない」などが考えられる。

No.5

今日では，若い人の間で友達と一緒に買い物に行くのがはやっています。あなたはよく友達と買い物に行きますか？

(Yes. なら) もっと詳しく話してください。　　(No. なら) どうしてですか？

解答例 Yes. I go shopping on Saturdays or Sundays with my friends. I like to buy clothes.

はい。私は毎週土曜日や日曜日に友達と買い物に行きます。私は洋服を買うのが好きです。

No. I prefer to go shopping with my family. It is also fun to have lunch or dinner with them after shopping at the mall.

いいえ。私は家族と買い物に行くほうが好きです。ショッピングモールで買い物をしたあとで彼らと一緒にお昼や晩ご飯を食べるのも楽しいです。

Yes. の場合は，ほかの理由として I can take as much time as possible with friends.「友達と一緒なら好きなだけ時間をかけられる」や，My friends understand well what I like and don't like.「友達は私が何が好きで何が嫌いか，よくわかってくれている」などが考えられる。また，理由ではなく，どんなときにどんなところへ買い物に行くかなどを述べてもよい。I often go shopping with my friends when exams are over.「テストが終わったときによく友達と買い物に行く」や，I like to go window shopping with my friends.「友達とウィンドウショッピングに行くのが好きだ」，I like to buy sweets and eat them with my friends.「おやつを買って友達と食べるのが好きだ」などが考えられる。No. の場合は，そもそも I don't like to go shopping.「私は買い物に行くのが好きではない」ということもあるだろう。Why not? という質問なので，買い物に行かない理由を考える。My family does all the shopping for me.「家族が私の買い物もみんなしてくれる」，I don't like busy places.「私は混雑したところが好きではない」や I prefer playing games with my friends to going shopping.「私は買い物に行くよりも友達とゲームをするほうが好きだ」などが考えられる。

カードの意味 オンライン留学

今日，多くの人が留学します。けれども，外国に行くには多くの時間とお金がかかる
ことがあります。今ではテクノロジーが重要な役割を果たしています。一部の人々は，
外国の学校によって開かれているオンラインの授業を受講していて，そうすることに
よって自分の国を離れることなく留学を経験することができるのです。

No. 1

文章によると，一部の人はどうやって自分の国を離れずに留学を経験することができるのですか?

解答例 By taking online classes that are held by foreign schools.
外国の学校によって開かれているオンラインの授業を受講することによってです。

- -

✔ まず，質問にある experience studying abroad without leaving their own countries
が最終文の後半にあることを確認する。その直前に by doing so があり，この so が
指す同文前半の take online classes that are held by foreign schools が答えにな
る。質問は how でたずねているので，By taking 〜 . の形で答える。

No. 2

**では，A の絵の中の人々を見てください。彼らはいろいろなことをしています。彼
らがしていることをできるだけたくさん説明してください。**

解答例 A girl is knocking on the door. / A man is erasing the whiteboard. / A boy
is putting on[taking off] a jacket. / Two students are playing cards. / A
woman is about to pick up a pen.
女の子がドアをノックしています。／ 男性がホワイトボードを消しています。／ 男の子
が上着を着て[脱いで]います。／ 2人の生徒がトランプをしています。／ 女性がペン
を拾おうとしています。

- -

✔ 「ドアをノックする」は knock on the door と on を付けるのがふつう。knock the
door では「ドアを強打する」という意味になる。erase は the whiteboard を目的語
にすることができる。erasing what's (written) on the whiteboard としてもよい。あ
るいは，cleaning the whiteboard と表すこともできる。whiteboard は board でもか
まわない。上着を着ている生徒は，ちょうど身につけているところなので，wear では
なく put on 〜 を使う。脱いでいると考える場合は take off 〜 を使う。play cards は
play the cards のように the を入れないこと。女性はこれからペンを拾うところなので，

「拾おうとしている」と考えて be about to を使ってもよいし，is picking up a pen としてもよい。

No. 3

では，Bの絵の女の子を見てください。状況を説明してください。

解答例 The girl wants to drink (some) water, but there is a dog barking in front of the water fountain.
女の子は水を飲みたいのですが，水道の前で犬がほえています。

✅ The girl[She] cannot drink (any) water because ... の形で答えてもよい。また，犬がほえているから，と言う代わりに she is afraid of the dog「彼女はその犬を怖がっている」と表すのもよい。so を使って，The girl is afraid of the barking dog, so she cannot drink from the water fountain. と表すこともできる。

No. 4

あなたは，中学校は生徒のためにもっと料理の授業を提供すべきだと思いますか？（Yes. なら）どうしてですか？ （No. なら）どうしてそう思わないのですか？

解答例 Yes. I think schools are places where students learn important skills to live. If they can cook for themselves, it will be helpful for them in the future.
はい。私は，学校は生徒が生きていくのに大切なスキルを学ぶ場所だと思います。もし彼らが自分で料理を作れるなら，将来彼らの役に立つでしょう。

No. Students already have enough cooking classes. I think schools should offer more classes to prepare for high school entrance exams.
いいえ。生徒たちはすでに料理の授業が十分にあります。学校は高校入試対策の授業をもっと提供すべきです。

✅ Yes. の答えでは，ほかに Students can find the importance of food by learning to cook for themselves.「生徒たちは自ら料理を学ぶことによって食の重要性を知ることができる」や，If students learn to cook, they can help their parents at home.「生徒たちが料理を学べば，彼らは家で親を手伝うことができる」などが考えられる。No. の答えとしては，They can learn to cook at home.「料理は家で覚えられる」，There are many other things they should learn at school.「学校では学ぶべきことがほかにたくさんある」などが考えられる。ここでは，社会一般の問題を論じなければならないので，I like cooking. など，個人的な考えや好みについて述べないように注意しよう。

No.5

今日，多くの人がスーパーマーケットに行くときに買い物袋を持っていきます。あなたはスーパーマーケットに自分の買い物袋を持っていきますか？

（Yes. なら）もっと詳しく話してください。　　（No. なら）どうしてですか？

解答例 Yes. I always have a shopping bag with me. In that way, I feel I am helping to protect the environment.

はい。わたしはいつも買い物袋を 1 つ持っています。そのようにして，自分が環境を守る手助けをしているのだと感じます。

No. I always forget to take one, but I also find plastic bags useful around the house.

いいえ。私はいつも持っていくことを忘れてしまうのですが，ビニール袋も家の中で役に立つと思います。

▶ No.5では自分自身が実際にどうしているかを答える。Yes. の場合，I always have a cloth shopping bag. I often wash it and try to keep it clean.「私はいつも布の買い物袋を持っている。よくそれを洗って清潔に保つようにしている」という人もいるだろう。また，環境面から，We can reduce plastic waste if we stop using plastic bags.「私たちがビニール袋を使うのをやめれば，プラスチック廃棄物を減らすことができる」と言うこともできる。No. の答えとしては，Plastic bags are cheap, and I find them useful.「ビニール袋は安くて私にとっては使いやすい」などが考えられるだろう。

カードの意味 オンラインのディスカウントストア

今日，インターネット上のディスカウントストアが注目を集めています。人々はより安い価格でものを買うことができ，その結果オンラインのディスカウントストアは役に立つと思っています。けれども，一部の地域の人々がそれらを利用するのに問題があることもあります。例えば，彼らは製品が配達されるまでに長い間待つ必要があります。

No.1

文章によると，なぜ人々はオンラインのディスカウントストアが役に立つと思っているのですか？

解答例 Because they can buy things at lower prices.

彼らはより安い価格でものを買うことができるからです。

◢ 質問にある(people) find online discount stores helpfulが第2文にあることを確認しよう。その直前にas a result「その結果」があるので，as a resultの前に「何の結果であるか」が述べられていると考える。as a resultの前に書かれているのは，People can buy things at lower pricesで，これが「なぜ役に立つとわかるか」の答え。これをBecauseのあとに続けて答える。ただし，主語の繰り返しを避けるためにpeopleをtheyに置き換えること。

No.2

では，A の絵の中の人々を見てください。彼らはいろいろなことをしています。彼らがしていることをできるだけたくさん説明してください。

解答例 A girl is singing. / A man is carrying a computer. / A man is reading a book. / A woman is putting down a cup. / A boy is feeding a cat.

女の子が歌っています。／ 男性がコンピューターを運んでいます。／ 男性が本を読んでいます。／ 女性がカップを置いています。／ 男の子がネコにえさをやっています。

◢ 女の子についてはsinging a songと言ってもよい。コンピューターを運んでいる男性については，A man is walking with a computer in his hands.のように言うこともできる。本を読んでいる男性については，A man is sitting on the sofa and reading a book.とも表せる。「カップを置く」は置く場所を説明して，A woman is putting down a cup on the table.と言ってもよい。また，putting downの代わりにplacingを使ってもよい。「えさをやる」を表すのにfeedを思いつかなければ，giving food to ～でよい。いずれも，自分の知っている語句でなるべく簡潔に言い表すこと。

では，Bの絵の女性を見てください。状況を説明してください。

解答例 The woman has dropped her smartphone and thinks it has broken.
女性は自分のスマートフォンを落として，それが割れた [壊れた] と思っています。

✎ 「落とす」はdropで，fallではない。fallを使うとすれば，Her smartphone has
fallen on the floor.「スマートフォンが床に落ちた」と言うべき。この場合は，勝手に
落ちたのではなく女性が落としたので，dropを使って説明するほうがよい。「割れ
た，壊れた」ことについては，女性を主語にして，(thinks) she has broken it と言っ
てもよい。解答例では，今起きたばかりの状況を表すのに現在完了形を使ってい
る。逆の順にして，She (thinks she) has broken her smartphone by dropping
it. と言うこともできる。smartphoneの代わりにcellphoneやtelephoneを使ってもよ
い。

あなたは，インターネットを使うことは人々が英語を学ぶのによい方法だと思いますか?
(Yes. なら) どうしてですか? (No. なら) どうしてそう思わないのですか?

解答例 Yes. Now there are a lot of online lessons. You can also have chances to
speak English at home.
はい。今は多くのオンラインレッスンがあります。家で英語を話す機会も得られます。
No. I think it is better to study with someone else in a classroom. It would
be a good exercise to communicate with various people.
いいえ。教室でほかの人たちと一緒に学ぶほうがよいと思います。さまざまな人と英語
でコミュニケーションをとるよい練習になるでしょう。

✎ Yes. の答えはほかに，It is usually cheaper than going to an English school.「英
語学校に行くよりもたいていは値段が安い」，Some websites include educational
games or quizzes that entertain you.「ウェブサイトによっては教育的なゲームやク
イズなど楽しめるものを含んでいる」，You can study whenever you want to or
have time.「やりたいときや時間のあるときにいつでも勉強できる」など，さまざまな
理由が考えられるだろう。No. の答えでは，There are many websites for learning
English, but some of them have low quality.「英語学習用のウェブサイトはたくさ
んあるが，中には質の低いものもある」や，Some people cannot make good use
of the Internet.「インターネットをうまく使えない人がいる」などもある。

今日，さまざまなレストランがあります。あなたはレストランで食事をするのが好きですか？

（Yes. なら）もっと詳しく話してください。　　（No. なら）どうしてですか？

解答例　Yes. It is easier to eat at a restaurant. I can eat without having to cook or do the dishes.

はい。レストランで食べるほうが簡単です。料理や皿洗いをする必要なく食べられます。

No. Eating at a restaurant is expensive. Also, I like the taste of my mother's cooking better.

いいえ。レストランで食べるのは高くつきます。それに，私は母の料理の味のほうが好きです。

それぞれに理由は考えられる。価格，味，栄養，食材，手間など，さまざまな面から考えるとよい。Yes. の場合は，At restaurants, you can eat various foods that you can't enjoy at home.「レストランでは，家では楽しめないさまざまな食べ物を食べることができる」や，It is fun to choose dishes from a menu.「メニューから料理を選ぶのは楽しい」なども考えられる。No. の理由としては，例えば，You cannot eat a lot of vegetables at a restaurant.「レストランではあまり野菜が食べられない」も考えられるし，I'm a vegetarian, so I can't enjoy much at most restaurants.「私はベジタリアンなので，ほとんどのレストランではあまり楽しめない」やI'm allergic to sea food, so I don't like to go to restaurants.「私はシーフードのアレルギーがあるので，レストランへ行くのが好きではない」など，個人的な理由を述べることもできる。

カードの意味 旅行案内所

日本中に多くの旅行案内所があります。これらの案内所はその土地の観光地についての多様な情報を持っています。今日，多くの旅行案内所がさまざまな言語の案内書を提供していて，このようにして彼らは外国人観光客が観光地を簡単に見つけるのを助けています。これらの案内所は将来もっと重要な役割を果たすでしょう。

No. 1

文章によると，多くの旅行案内所はどのようにして外国人観光客が観光地を簡単に見つけるのを助けていますか？

解答例 By offering guidebooks in different languages.
さまざまな言語の案内書を提供することによってです。

- -

📝 質問はhowでたずねられているので，By 〜ing ... の形で答えるとよい。質問のhelp ... easily は本文第3文の後半にあり，その直前の in this way「このようにして」が指す内容が答えになる。many tourist information centers offer guidebooks in different languagesの many tourist information centers を省略し，動詞のofferをofferingの形に変えて答える。

No. 2

では，Aの絵の中の人々を見てください。彼らはいろいろなことをしています。彼らがしていることをできるだけたくさん説明してください。

解答例 A man is taking a picture. / A man is watering flowers. / A boy is picking up a book. / Two girls are waving to each other. / A woman is fishing.
男性が写真を撮っています。／ 男性が花に水をやっています。／ 少年が本を拾っています。／ 2人の女の子が手を振り合っています。／ 女性が釣りをしています。

- -

📝 主語はa man, a boy のように不定冠詞を使うとよい。「写真を撮る」はtake a photoでもよい。「〜に水をやる」にはwaterという動詞を使うとよい。「手を振る」はwave。wave their hands to each other と言うこともできる。「〜を拾う」はpick up 〜。pick a book up という語順でもよい。fishは「釣りをする」という動詞の意味もあるので，そのまま進行形にするとよい。

No. 3

では，Bの絵の女性を見てください。状況を説明してください。

解答例 She cannot answer her phone because she has too many bags.

彼女は多くのカバンを持ちすぎているので電話に出ることができません。

- -

📝 Her phone is ringing, but ...「彼女の電話が鳴っていますが…」や, She wants to answer her phone, but ...「彼女は電話に出たいのですが…」のように言うこともできる。「電話に出る［電話に答える］」は answer the phone。「手が塞がっている」状態は her hands are full という形で表すこともできる。

No. 4

あなたは車で移動するよりも電車で移動するほうがよいと思いますか?

（Yes. なら）どうしてですか?　　（No. なら）どうしてそう思わないのですか?

解答例 Yes. You don't have to drive, so you can relax. Also, you have more space in a train than in a car.

はい。運転しなくてよいのでリラックスできます。また，車よりも電車のほうがたくさんのスペースがあります。

No. If you travel by car, you don't have to waste your time waiting for a train. Also, the seats are softer and more comfortable.

いいえ。車で移動すれば，電車を待って時間を無駄にしないで済みます。また，座席もより柔らかく心地よいです。

- -

📝 どちらも一長一短だと考えられるので, どちらかに決め, どんな利点があるかを答えるとよい。電車で移動する利点としては, ほかに You can talk to your companions safely.「一緒にいる人と安全に話ができる」や, You don't have to worry about traffic jams.「交通渋滞の心配をしなくてよい」などが考えられる。車で移動する場合の利点としては, ほかに, You can change your schedule as you like.「好きなように予定を変えられる」や You don't have to worry about luggage.「荷物の心配をしなくてよい」, Several people can ride a car, so it is usually cheaper when more than two people travel together.「複数人が1台の車に乗れるので, 2人以上が一緒に旅行すればたいていはより安くつく」などが挙げられる。

今日，日本では，英語とそのほかの外国語を学ぶ学生がいます。あなたはもう1つ外国語を勉強することに関心がありますか？

（Yes. なら）もっと詳しく話してください。　（No. なら）どうしてそう思わないのですか？

解答例 Yes. Foreign countries fascinate me. I want to learn as many languages as possible to learn about other cultures and make many friends around the world.

はい。外国にはとても魅力を感じます。私はほかの文化について学び，世界中にたくさんの友達を作るためにできるだけ多くの外国語を学びたいです。

No. I am not good at learning foreign languages. One language can take me a long time to learn, so I think English is enough for me.

いいえ。私は外国語の学習が得意ではありません。1つの言語も学ぶのに長い時間がかかるので，私は英語だけで十分です。

自分自身のことを答えるので，正解はない。ただ，ほかの言語を学びたいか学びたくないかの理由がはっきりと伝わるようにしなければならない。学びたい理由としては，解答例のほかに，I want to sing songs in their original languages.「元々の言語で歌を歌いたい」，I like watching foreign movies, so I want to understand them in their languages.「私は外国の映画を見るのが好きなので，それらを原語で理解したい」，Foreign languages are like puzzles to me. I enjoy learning new languages.「外国語は私にとってパズルのようです。新しい言語を学ぶのは楽しいです」などが挙げられる。学びたくない理由としては，Japanese is very different from other languages, so it is too difficult for me to learn foreign languages.「日本語はほかの言語ととても異なっているので，外国語を学ぶのは私には難しすぎる」や，I don't have many chances to speak other languages. I don't want to spend my energy on something I won't use.「私には外国語を話す機会があまりありません。使わないものにエネルギーを費やしたくないのです」などが考えられるだろう。

カードの意味 読む技能

読むことは物事について学ぶのに非常に大切な技能です。しかしながら，今日，生徒たちは読む技能についてより多くの助けを必要としていると言う先生たちがいます。多くの生徒たちはスマートフォンで短いメッセージを交わすだけなので，長い文章を理解するのが困難なことがあります。生徒たちは，物事をよりよく学ぶために優れた読む技能を身につけることが必要です。

No.1

文章によると，なぜ多くの生徒は長い文章を理解するのが困難なことがあるのですか？

解答例 Because they exchange only short messages on their smartphones.
スマートフォンで短いメッセージを交わすだけだからです。

> ☑ 質問はwhyでたずねられているので，Because ... で答えるのがよい。質問の sometimes ... passagesは本文第3文の後半にあり，その直前のso「だから」の前に理由があると判断できる。soの前はMany students exchange only short messages on their smartphonesなので，質問に対応してBecauseで始め，many studentsをtheyに変えて答える。

No.2

では，Aの絵の中の人々を見てください。彼らはいろいろなことをしています。彼らがしていることをできるだけたくさん説明してください。

解答例 A girl is throwing trash away in[into] the trash can. / A woman is waiting for the elevator. / A boy is picking a book. / A woman is cutting paper. / A man is carrying a chair.
女の子がごみをごみ箱に捨てています。／ 女性がエレベーターを待っています。／ 男の子が本を選んでいます。／ 女性が紙を切っています。／ 男性がいすを運んでいます。

> ☑ 「～を捨てる」はthrow away ～。ここではごみをごみ箱に捨てているので，in[into] the trash canを加えるとよい。「ごみ箱」はほかにgarbage canやtrash boxなどの言い方ができる。「待つ」はwaitだが，「～を待つ」という場合にはwait for ～とforを忘れないようにする。「～を手に取る」はtakeでもよいが，pickにすると「選んで手に取る」という意味を表すことができる。また，trying to take a book (from the shelf)「(棚から) 本を取り出そうとしている」と言ってもよい。「紙」は単に paperではなくsome paperとしてもよい。「～を運ぶ [持つ]」はcarryで表す。

No. 3

では，Bの絵の男の子を見てください。状況を説明してください。

解答例 He wants to get on the bus, but he can't because the bus is full.
彼はバスに乗りたいのですが，バスは満員なので乗れません。

☑ 「バスに乗る」はここでは「乗り込む」という意味なのでrideではなくget onまたは get intoを使う。「満員だ」はfullのほかにthere is no space for him「彼の乗る場所がない」やthere are too many people on the bus「バスには人が多すぎる」などを使ってもよい。the bus is too crowded「バスはあまりにも混んでいる」やthe bus is packed with people「バスは人でぎゅうぎゅうだ」という表現もある。He cannot get on the bus because ... のように説明を始めてもよい。

No. 4

あなたは将来人々がもっとスマートフォンにお金をかけると思いますか？
(Yes. なら) どうしてですか？　　(No. なら) どうしてそう思わないのですか？

解答例 Yes. Smartphones are becoming more and more important to people. People sometimes want new models and they are expensive.
はい。スマートフォンは人々にとってますます大切になってきています。人々は時に新しい機種を欲しがり，それらは高価です。

No. These days, smartphone companies are trying to make cheaper and simpler smartphones. If people use them in near future, they will be able to save money.
いいえ。近頃は，スマートフォンの会社はより安くて簡単なスマートフォンを作ろうとしています。近い将来，人々がそれらを使えば，節約できるでしょう。

☑ Yes. の答えとしてはほかに，Smartphones are acquiring more and more functions. People will do various things with their smartphones such as turning on and off the TV. 「スマートフォンはますます多くの機能を加えている。人々はスマートフォンでテレビをつけたり消したりするなど, さまざまなことをするだろう」なども考えられる。No. の答えでは，The government is trying to make smartphone companies reduce their rates. 「政府はスマートフォンの会社に電話代を下げさせようとしている」なども可。No. 4では, Iを主語にして自分のことを述べたりせず，一般論を述べること。

No. 5

今日，多くの日本人が外国で仕事に就いています。あなたは海外で働きたいですか？
（Yes. なら）もっと詳しく話してください。　（No. なら）どうしてそう思わないのですか？

解答例　Yes. I would like to live in a foreign country. I want to know about different work cultures.

はい。私は外国に住みたいと思っています。さまざまな仕事文化について知りたいと思います。

No. I don't think I have enough skills to work and make money in a foreign country. I can't speak English well and don't know other cultures, so it would be too difficult for me.

いいえ。私は外国で働きお金を稼ぐ力が十分ではないと思います。英語をうまく話せませんし，ほかの文化も知らないので，私には難しすぎます。

「外国で働く」のがどういうことか，想像力を働かせて答える。実際にはやったことのないことなので具体的には思いつかなくても，It must be interesting and exciting to work in a foreign country, so I want to try it.「外国で働くのは興味深く，わくわくすると思うので，やってみたい」や，I like trying new things, so working in a foreign country will be a very good chance.「私は新しいことに挑戦するのが好きなので，外国で働くのはとてもよい機会になるだろう」のように述べてもよいだろう。No. の答えとしてはほかに，It takes me a long time to get used to a new place.「私は新しい場所に慣れるのに時間がかかります」などが考えられる。また，I don't want to stay away from people I know well, so I want to live and work near these people.「私はよく知っている人たちと離れたくありません。ですからこれらの人々の近くに住んで働きたいと思います」などもよいだろう。

カードの意味 リサイクルの新しい方法

今日，スーパーマーケットは環境を助ける努力をしています。彼らは顧客がもっと簡単にプラスチックのリサイクルをできるようにするサービスを始めています。一部の顧客は，スーパーマーケットにペットボトルを持っていき，そうすることでその店での買い物を割引してもらいます。そのようなスーパーマーケットは環境をよくし，同時に顧客を集める努力をしているのです。

No. 1

本文によると，一部の顧客はどのようにしてスーパーマーケットでの買い物を割引してもらいますか?

解答例 By taking plastic bottles to supermarkets.

ペットボトルをスーパーマーケットに持っていくことによってです。

- -

▰ 質問にある get a discount for shopping という表現を本文の中から探すと，3文目に by doing so they get a discount ... とあるので，この doing so が指す内容を答える。doing so は同じ文の前半にある take plastic bottles to supermarkets を指すので，By taking 〜という形にして答える。

No. 2

では，Aの絵の中の人々を見てください。彼らはいろいろなことをしています。彼らがしていることをできるだけたくさん説明してください。

解答例 A boy is talking on the phone. / A girl is listening to music. / Two men are shaking hands. / A woman is counting money. / A man is trying on a hat.

男の子が電話で話しています。／ 女の子が音楽を聴いています。／ 2人の男性が握手しています。／ 女性がお金を数えています。／ 男性が帽子を試着しています。

- -

▰ shake hands, talk on the phone はしばしば出題される表現なので覚えておこう。女の子については，The girl is sitting and listening to ... などと言ってもよい。また，two men については，be動詞を複数の主語に対応した are にすることを忘れないように。「お金を数える」については，counting the money または counting money のように表せ，the は付けても付けなくてもよいが，money は不可算名詞なので，a を付けないように注意する。「〜を試着する」は try on 〜。帽子のことは言わずに，looking in the mirror などとしてもよい。

No. 3

では，Bの絵の男性を見てください。状況を説明してください。

解答例 The man is buying some strawberries because he wants to make a strawberry cake.

男性はイチゴ（の）ケーキを作りたいのでイチゴを買っています。

◢ 男性はイチゴを買ってお金を払っているところである。吹き出しには男性がイチゴを使ったケーキを作っているところが描かれている。したがって，「ケーキを作ろうと思っているのでイチゴを買っている」という内容を答える。「ケーキを作ろうと思っている」，だから(so)「イチゴを買っている」という順番にして，He is going to make a strawberry cake, so he is buying some strawberries. としてもよいし，「イチゴを買っている」，なぜなら(because)「ケーキを作ろうと思っている」という順で表してもよい。「イチゴを買っている」はHe's paying for some strawberries. でも表せる。「イチゴケーキを作ろうと思っている」はHe's thinking about making a strawberry cake. や He's planning to make a strawberry cake., He wants to make a cake using some strawberries. などとも表せる。

No. 4

あなたは，生徒は学校でコンピューターを使う時間をもっと持つべきだと思いますか？
（Yes. なら）どうしてですか？　　（No. なら）どうしてそう思わないのですか？

解答例 Yes. Many students will use computers at work in the future, so they should learn how to use one[them] while they are at school.

はい。多くの生徒たちは将来，職場でコンピューターを使うことになるので，彼らは学校にいる間に使い方を学ぶべきです。

No. They can learn how to use computers at home. They have more important things to learn at school.

いいえ。彼らはコンピューターの使い方を家で学ぶことができます。彼らには学校で学ぶべきもっと大事なことがあります。

◢ Yes. の答えでは，コンピューターを使えるようになること，コンピューターに慣れることの大切さを説明するとよい。また，Some students do not have a computer that they can use at home.「家に彼らが使えるコンピューターがない生徒もいる」なども学校でコンピューターを使う時間を増やす理由になる。No. の答えでは，They will have chances to learn how to use computers when they go out into society.「社会に出たら使い方を学ぶ機会がある」や，I think schools already give students enough time to learn how to use a computer.「学校は生徒にコンピューターの使い方を学ぶための十分な時間をすでに与えていると思う」，あるいはBeing able to use a smartphone is enough for some students.「スマートフォンを使えることで十分な生徒もいる」なども考えられる。

No. 5

日本では多くの人が暇な時間にハイキングを楽しんでいます。あなたはハイキングに行くのが好きですか?

(Yes. なら) もっと詳しく話してください。　(No. なら) どうして好きではないのですか?

解答例 Yes.　I often go hiking with my friends on weekends.　I usually go to a nearby mountain, but during long holidays, I like to go hiking in further away.

はい。私はよく週末に友達とハイキングに行きます。たいていは近くの山に行きますが、長期休暇のときには遠くへハイキングに行くのが好きです。

No.　I don't like to go outside in my free time.　I like to stay home and read books.

いいえ。私は暇な時間に外に行くのが好きではありません。私は家にいて本を読むのが好きです。

☑ これはDo you like ...?という個人の好みに関する質問なので、自由に答えればよい。Yes. の場合には、いつ行くか、どんなところへ行くか、だれと行くかなどを説明するとよい。また、Hiking is good for the health.「ハイキングは健康によい」や、It refreshes me.「それ (=ハイキング) は私をリフレッシュさせる」など、好きであることの理由を述べてもよい。No. の答えは、要するにハイキングが好きではないということなので、ハイキングの代わりに何をするのが好きかということや、なぜハイキングが好きではないのかなどを説明するとよい。I don't want to go out in the mountains because I am often bitten by insects.「私はよく虫に刺されるので山に出かけたくありません」などの理由を答えてもよい。

カードの意味　オーディオブック

今日，プロの俳優によって読まれ録音された多くの本がインターネット上で売られています。これらの本はオーディオブックと呼ばれています。人々はほかのことをしながらオーディオブックを聞くのを楽しむことができるので，これらの本はとても便利だと考えています。オーディオブックはおそらく将来さらにもっと人気になるでしょう。

No. 1

本文によると，人々はなぜオーディオブックがとても便利だと思うのですか？

解答例 Because they can enjoy listening to audio books while doing other things.
ほかのことをしながらオーディオブックを聞くのを楽しむことができるからです。

☑　質問にある people, audio books, very convenient という言葉を本文の中から探すと3文目にこれらの言葉がある。文の後半に，so they find these books very convenient とあり，この these books は前半にある audio books を指している。so「だから」があることからその前が理由となるので，People can enjoy listening to audio books while doing other things の部分が答え。ただし，People は質問に出ているので they に置き換える。audio books も them に置き換えて答えてもよい。

No. 2

では，A の絵の中の人々を見てください。彼らはいろいろなことをしています。彼らがしていることをできるだけたくさん説明してください。

解答例 A woman is cleaning the window. / A woman is fixing the door. / A girl is drawing a picture. / A man is copying something. / A man is pushing a cart.
女性が窓をきれいにしています。／ 女性がドアを修理しています。／ 女の子が絵を描いています。／ 男性が何かをコピーしています。／ 男性がカートを押しています。

☑　「窓を拭く」は，水を使って拭いていると考えるのなら washing the window と言うこともできる。「～を修理する」は repair を使ってもよい。draw は自動詞としても使えるので，drawing だけでもよいし，drawing a picture としてもよい。「コピーする」は copy で表せるが，他動詞なので目的語を置く。また，make a copy of ～「～のコピーをとる」も使える。using a copy machine[copier]「コピー機を使っている」としてもよい。

No.3

では，Bの絵の男性と女性を見てください。状況を説明してください。

解答例 The man ordered a hamburger, but he got spaghetti.

男性はハンバーガーを注文しましたが，スパゲッティーを持ってこられました。

> ☑ 前半については The man wanted to eat a hamburger「男性はハンバーガーを食べたかった」，後半については the woman brought him spaghetti「女性はスパゲッティーを持ってきた」のように言ってもよい。The waitress brought him spaghetti, but he had ordered a hamburger. と言ってもよいが，時制に注意が必要。

No.4

あなたは，テレビでニュースを見るのは新聞を読むよりもよいと思いますか？
(Yes. なら) どうしてですか？　　(No. なら) どうしてそう思わないのですか？

解答例 Yes. Watching a news program is easier to do than reading a newspaper. Hearing and seeing people and events on a TV screen helps people understand the news better.

はい。ニュース番組を見るのは新聞を読むよりも簡単です。テレビの画面で人々や出来事を見たり聞いたりすることは，ニュースをよりよく理解する助けになります。

No. If you miss (some part of) the news, you can't watch[listen to] it again. On the other hand, you can re-read the newspaper.

いいえ。ニュース（のある部分）を見［聞き］逃したら，それを再び見る［聞く］ことはできません。一方，新聞を再び読むことはできます。

> ☑ Yes. の答えはほかに，You can do other things while watching the TV news.「テレビのニュースを見ながらほかのことができる」や You can get the latest news on TV.「テレビでは最新のニュースを知ることができる」などが考えられる。No. の答えでは，You can read the newspaper anytime you want to.「新聞は読みたいときにいつでも読める」や，You can take your time and read the news carefully.「時間をかけてゆっくりニュースを読むことができる」などが考えられるだろう。

No. 5

最近では，料理に関する本や雑誌がたくさんあります。あなたは家でよく料理をしますか?

(Yes. なら) もっと詳しく話してください。　　(No. なら) どうしてしないのですか?

解答例　Yes. I like to cook and share what I make with my family. I often cook Italian food.

はい。私は料理をして作ったものを家族と一緒に食べるのが好きです。私はよくイタリア料理を作ります。

No. I'm a terrible cook. Buying prepared dishes is easier.

いいえ。私は料理がとても下手です。出来合いの料理を買う方が簡単です。

✓　Yes. の場合，主な理由は「料理が好き」ということと思われるが，ほかに It costs a lot more to eat out.「外食はずっと高くつく」や，I don't like to cook very much, but it's healthier and more economical to cook at home.「料理をするのはあまり好きではないが，家で料理をする方がより健康的で経済的だ」なども考えられる。また，I often help my mother cook dinner.「母が夕食を料理するのをよく手伝う」などもよい。No. の場合は「料理が下手だ」ということのほかに I don't like to cook.「料理をするのが嫌い」が主な理由だろう。また，I like to cook, but I don't have time to go shopping and cook.「料理をするのは好きだが，買い物に行って料理をする時間がない」や，Now it is very easy to buy prepared dishes, and they are usually good.「今は出来合いの料理を買うのがとても簡単だし，たいていおいしい」などが答えとして考えられる。

カードの意味 空気を清浄に保つ

今日，空気清浄機は病院や学校などの場所において重要な役割を果たしています。しかし，空気清浄機はとても大きい場合もあり，すべての部屋に置くのは難しいことがあります。今ではより小さいタイプの空気清浄機を作っている会社もあり，そうすることでより多くの場所が空気を清浄に保つことを助けています。

No.1

文章によると，一部の会社はどのようにしてより多くの場所が空気を清浄に保つことを助けていますか？

解答例 By making smaller types of air cleaners.
より小さい空気清浄機を作ることによってです。

☑ 質問にあるhelp more places to keep the air cleanが第3文にあることを確認し，その前の by doing soのsoが指す内容を説明する。この場合は直前のmaking smaller types of air cleanersを指しているので，この部分を質問の応答として適切な形に直して答える。質問はhow ～?なので，By ～ing（～することによって）の形に当てはめて By making smaller types ...と回答する。

No.2

では，Aの絵の中の人々を見てください。彼らはいろいろなことをしています。彼らがしていることをできるだけたくさん説明してください。

解答例 A woman is closing[opening] the door. / A boy is watching TV. / A man is pouring some liquid into the glasses. / A woman is reading a newspaper. / A woman is putting down her drink bottle on the table.
女性がドアを閉めて[開けて]います。／ 男の子がテレビを見ています。／ 男性が液体をコップに注いでいます。／ 女性が新聞を読んでいます。／ 女性が飲み物のボトルをテーブルの上に置いています。

☑ ドアのところにいる女性はドアを閉めようとしている，または開けようとしているのでis going to close[open] the doorのように言ってもよい。飲み物を注ぐ男性は，pourという動詞を思いつかなければputを使ってもよい。飲み物に関してはliquidの代わりにwater「水」あるいはsomething to drink「何か飲むもの」を使ってもよい。また，おそらくこれから全部のコップに入れると考えてsome[the] glassesと複数にしてもよいし，現在は1つに注いでいるので，a glassと単数にしてもよい。飲み物のボトルを

持っている女性は，これから持ち上げると表現する場合には pick up などを使う。

No. 3

では，B の絵の中の男性を見てください。 状況を説明してください。

解答例 He cannot go to work because he has a fever.

彼は熱があるので仕事に行くことができません。

☑ イラストを見ると，男性は熱があって横になっている。吹き出しの中には出勤している様子が描かれており，×印からそれができないと読み取れる。「熱がある」は have[has] a fever で表す。fever には a を付けること。The man is sick in bed and he cannot go to work.「男性は病気で寝込んでいて仕事に行くことができません」としてもよい。「仕事に行く」は go to work。この場合，work には冠詞を付けない。

No. 4

あなたは，今日の学生はリラックスする時間が十分にあると思いますか？
(Yes. なら) どうしてですか？ (No. なら) どうしてそう思わないのですか？

解答例 Yes. Many students can relax and do whatever they want after school. Also, they can go somewhere to relax with their friends on weekends.

はい。多くの学生は放課後にリラックスできて彼らのしたいことを何でもすることができます。また，リラックスするために週末に友達とどこかへ出かけることもできます。

No. Many students participate in club activities or work part-time. After they come home, they have homework to do and do not have time to relax.

いいえ。多くの学生が部活動に参加したりアルバイトをしたりしています。家に帰ったあとは宿題をしなければならず，リラックスする時間はありません。

☑ Yes. の答えでは，リラックスする時間がある理由を言わなければならない。students を高校生以下と考えるか大学生以上と考えるかで理由は違ってくるだろうが，自分が考えやすい状況を選んで答えるとよい。部活動に入っていない場合，アルバイトをしていない場合などは比較的リラックスする時間があると考えられる。全員が当てはまる事情ではない場合は，a lot of them ... のようにしてもよいし，if they don't ...「もし彼らが…していないならば」などとしてもよい。No. の答えでは，リラックスする時間がないような忙しい状況を考える。学生が忙しいのは勉強やアルバイトなどが考えられる。勉強を取り上げれば，A lot of them are busy studying every day. They have to study late to finish their homework or prepare for tests.「彼らの多くは毎日勉強で忙しい。彼らは宿題を終えたり試験勉強をしたりするために遅くまで勉強しなければならない」などと言えるだろう。

今日，多くの人々はフリーマーケットでものを買ったり売ったりすることを楽しんでいます。あなたはものを買うためによくフリーマーケットに行きますか？

（Yes. なら）もっと詳しく話してください。　　（No. なら）どうしてですか？

解答例　Yes. I like flea markets. Things are cheaper at flea markets than in most stores, and the markets are full of energy.

はい。私はフリーマーケットが好きです。フリーマーケットではたいていの店よりものが安いし，マーケットは活気に満ちています。

No. I don't like old or second-hand things. I want to buy new things.

いいえ。私は古いものや中古のものが好きではありません。私は新しいものを買いたいです。

----

　flea marketを利用するかどうかは，好みにもよるし，チャンスがあるかどうかにもよる。Yes. の場合には安いから，楽しいからという理由のほかに，It is fun to find something that is not usually sold at stores. 「ふだん店で売られていないものを見つけるのは楽しい」なども考えられる。No. の場合には，「中古のものを買いたくない」という理由のほかに，There are not many flea markets near my house, so I don't have a chance to go. 「私の家の近くではフリーマーケットがあまりないので，行く機会がない」，I don't go to flea markets, but I sometimes buy things from online flea markets. 「私はフリーマーケットには行かないが，オンラインのフリーマーケットでときどき買い物をする」などでもよいだろう。

カードの意味　一晩中営業する

日本では，昼夜を通して営業している店がたくさんあります。けれども，一部の店は24時間営業する場合のコストが気になるため，彼らは夜に閉店することを選んでいます。これが便利ではないと思う客もいますが，おそらく今後より多くの店が一晩中営業するのをやめるでしょう。

No. 1

文章によると，なぜ一部の店は夜に閉店することを選んでいるのですか？

解答例　Because they worry about the cost of staying open 24 hours.

📝　まず，質問文のchoose to close at nightが第2文の後半にあることを確認する。その直前にso「だから」があるので，soの前に理由があると考えられる。some stores worry about the cost of staying open 24 hoursの部分が答え。主語のsome storesは質問文にあるので，答えるときはtheyに置き換える。質問文はwhy～?なので，答えはBecauseで始めて，they worry about ...と続ける。

No. 2

では，Aの絵の中の人々を見てください。彼らはいろいろなことをしています。彼らがしていることをできるだけたくさん説明してください。

解答例　A woman is pulling a cart. / A girl is getting off the elevator. / A man is lifting a bag. / A man is planting a tree. / A man is writing something on the paper.
女性が台車を引いています。／ 女の子がエレベーターから降りています。／ 男性がかばんを持ち上げています。／ 男性が木を植えています。／ 男性が紙に何かを書いています。

📝　女性が引いているのは荷物を載せる台車で，英語ではcartという。cartはスーパーなどのショッピングカートなどにも使われる。女の子は，walking out of the elevatorとしてもよい。かばんを持ち上げている男性の「持ち上げる」という動作はliftを使う場合が多いが，holding (up)を使ってもよいし，picking up「持ち上げようとしている」でもよい。木を植えている男性は，supporting[holding up] a tree「木を支えている」などでもよいだろう。文の最後にoutside（外では）を加えてもよい。カウンターの男性はchecking a form「書類（用紙）をチェックしている」などと表してもよい。

No. 3

では，B の絵の男性と彼の娘を見てください。状況を説明してください。

解答例 The father cannot sleep because the music his daughter is playing is too loud.

父親は娘がかけている音楽の音がとても大きいので眠ることができません。

▰ まず述べる内容の順だが，解答例のように because でつないで状況→理由の順で示してもよいし，The daughter is listening to loud music, so her father cannot go to sleep. のように原因→結果の順に説明してもよい。父親については単に cannot sleep としてもよいし，sleep の代わりに，go to sleep「寝入る」，あるいは，nap「昼寝をする」を使ってもよい。また，sleep に peacefully「静かに」などの説明を付けてもよい。音楽については，解答例のように his daughter is playing としてもよいが，his daughter is listening to と言うこともできる。理由の示し方としては，because of the loud music that his daughter is playing「娘がかけている大きな音の音楽のせいで」という表現も可能である。

No. 4

**あなたは学校が生徒のために食堂を備えるのはよい考えだと思いますか？
(Yes. なら) どうしてですか？ (No. なら) どうしてそう思わないのですか？**

解答例 Yes. If there is a school cafeteria, students or their parents won't have to make lunch. They can choose between making lunch and buying it.

はい。もし学校の食堂があれば，生徒かその保護者は弁当を作る必要がなくなります。弁当を作るか買うかの選択ができます。

No. Some students may spend too much money. It will be too expensive for them to buy food every day.

いいえ。お金を使いすぎてしまう生徒がいるかもしれません。毎日食べ物を買うのは彼らにとってお金がかかりすぎるでしょう。

▰ Yes. の理由としてはほかに，They can eat hot food.「温かいものが食べられる」や For offering a variety of food, cafeterias are better than box lunches.「さまざまな食べ物を提供するという点で，食堂は弁当よりも優れている」などが考えられる。Making a box lunch takes time. Relying on cafeterias will save parents time.「弁当を作るのは時間がかかる。食堂に頼ることは親たちの時間の節約になるだろう」などもよい。No. の理由としてはほかに，They would only eat what they like, and it would not be good for their health.「彼らは好きなものだけを食べるだろうから健康によくない」などが考えられる。

No. 5

日本ではさまざまな季節に多くのお祭りが開かれます。あなたはよく自分の町のお祭りに行きますか？

（Yes. なら）もっと詳しく話してください。　（No. なら）どうしてですか？

解答例　Yes.　I like festivals.　There are various foods to enjoy such as *yakisoba* or *takoyaki*.

はい。私はお祭りが好きです。焼きそばやたこ焼きのようないろいろな食べ物が楽しめます。

No.　I don't feel like going to festivals.　I prefer watching TV or playing games at home.

いいえ。私はお祭りに行く気になれません。家でテレビを見たりゲームをしたりするほうが好きです。

◢　Yes. の理由はほかに，I like to watch people carrying *omikoshi*「人々がおみこしを担ぐのを見るのが好きだ」といった理由が挙げられる。また，理由ではなくどのようなお祭りに行くのかという例を挙げてもよい。There is a firework festival[display] near my town every summer.「毎年夏に町の近くで花火大会がある」や，People dance through the main street.「人々はメインストリートで踊る」など。No. の理由もいろいろあるだろう。I don't like to go to crowded places.「混みあった場所に行くのは好きではない」やThere are no festivals in my town.「私の町にはお祭りがない」，The festival in my town is only for young children.「私の町のお祭りは小さい子どもだけのためのものだ」などが考えられる。